名古屋の
企業経営入門

二神恭一・芝 隆史 編著

江見和明
林　伸彦
辻村宏和
鵜飼宏成
櫻井克彦
佐々木一彰
内藤　勲
脇田弘久
谷　保範
戸田俊彦
飯島正樹
二神常爾

八千代出版

執筆者紹介（執筆順）

二神恭一	愛知学院大学教授	第1章1～3、第2章1
江見和明	名古屋文理大学講師	第1章1～3、第2章1
林　伸彦	愛知学院大学教授	第1章4、第6章3
辻村宏和	中部大学教授	第2章2
鵜飼宏成	愛知学院大学助教授	第2章3
櫻井克彦	中京大学教授	第3章1
佐々木一彰	日本大学専任講師	第3章2～3
芝　隆史	愛知学院大学教授	第4章、第5章
内藤　勲	愛知学院大学教授	第6章1～2
脇田弘久	愛知学院大学助教授	第7章
谷　保範	愛知学院大学非常勤講師	第8章
戸田俊彦	滋賀大学教授	第9章
飯島正樹	愛知学院大学教授	第10章1～2
二神常爾	関東学園大学非常勤講師	第10章3

はしがき

　『名古屋の企業経営入門』は地域限定版の経営学入門書である。このようなテキストの刊行は初めてのことではなかろうか。名古屋の大学に奉職して知ったのは、少なくとも愛知学院大学に関していうと、学生の約7割は東海地方で生まれ育った若者であり、大部分は卒業後この地域で就職する。就職後は多少の転職はするにしても、転職先も地域の中にある場合が多い。多くの人々は就職口がないとか、組織サイドの都合で転勤させられるといったことがなければ、限定的な地域の中で働くのかもしれない。とすると、経営学に関し、きわめて一般化した形で講義するよりも、地域の身近な事例をとりあげて説明を行ったり、この地域の特性との関連で産業や企業を論じたりする方が、そうした学生にはありがたいことになるであろう。名古屋には日本有数の産業集積があり、トヨタ自動車をはじめエクセレント・カンパニーがあるし、実に多彩で優秀な中小企業も数多くあるので、そうした事例には事欠かないであろう。

　ちなみに、今日企業経営と地域との関係が改めて問われているように思われる。20世紀の後半、とくに第4・4半期において産業・企業のグローバル化が急展開し、生産拠点を海外に移転させる動きに見られるように、企業は従来から所在する地域との繋がりを相対化しているかのような動きがある。地域にとってこれは産業の空洞化になりかねないわけで、新産業創出、起業家育成、企業誘致などのさまざまな努力が行われている。一方、伝統的な企業立地論をこえる形で、企業経営上の地域との繋がりの戦略的重要性が強調されるようにもなっている。産業クラスターのパラダイムでは、とりわけ、地域の他産業との連関、リンケージの仕方、インフラの整備状況、人的なネットワーク、有能な人材のプールなどが重視されている。本書は多少、そうしたパラダイムも意識している。

　この本は東海地方という地域を意識した経営学入門書であるが、テキスト

であることを留意して、ほぼ従来の経営学の体系にそった構成になっている。第1章から第3章までは、経営学と企業経営の基本をとりあげた部分である。第4章では目標と戦略、第5章は組織が論じられる。いずれも20世紀後半からの経営学と企業実践上の主要な関心事である。第6章の製造システム、第7章の流通システム、第8章の人材、第9章の財務システム、第10章の情報は以前において部門管理と呼ばれていた部分である。それはこれらが企業経営を成り立たせるための重要な領域だと考えられてきたからである。たしかに、これらは企業の主要部分をなしている。しかし、それぞれの角度から企業経営全体をみるということも大切である。

　本書のタイトルは、『名古屋の企業経営入門』となっている。名古屋というのは、ここでは東海地方の象徴的な地名だと考えていて、とりあげる題材は、むろん行政上の名古屋市に属する事柄も多いが、愛知県はもとより、岐阜県、三重県、場合によっては静岡県西部に所在する企業経営も含んでいる。執筆陣にはこの地域の産業・企業の事情に詳しい大学の先生方に主に御参加を頂いた。ご繁忙の中で御執筆下さったことについて厚くお礼を申し上げたい。また本書の企画の段階から多大の御支援をいただいた八千代出版の山竹伸二氏に深甚の謝意を表したい。

　　2003年3月　　　　　　　　　　　　　　　　　　　　　　二神恭一

　　　　　　　　　　　　　　　　　　　　　　　　　　　　　芝　隆史

はしがき

第1章 名古屋の産業と企業 ……………………………………………………… 1
1 名古屋の経済ポジション ……………………………………………… 1
2 名古屋の産業と企業 …………………………………………………… 4
3 企業と産業クラスター・アプローチ ………………………………… 9
4 名古屋の中小企業と産地 ……………………………………………… 13

第2章 経営学と企業経営 ……………………………………………………… 23
1 経営学の発展 …………………………………………………………… 23
2 経営者育成 ……………………………………………………………… 33
3 産学連携 ………………………………………………………………… 38

第3章 企業の仕組み …………………………………………………………… 55
1 企業のトップ・マネジメント ………………………………………… 55
2 企業統治（コーポレート・ガバナンス）…………………………… 60
3 企業の社会的責任 ……………………………………………………… 66

第4章 企業の戦略 ……………………………………………………………… 73
1 企業の目的、目標、経営理念と経営戦略 …………………………… 73
2 経営戦略論の発展 ……………………………………………………… 78
3 もくろまれた戦略としての競争戦略 ………………………………… 81
4 創発戦略の識別と育成 ………………………………………………… 86
5 戦略とコントロール …………………………………………………… 90

第5章 企業の組織 ……………………………………………………………… 95
1 組織社会という現代 …………………………………………………… 95
2 組織の概念とその基本的構成要素 …………………………………… 96

3　機械的組織と事業部組織 …………………………… *100*
　　4　SBU 組織とマトリックス組織 ……………………… *107*
　　5　新しい組織の可能性 ………………………………… *112*

第6章　生産システム ……………………………………… *119*
　　1　東海経済圏の姿 ……………………………………… *119*
　　2　トヨタ生産方式 ……………………………………… *126*
　　3　中小企業の柔軟な専門化 …………………………… *139*

第7章　流通システム：メーカーのマーケティングと流通業 ……… *145*
　　1　流通とは何か ………………………………………… *145*
　　2　メーカーのマーケティング ………………………… *153*
　　3　流通業界の諸相 ……………………………………… *161*
　　4　ソーシャル・マーケティングと流通システム …… *167*

第8章　人　　材 …………………………………………… *175*
　　1　労務管理 ……………………………………………… *175*
　　2　人的資源管理と人材開発 …………………………… *180*
　　3　労働市場 ……………………………………………… *184*
　　4　人材派遣事業 ………………………………………… *187*

第9章　財務システム ……………………………………… *195*
　　1　企業と資本 …………………………………………… *195*
　　2　資本調達 ……………………………………………… *198*
　　3　資本の運用 …………………………………………… *202*
　　4　名古屋の株式市場 …………………………………… *204*

第10章　企業と情報 ………………………………………… *207*
　　1　企業と情報 …………………………………………… *207*
　　2　経営情報システム …………………………………… *214*
　　3　名古屋の情報産業 …………………………………… *219*

　　人名索引……*226*
　　事項索引……*228*

第1章　名古屋の産業と企業

1　名古屋の経済ポジション

　名古屋市は北緯35度01分50秒〜35度15分26秒、東経が136度47分41秒〜137度3分50秒で、日本のほぼ中央に位置している。面積は326.35 km²、2002年11月1日現在で人口は218万6949人である。背後には、日本で3番目の広さを持つ濃尾平野があり、また伊勢湾に面して、港湾では輸出入金額日本一の名古屋港がある。いうまでもなく、名古屋は東海道新幹線の主要駅であり、多くの鉄道の起点でもある。また、東名高速道路と名神高速道路をつなぐのも名古屋であり、多くの幹線道路が同市を通っている。さらに小牧に所在する名古屋空港は国内各地と空路で結ばれており、また、南北アメリカ、ヨーロッパ、アジアの主要都市とも国際線で直結している。名古屋市は日本有数の交通上の要衝をなしている。

　名古屋市を県都とする愛知県は全国有数の有力県であり、面積5154 km²、人口710万9736人、世帯数262万3790であって、人口と世帯数は東京都、大阪府、神奈川県についで全国第4位になっている。愛知県に隣接して岐阜、三重の両県があり、さらに静岡県も加えて、東海4県とも呼ばれている。また、愛知、岐阜、三重の3県を合わせた面積は2万1526 km²、人口は1109万8402人であって、地勢上の条件もあって、日本全体からしてきわめて重要な部分をなしている。

　名古屋市、愛知県、隣接地域は地勢上、人口学上だけで重要な部分ではな

表1-1　東海3県の県内総生産　　　　（単位：10億円）

	1999年度			
		第1次産業	第2次産業	第3次産業
全　国	493,820	6,784(1.4%)注	156,674(31.7%)	350,035(70.9%)
愛　知	32,520(6.6%)	251(0.8%)	13,653(42.0%)	19,574(60.2%)
岐　阜	7,221(1.5%)	94(1.3%)	2,632(36.4%)	4,747(65.7%)
三　重	6,247(1.3%)	164(2.6%)	2,628(42.1%)	3,660(58.6%)

注：本表は県内総生産を100％とした場合の構成比であり、「輸入税―その他―帰属利子」分を考慮していないため、1次、2次、3次産業の合計は100％にはならない。
出所：統務庁統計局・統計研修所（2003）。

く、経済上、産業上もきわめて重要である。愛知県についていうと、総生産額は1999年度において32兆5200億円（名目）であり、全国のそれの6.6％を占める。産業別構成は日本全体のそれと同じく第3次産業のウエートが高く（60.2％）、先進諸国とも共通した動向を示している（表1-1参照）。商業・サービス業は第3次産業の中で最も比重が高く、愛知県の総生産額のうちで30％に達する。商店数は10万1414店であり、年間商品販売額は52兆5132億3000万円であって、東京都、大阪府についで3位の地位にある。ただ、商店数は長期的に減少傾向にある。

　第2次産業の愛知県での比率は42.0％であるが、これは日本全体の平均（31.7％）に比べると、かなり高い。三重県も同じ傾向にある。第2次産業でも、愛知県の場合、重化学工業の比率は78.6％になっており、設備投資の大きな、テクノロジーの水準の高い工業が多い。その中でも非常に比重が高いのが、輸送機械（主要部分は自動車）であって、製造品出荷額の実に45.2％に達する（図1-1参照）。いうまでもなく、これはトヨタ自動車が所在するためである。三菱自動車の工場も岡崎にある。ちなみに、自動車製造は実に多くの関連産業を抱えている。自動車をコアとする産業集積は膨大なものである。もっとも、関連企業はこの地域に所在するとは限らないが、トヨタが独特のジャスト・イン・タイム方式をとっているため、地域集中係数は高い。

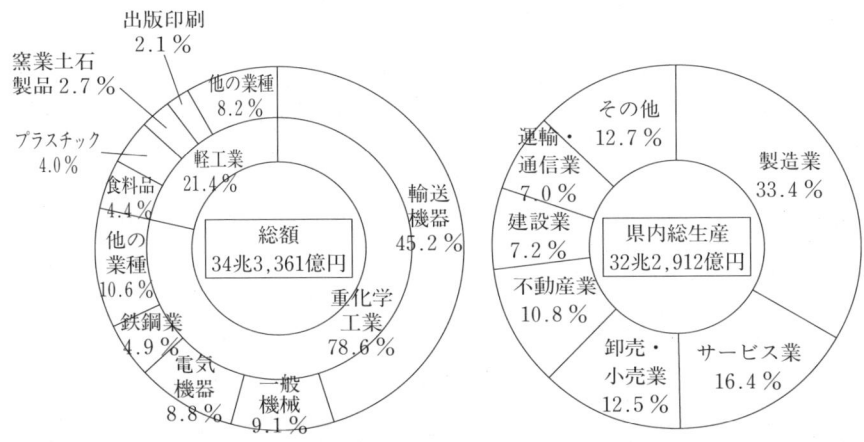

図1-1 愛知県の産業と工業
出所：愛知県ホームページ（http://www.pref.aichi.jp/）。

なお、豊橋にはフォルクスワーゲンなど外車の輸入、整備関係の事業所が集中している。ただ、自動車は電機ともども、生産拠点を海外に移しており、協力・下請工場もそうした傾向にある。

一般機械と、電気機器は9.1％と8.8％になる。前者は多分に織機の製作にはじまる工作機械に代表される。当地域の前者の大手としては、豊田自動織機、ブラザー工業などがある。電気機器はいわゆる電機メーカーの製品である。こちらはソニー、松下電器、日立製作所などの工場、営業所があるが、いずれもこの地域に興った企業ではない。

その他、愛知県、隣接地域において目立つのは食品産業と窯業である。それらは一般に軽工業として分類されている。食品産業工業は当地域での伝統的産業の一つであるが、豊かで新鮮な魚介類や疏菜を原材料として入手でき、また大きな消費地が控えていることもあって、現在も少なからぬウエートがある。

窯業も愛知県では名古屋、瀬戸、常滑が知られているが、岐阜県には多治見、土岐、瑞浪、三重県には四日市などの伝統的産地がある。窯業というと、伝統的産業のイメージが強いが、他方、新素材としてのセラミックスもあり、

先端的なハイテク企業もある。繊維産業はあとで触れるように古くからの産業であって、20世紀の前半、綿、羊毛、麻などの天然繊維を素材にして、この地域の経済の主たる担い手の一つになっていた。現在も健闘しているが、化学繊維のウエートも大きくなり、企業も脱繊維の多角化をさしている。名古屋の栄近くには繊維問屋が集中しており、そうした繊維問屋まで含む繊維産業クラスターの存在は大きい。

　ちなみに、地域の産業で地域外の市場（たとえば国内市場、海外市場）に多く出荷していて、地域に富をもたらす産業がある。明治以降その代表格は繊維産業であったが、現在は自動車産業である。ところが、地域に密着し、そうした産業を金融、動力、サービス、素材などで支え、また地域の人々の生活に必要な製品・サービスを提供している企業もある。

2　名古屋の産業と企業

　いうまでもなく、愛知県、隣接地域において上記のような産業構成になったのは20世紀後半のことであって、20世紀初頭は重化学工業は生産額において3％にも達していなかった。当時この地域には重化学工業のいずれかの部門をコアとする産業クラスターは存在していなかった。産業構成の変化は予想外に早いのである。1909年の愛知県のデータだと、繊維産業（紡織工業）が約6割を占め、ついで食品産業の18.5％、窯業・土石業の8.5％と続く。岐阜県南部も含めて考えると、窯業の比重はもっと高くなるかもしれない。ここでは繊維産業と窯業の19世紀末から20世紀はじめにかけての状況を述べてみよう。日本全体と同様、この地域においても19世紀末から20世紀にかけて繊維産業が重要産業であった。近代的産業化は繊維産業においてはじまったのである。当時の繊維産業の主要な部門は綿紡績、織物、それに生糸であった。

　この地域の場合、尾西、岐阜などの農村で農家が副業として綿紡績をはじめたといわれる。それらは農村工業であり、いわゆる納屋などを仕事場にし

た納屋工業（cottage industry）であった。しかし、農家が流通に携わることはないから、問屋が介在することになる。問屋はしばしば農家に原材料を提供して、製造を委託する。やがては、労働者を1ヵ所に集め、また相応の機械を据えつけた工場制生産、マニュファクチュア形態のものも見られるようになった。さらに、それは多数の動力機械を備えた近代工場へと発展する。そうした中で、19世紀末には近代大規模工場も出現した。1893年において名古屋紡績は生産高30万錘を超え、従業員も1000名あまりであった。同社に対抗した尾張紡績も同じく30万錘を超え、従業員数1000名あまりを擁していた。19世紀末から20世紀はじめにかけての綿紡績の盛隆は国内での需要もさることながら、イギリスと競合してこれを凌駕し、海外市場が開けたことによる。紡績資本も合併や量産化のため大規模化していったが、この地域は大阪とともにそうした紡績の一大生産基地であった。もっとも、綿紡績に限らず、産業は膨張だけするのではなく、収縮もするのである。あるいは産業には一般に立ち上げ期、成長期だけでなく、成熟期や衰退期（ライフサイクル）がある（図1-2参照）。

　この地域は非常に古くから特徴的な織物を産出していたが、近代産業としての織物業はやはり19世紀末から見られるようになり、とりわけ尾西地域と知多地域と名古屋市において納屋工業、問屋制家内工業、マニュファクチュアなどの形態で行われていた。素材は当初は木綿であって、いわゆる白木綿である。けれども、次第に絹綿交織物（たとえばモスリン）も増えてきた。この地域が毛織を手掛けるようになるのは20世紀になってからで、とくに第1次世界大戦による毛織物の輸入の杜絶がその引き金になった。一宮はその中心となった。セルの着物にしても洋服にしても、当時先端的なものであって、それを生産する毛織物企業にはよいイメージがあった。ちなみに、官公吏、学生、会社員も洋服化し、毛織物は伸びた。

　製糸業も綿紡績よりも後発である。豊橋には玉糸があった。玉糸は当初良質ではなかったが、他地域からの技法も導入され、改善されて、生糸製造の一つの拠点となった。製糸に関しては、岐阜県の方が大きな存在であって、

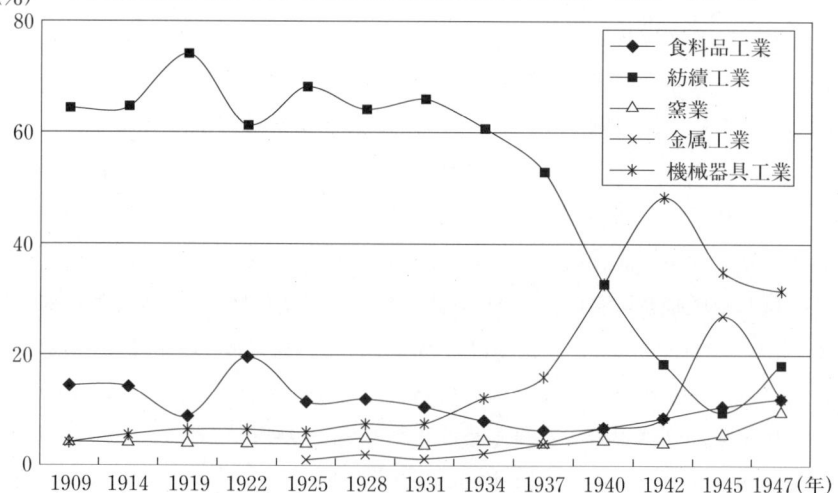

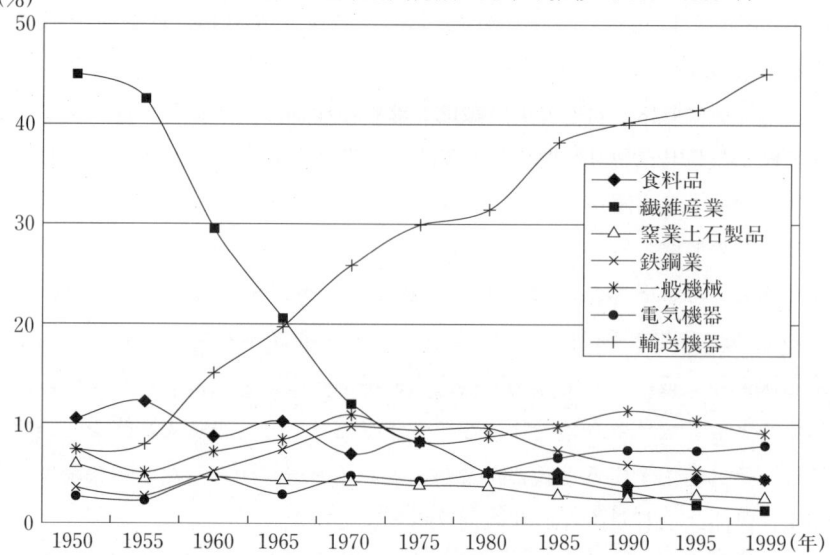

図1-2 愛知県総生産額に対する産業別生産額と出荷額の比率の推移
　　注：20世紀前半と後半とでは、統計上、産業分類に若干の差異がある。
　　出所：「第1回愛知県累年統計表」、「工場統計表」、『愛知県統計年鑑』。

表1-2 1898年愛知・三重・岐阜3県における製糸工場数と職工数

県　名	工　場　数	職　工　数
愛知県	89	5,495
三重県	92	3,588
岐阜県	243	7,935

出所：農商務省商工局編（1903）。

長野県についで工場数が多かった。1898年の工場統計によると、岐阜県には243の工場があった（表1-2参照）。ちなみに三重県には92工場があり、全国5位であった。生糸は中国が世界最大の生産基地であったのが、20世紀当初に日本にその座をゆずった。

　繊維産業を産業クラスター・アプローチでみると、地域でのその比重はさらに大きくなる。すでに触れたように綿紡績の勃興期から成長期前半にかけて、近在には綿作農家が多数存在していた。これら綿作農家も繊維産業クラスターに入る。織機は当初、まったく手動の木工品であったが、綿紡績生産が拡大するにつれ、効率のよい織機が求められるようになる。豊田佐吉が苦心のすえ、豊田式動力織機、三八年式自動織機を発明したことは有名である。手織機から動力織機へ、木製から鉄製へ、小幅織機から広幅織機へ、普通機から自動機へという発達があったが、この間にあって織機メーカーも次々に設立された。豊田自動織機、大隈鉄工所などがそうであって、盛時には38社に達した。織機メーカーも繊維産業クラスターに属する。さらに、繊維製品の専門的な問屋や小売店が多数あった。問屋は大垣、一宮、豊橋、蒲郡などにもあったが、名古屋の繊維問屋街はよく知られている。繊維関係の原料輸入、製品輸出のための名古屋港の存在も大きかった。

　この地域は中世から陶磁器の一大産地として知られている。そこでは今日よりももっと多くの場所に窯があったが、瀬戸、多治見、土岐、瑞浪、常滑などに大きな集積がある。いずれも陶土に恵まれ、原料志向の立地である。実に多くの零細企業が陶磁器づくりに従事しているが、磁器が主流である

(陶磁比率2：8)。磁器づくりというと、いかにも伝統的な製造が続けられているようであるが、20世紀初頭からのイノベーションをみると、登窯から石炭窯、轆轤（ろくろ）から石膏模型動力轆轤、手芸的絵付からプリント、さまざまな機械の投入などがみられた。とくに名古屋では、19世紀末に多分に海外での需要を念頭において、洋式の窯を導入して硬質陶器の製造が試みられ、これが成功した。日本陶器の誕生である。名古屋では、上記の産地とは対照的に、量産が行われ、今日に至っている。

　名古屋、とくにその南部を中心に重工業の工場が目立つようになるのは、第1次世界大戦のしばらく前からであった。その産業集積はやがて一般に中京工業地帯と呼ばれるようになった。そこには紡績の大工場とともに、重工業の工場も立地するようになった。名古屋での重化学工業勃興の大きな引き金の一つに、すでに触れたように、繊維産業のための機械づくりがある。いま一つの引き金は、名古屋が鉄道の一大基点だったこともあって、車輌製造が開始されたことにある。最後に、軍の工廠が1904年に熱田に設けられて、兵器製造が行われた。これは1923年に名古屋工廠に発展した。

　名古屋デトロイト化構想というのもあって、名古屋には早くから自動車製造の熱気があった。とくに、豊田自動織機では、豊田佐吉ととりわけ豊田喜一郎が関心をよせ、同社に1933年に自動車部を設けるほどであった。乗用車とトラックの製造が試みられ、それなりの成果をみた。当時、国には自動車産業を国家的戦略産業とみて大いに支援する姿勢があり、そのため自動車製造事業法が施行された。これを受けて、豊田自動織機の自動車部が別会社となって、豊田自動車工業株式会社が誕生したのである (1937年)。

　この時期、航空機生産もはじまった。第1次世界大戦後、軍需・民需上航空機生産が次第に関心事となり、日本では名古屋がその生産拠点となった。1928年には三菱航空機製作所が、1937年には川崎航空機岐阜工場ができた。1930年代半ばから日本経済は統制色、戦時色を強め、重要産業の生産拡充目標が設定されたりしたが、一般自動車10万台、工作機械50万台などとともに、航空機は1万機となっている (1937年度)。もっとも、航空機生産は第

２次世界大戦末期の爆撃で壊滅した。

3　企業と産業クラスター・アプローチ

　名古屋、愛知県、東海地方といった地域（region）での企業経営を論じるとき、産業クラスター（industry cluster）という枠組み、ないしアプローチで問題をとらえることが大切である。クラスターとは房のことだが、統計学でいうそれは、一定の共通項を持った集合をさす。従来の経営学は単一企業だけを、それ自体独立したものとして考察していた。だが、企業を集合、群れの中でとらえることもできる。産業クラスター・アプローチは、企業を連関する企業や組織の群れとのかかわりにウエートをおいて考察する。

　企業とは経済の営みにおける付加価値の流れの中で一定の地位を占めている、すぐれて経済的意図を持った自立的組織のことである。経済の営みとは、ごく根源的な形では、一方で自然にはたらきかけて人間の欲求を充足させるための手段を獲得し、準備して、他方ではその手段をもって人間の欲求を満足させることだといわれている。今日、経済の営みは実に迂回的で複雑化したものになっている。一方の端に自然があり、他方の端に人間の欲求がある点に変わりはないが、自然から採取した手段は何段階にもわたって加工、変形される。しかも、これに貨幣がからみ、サービスがからみ、情報・知識がからむ。川上から川下に向け手段が流れる中で、人間にとっての経済価値が付加されていく。企業はこうした経済的な付加価値活動の諸段階の中で一定の段階を担当している組織である。ある段階を一つの企業だけが担っているのは珍しく、一般には複数の企業があって、競争している。

　こうした企業とその活動は、はっきりと区別できないとしても、２つの面から眺めることができる。一つは付加価値創造の経済的ネットワークとの関連であり、企業の理念づくり、目標設定、戦略策定などはとりわけ、この関連の問題である。いうまでもなく、企業にとっての産業クラスターの問題も、付加価値活動の連鎖にかかわる事柄である。企業とその活動は、その内部を

どのように組み立てるかという視点からも眺められる。人材の活用、有効な内部組織づくり、生産システムなどがそうであって、本書の多くのページは、多分、この内部の諸問題を説明するのに費やされるであろう。

　この箇所では、もう少し付加価値創造にかかわる外部関連のことを説明しておきたい。一般に、企業間では市場介在の取引が行われ、とくに同業企業間ではもっぱら競争が展開される、とされてきた。だが、大企業も例外ではなく、企業は群れをつくる。この群れは産地的なものであったり、装置産業に見られる生産プロセスの垂直的な直接の連結によるもの（コンビナート）であったり、親企業と下請企業との上下関係のものであったり、資本系列であったりする。あるいは寡占企業間の共同行為であったりする。群れの企業の間では競争は必ずしも排除されない。けれども、さまざまな形の相互支援、協力も行われる。この企業の群れのダイナミズムが、群れの中にいる個々の企業にとっても、その群れが所在する地域にとっても重要である。企業組織と市場の対峙、企業と環境という枠組みではとらえられない中間領域がある。

　産業クラスターとはポーター（M. E. Porter）によると、「共通性と補完性によって結びついた、特定分野における地理的に近接した連関した企業ならびに関連組織の群れのこと」である。ポーターはカリフォルニアのナパ・バレーのワイン産業やイタリアの製靴企業の群れを例としてあげている。産業集積（工業集積、商業集積など）にはいろいろなものがあるが、ポーターの産業クラスターのイメージに一番近いのは関の刃物、瀬戸の陶磁器といった地場産業のありようであろう。

　大方の理解では、産業クラスターのイメージはフレキシブルな専門化のコンセプトと重なる。産地では分業、専門化が行われ、それぞれの分野で多くの小企業が競争している。けれども、大量の受注があったりすると、自社で引き受けられない分を同業者に回したりする。マーシャル（A. Marshall）がいうように、エクスパートや経験のローカルなプール、フレキシブルな労働の分化、濃密な社会的交流と信頼による協働、低廉な輸送コストと取引コスト、専門的なサービスに関するローカルなインフラストラクチュア、流通の

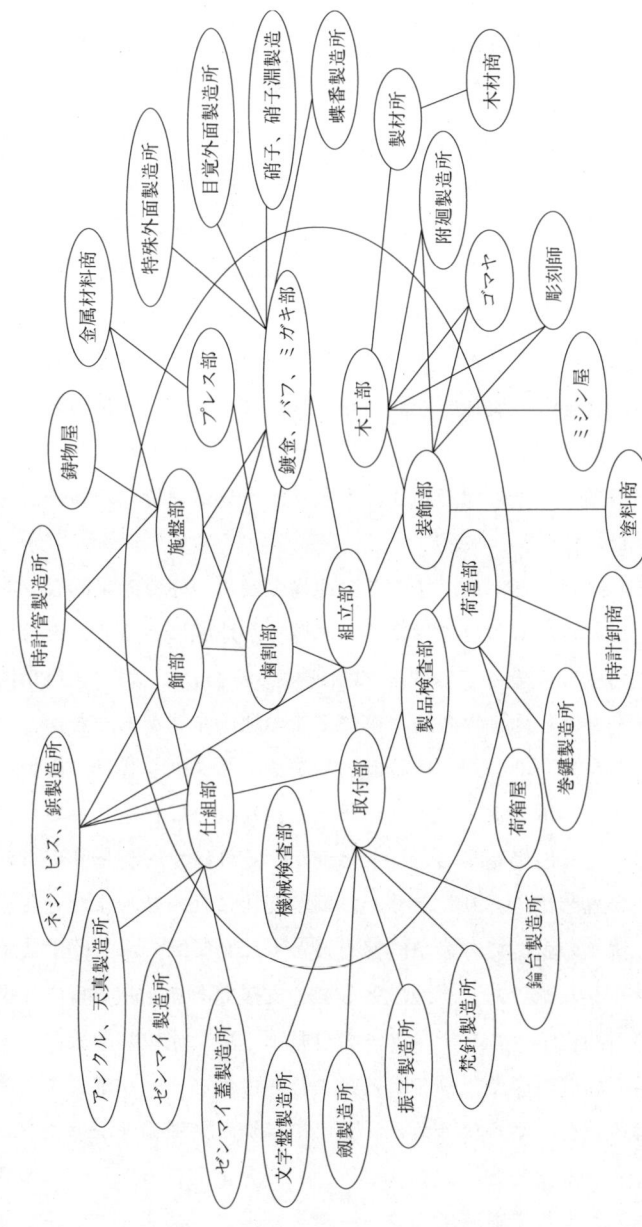

図1-3 名古屋の時計産業クラスター

出所：愛知県実業教育振興会（1941), p. 228より作成。

第1章 名古屋の産業と企業 11

ネットワークなどが享受できる。

　名古屋は日本での時計製造がはじまった場所ともいわれ、かつて掛時計、いわゆるボンボン時計の最大の生産拠点であった。工場数は1937年に49あったが、その産業クラスターは図1-3のようになっていた。時計製造には当然に内部のメカニックな部分について真鍮、鉄などの金属を材料とするネジ、アンクル、歯車、ゼンマイ、ビスなどが使われ、それぞれの専門業者が多数いて、彼らが提供する。また木製の外箱に関して、製材、木挽、彫刻、塗料などが必要であり、製材業者、ゴマヤ、彫刻屋、塗装業者がいる。さらに時計の正面にはガラスが取り付けられるので、ガラスの提供者がいる。当然に、輸出業者を含む流通業者がいなければならない。当時の名古屋には、これらの連関業者が立地して活躍しており、それぞれの職人が多数いて、マーシャルが指摘したその他の諸条件もあり、ボンボン時計の競争優位をつくり出していた。

　いうまでもないことだが、すべての地場産業について効果的なフレキシブルな専門化が見られるわけではなく、すべてが地域にとって、あるいは企業にとって魅力的な産業クラスターの状態にあるわけではない。20世紀前半において日本をはじめ世界各地に実に多くの地場産業があったが、今日少なからざるものが姿を消した。掛時計の産業クラスターも昔日の面影はない。フォーディズム、ポスト・フォーディズムに対抗して存続し、されにそれらを凌駕するような地場産業の条件とは何か。それはマーシャリアンがいうフレキシブルな専門化であり、とりわけ環境変化に合わせ、またそれを先取りするような個々の企業での競争的努力とともに企業間の水平的で柔軟で濃密なコラボレーションであり、地域としての支援であり、産学官の連携である。

　四日市の石油化学コンビナートや大自動車工場と比較的隣接して所在する協力・下請工場群も産業集積である。これらはポーターが定義する産業クラスターには入らないようにみえる。そこには別の集積論理がはたらいていると考えられてきた。むしろ、コンビナートや大企業を頂点とする系列組織は大企業組織の拡大版であって、フォーディズム、ポスト・フォーディズムそ

のものである。けれども、アメリカのコンピュータ産業の歴史をみると、第10章で触れるように、それは1970年代までの垂直的構造から、90年代以降は水平的なそれへと移行した。産業特性の差異もあって、これと同一に論じるのは必ずしも妥当ではないかもしれないが、自動車の場合も親企業を頂点とするがっちりとした垂直的な系列組織は、よりフレキシブルで水平的なものに移行しているようにもみえる。産業クラスター・アプローチでとらえうる部分は拡大している。

4　名古屋の中小企業と産地

1　中小企業とは

「中小企業」という用語は、もちろん「大企業」と対置される言葉である。しかし、企業が「大」であるとか「中小」であるとは、一体どういうことなのだろうか。

単純に考えれば中小企業とは中小規模企業である。企業規模を何で測定するかについては議論のあるところであるが、たとえば従業員数、売上高、資本金額、資産額などの面で相対的に小さい企業を中小企業とするのである。このように数値で中小企業の範囲を確定する方法を「量的定義」と呼ぶ。

他方、企業としての性質や特徴に基づいて中小企業か否かを判断することも必要である。具体的には、中小企業には所有経営者（出資者と経営者が同一）が多いとか、資金を資本市場から調達することが困難であるといわれるが、そうした特徴を有する企業を中小企業として考えるのである。この方法は「質的定義」と呼ばれる。

中小企業は多様性・異質性を包含する概念であり、実にさまざまな企業が含まれている。したがって、中小企業はさほど簡単に定義できるものではない。しかしながら、中小企業施策など現実に定義が必要とされる場面も少なくなく、多くの国では便宜的に法律で中小企業の定義を示している。そのほとんどは明確性と客観性に優れた「量的定義」を採用しており、日本も例外

表1-3　日本における中小企業の法的定義

製造業、その他	資本金3億円以下、	または、常用従業員300人以下
卸売業	資本金1億円以下、	または、常用従業員100人以下
小売業	資本金5,000万円以下、	または、常用従業員 50人以下
サービス業	資本金5,000万円以下、	または、常用従業員100人以下

出所：現行「中小企業基本法」による。

ではない。

　一般に日本で中小企業とされるのは、おおよそ表1-3のような範囲にある企業である。

2　名古屋市における中小企業の地位

　中小企業が経済全体に占めるウエートの高さはよく知られているところである。製造業事業所数の99.0％（「平成12年　工業統計表」）、卸売業商店数の83.4％（「平成11年　商業統計表」）、小売業商店数の81.4％（「平成11年　商業統計表」）が、中小企業で占められており、数のうえでは大企業を完全に凌駕している。

　名古屋市に限っても同様の状況が見られ、事業所数ではすべての業種で9割以上、従業者数ではほとんどの業種で8割以上が中小企業となっている（表1-4）。

　また、製造業について名古屋市とそれ以外の大都市と比較してみると、東京都区部や大阪市とよく似た傾向を示しており、中小企業の中でも小規模企業（従業者数29人以下）の比率が高く、中小企業の出荷額のシェアも相対的に高い（表1-5）。このように、中小企業の存在は名古屋市の経済においてもきわめて重要であることは明らかである。

3　中小企業の役割

　大企業と比べて中小企業が表舞台に立つことは少ないが、中小企業は経済の中できわめて重要な役割を果たしている。地域経済はもとより日本経済全

表1-4 名古屋市内中小企業事業所数および従業者数

区分	事業所数 総数	うち中小企業	(中小企業の割合)	従業者数 総数	うち中小企業	(中小企業の割合)	左の定義	中小企業基本法による定義
全産業計	139,155	137,812	99.0%	1,362,514	1,074,333	78.8%		
農林漁業	43	43	100.0%	339	339	100.0%	従業者数300人未満	従業者数300人以下又は資本金3億円以下
鉱業	5	5	100.0%	36	36	100.0%		
建設業	9,384	9,368	99.8%	110,352	102,595	93.0%		
製造業	15,633	15,587	99.7%	191,005	154,327	80.8%		
電気・ガス・熱供給・水道業	35	32	91.4%	7,562	2,855	37.8%		
運輸・通信業	3,851	3,821	99.2%	89,398	75,048	83.9%		
卸売業	16,571	16,358	98.7%	205,965	166,365	80.8%	従業者数100人未満	従業者数100人以下は資本金1億円以下
小売業	25,801	25,443	98.6%	181,716	136,349	75.0%	従業者数50人未満	従業者数50人以下又は資本金5千万円以下
飲食店	22,865	22,751	99.5%	125,291	116,671	93.1%		
金融・保険業	2,331	2,321	99.6%	43,642	39,176	89.8%	従業者数300人未満	従業者数300人以下又は資本金3億円以下
不動産業	6,019	6,017	100.0%	25,783	25,420	98.6%		
サービス業	36,617	36,066	98.5%	381,425	255,152	66.9%	従業者数100人未満	従業者数100人以下は資本金5千万円以下

出所:名古屋市市民経済局(2002), p.44.

表1-5 製造業・規模別構成比の主要都市比較

			全国	東京都区部	大阪市	名古屋市	横浜市	川崎市	京都市	神戸市
工場数			589,715	53,691	23,041	13,875	7,409	4,100	8,960	4,499
従業者数(人)			9,700,039	435,767	228,344	159,585	141,682	79,989	93,847	76,565
製品出荷額等(十億円)			303,582	10,266	5,525	4,781	5,363	4,099	2,842	2,672
規模別構成比(%)	工場数	1~3人	42.1	53.6	47.0	43.5	37.2	42.0	53.2	38.5
		4~29人	49.2	43.3	48.5	51.6	54.1	50.5	42.0	53.9
		30~299人	8.1	3.0	4.3	4.6	7.8	6.6	4.5	7.0
		300人以上	0.6	0.2	0.2	0.3	0.9	0.8	0.3	0.5
	出荷額	1~3人	1.0	3.7	2.6	1.9	0.9	0.7	1.7	0.9
		4~29人	14.0	31.6	29.0	20.4	12.1	9.0	16.9	13.9
		30~299人	36.6	32.4	40.2	34.0	25.0	29.9	29.8	38.5
		300人以上	48.4	32.4	28.3	43.7	62.0	60.4	51.6	46.7

注:1)全事業所が対象。
  2)数字の単位未満は四捨五入を原則としているので、総数と内訳が一致しない場合がある。
出所:名古屋市市民経済局(2002), p.106(一部を省略).

体が現在のような閉塞状態を脱するためには、中小企業の活性化が不可欠であることは、衆目の一致するところである。

　中小企業の役割を簡単に整理しておこう。

　①産業構造の円滑な転換……産業構造とは、一つの国の経済における産業の組合せである。産業構造は経済が発展するに従って長期的に変化する。中小企業は停滞・衰退業種からの撤退と成長業種への参入、ならびに新産業の創出を通して、産業構造をより時代に適合したものへと転換させることに寄与している。

　②経済成長の原動力……中小企業の成長率は大企業よりも高い。大企業へと成長を遂げる中小企業もある。また、中小企業は事業活動のために必要とする製品・サービスを購入したり資金を借り入れたりするなど、需要の担い手でもある。こうしたことが経済の成長につながっている。

　③市場競争の維持・促進……中小企業は大企業による独占・寡占化への対抗勢力である。市場に中小企業が存在し競争を続ける限り、市場メカニズムが機能し、良好な市場パフォーマンス（価格の適正化、品質の向上、イノベーションの創出など）が生み出される。

　④分業による生産・流通の効率化……生産においては、社会的分業の担い手として、また下請・外注先として中小企業は特定の工程に特化し、その工程の生産性向上などによって生産システム全体の効率化に貢献する。他方、流通においてはメーカーから卸売、そして小売にいたる流通過程の中で、末端の個々の細かい需要にマッチした商品を消費者の手に届けるにあたって、中小企業は不可欠な存在である。

　⑤雇用の確保……総務省統計局「事業所・企業統計調査」(1999年)によると、中小企業の従業者は事業所ベースで80.6％（非1次産業計）を占めている。雇用の受け皿としての中小企業の重要性は明らかである。さらに、中小企業が新規に開業したり新産業を創造したりすることは、新たな雇用をつくり出すこととなり、失業率の上昇に歯止めをかける効果も期待される。

　⑥産業・技術フロンティアの開拓……新しい産業や技術は、当初は市場規

模が小さくリスクも高いことが多い。大企業に敬遠されがちなそうした分野でも、企業家精神旺盛な経営者に率いられた中小企業は敢然と挑戦し、新産業や新技術を創出していくのである。

⑦地域経済の活性化……中小企業は地域密着型の経営を行うことで、地域経済になくてはならない存在である。後述する産地・地場産業はその典型であるし、中小小売店で構成される商店街も街づくりの中心となって地域の活性化に力を発揮している。

4 中小企業と産地

中小企業が存立する形態はさまざまである。名古屋あるいは愛知県内に多く見られる自動車産業や機械産業の下請けもその一つであるが、ここでは産地ないし地場産業という形態をとりあげることにする。

産地とは「同一の立地条件のもとで、同一業種に属する製品を生産し、市場を広く全国や海外に求めて製品を販売している多数の企業集団」[1]である。なぜ産地として企業が集積するかについて、一般には集積自体の持つ機能が利益をもたらすためと考えられる。それらはたとえば次のようなものである(通商産業省環境立地局・通商産業省中小企業庁, 1998, p. 40)。

Ⅰ 事業補完機能
　①技術的優位性を活かした工程間・水平分業等による事業活動の効率化
　②地域ブランドの活用等による商品販売力の向上
　③多数の関連する事業者による共同受注、共同仕入などによる規模の経済の追及
Ⅱ 事業高度化機能
　①市場動向や技術動向等に係る最新情報入手の容易化
　②多数の関連する事業者による共同研究、企業間ネットワークの構築等の交流・連携活動による相互の技術波及や事業ノウハウ等の蓄積の活用・高度化

Ⅲ　人材育成・確保機能
　　　優れた人材の育成・確保および就業の容易化
　しかしながら、多くの産地は近年苦境におかれている。中小企業庁の「平成13年度　産地概況調査」によると、「国内全体の景気低迷」、「競合輸入品の増加」、「価格競争力の低下」を背景として出荷額は減少傾向にあり、その結果「雇用の減少」、「倒産・廃業の増加」、「産地内競争の激化」といった影響が出ており、5年後には現在より「衰退する」と考えている産地は過半数にものぼる。

　今後の取り組みとしては「製品の高付加価値化」、「新製品の開発・新分野進出」、「販路の新規開拓」、「消費者ニーズに合わせた多品種小ロット生産」、「後継者育成」、「情報力の強化による販売促進」を志向する産地が多い。また、生き残りをかけて中国を中心とした海外への進出、消費者への直接販売の実施、ホームページの開設、産地内・外とのコンピュータネットワークの構築といった方策も企業レベルおよび産地レベルで行われるようになっている。

　産地は、その立地する地域の経済にとってはきわめて重大な存在である。名古屋および名古屋圏経済においても例外ではない。産地を抱える自治体の多くは産地振興に対して種々の支援策を講じているが、それに甘えるだけでなく中小企業自らの経営努力が求められるところである。

5　産地の事例：陶磁器産業

　名古屋およびその周辺にも産地が数多く形成されている。
　名古屋市内では有松・鳴海絞、名古屋仏壇、名古屋友禅、合板、弦楽器などが有名である。また名古屋以外に目を移せば愛知・尾西地方の毛織物、同じく知多から三河地方の綿スフ織物、岐阜市の既製服、関市の刃物、美濃市の和紙など、さまざまな産地が存立している。とりわけ産地の数と規模、そして全国的な知名度で群を抜いているのが愛知県瀬戸市・常滑市、岐阜県東濃地方、三重県四日市市などに見られる陶磁器産業であろう。

陶磁器製の食器産地として国内最大規模を誇っているのが美濃焼産地である。「平成12年　工業統計表」によると、岐阜県は金額ベースで陶磁器製和飲食器の40.8％、洋飲食器の49.1％という国内シェアを有し、圧倒的な地位を保持しているが、そのほとんどは東濃3市1町（多治見市・土岐市・瑞浪市・笠原町）で生産される美濃焼である。産地内がさらに14の地区に分かれ、それぞれが特色ある製品を生み出しており、美濃焼産地で手に入らない食器はないといわれるほど豊富な品揃えを誇っている。美濃焼産地では陶磁器製タイルの生産も盛んであるが、食器やタイルの製造に関連した産業、たとえば陶磁器用坯土（陶磁器用原料土）製造業、工業用窯炉製造業、陶磁器絵付業、段ボールおよび段ボール箱製造業、匣鉢製造業、さらには問屋や小売といった商業なども産地に集積しており、地域内でのウエートは相当なものとなる。

　美濃焼の歴史は安土桃山時代にまで遡る。明治時代になり海外から近代技術が導入される中、美濃焼産地は他の陶磁器産地に先駆けて機械化による大量生産体制を確立し、輸出を中心として発展を遂げてきた。しかし1985年9月のプラザ合意を契機とした円高によって大きな打撃を受け、その後、内需への転換が功を奏して驚異的な回復をみせるのであるが、バブル崩壊とともに訪れた平成不況の中で業況は悪化の一途をたどっている。加えて、90年代に入ってから急増した中国製品を主とする輸入陶磁器は安価な量産品が多く、美濃焼製品と直接競合するものであったために、産地はますます苦しい状況に追い込まれている。

　他方、こうした逆境から抜け出そうとする動きも活発化している。新製品開発やデザイン開発を行い、輸入品に負けない高付加価値商品をつくり出し、インターネットを通じて顧客に販売する企業、大手コーヒーショップチェーンからカップの受注に成功した企業、海外に生産拠点を設けた企業など、独自の戦略で新たな成長局面を実現しようとしている。また、産地ブランドの構築、ユニバーサル食器やリサイクル食器の開発・商品化による新市場の開拓といった、産地全体としての取り組みも成果をあげつつある。美濃焼は江戸時代以前からの伝統を引き継いでいる部分が多く、画期的な革新が起こり

にくいともいわれているが、こうした地道な努力が実を結ぶ日も遠くはないように思われる。

　美濃焼産地と同じく日本を代表する陶磁器産地である瀬戸は、美濃焼とはまた異なった経緯をたどっている。

　瀬戸という地名の由来が一説には「陶所（すえと）」であるといわれ、「せともの」が陶磁器の代名詞にもなっているように、瀬戸はまさに陶磁器のまちである。鎌倉時代にはじまった陶磁器生産は、明治以降、食器以外のさまざまな分野へ展開しながら発展を遂げていく。美濃焼産地を「陶磁器製食器のデパート」とするならば、瀬戸はさしずめ「陶磁器製品のデパート」である。代表的なものはノベルティと呼ばれる陶磁器製の置物や玩具であり、洋食器と並んで輸出の中心であった。円高で輸出が激減したとはいえ、ノベルティ生産において瀬戸は今なお日本一の地位にある。他にも電機用品、理化学用品、タイル、建築陶材、衛生陶器など、多岐にわたっている。また近年伸長が著しい分野としてファインセラミックスがある。これは従来の伝統的陶磁器生産の技術とは一線を画するまったく新しいものと考えられるが、すでに既存の製品の生産額を上回り、瀬戸産地の屋台骨を支えるような存在へと成長している。このように瀬戸産地は美濃焼と同様に飲食器から出発しながら、時代の要請に応じて新たな製品分野を次々と開拓してきたことが、産地発展の原動力となっている。

　食器とタイルに特化した美濃焼産地、多様化の道を進んだ瀬戸産地、その態様に違いはあるが、そこに集まる多数の中小企業が結び合いまた競い合いながら、産地全体としての活力を維持し、地域経済の活性化に大きく寄与していることに違いはない。

設問

1　豊田佐吉と豊田喜一郎はなぜ自動車生産に関心を持ったのだろうか。
2　近代的工場生産とはどういうことか。東海地方ではどのような経緯でこれが出現したのか。

3 フォーディズムとは何か。
4 陶磁器以外の名古屋周辺の産地について調べてみよう。

●——注
[1] 中小企業庁が毎年実施している「産地概況調査」による。なお、本調査の詳細は中小企業庁のホームページ (http://www.chusho.meti.go.jp/) に掲載されているので、参照されたい。

●——参考文献
愛知県実業教育振興会『愛知県特殊産業の由来（上)』1941年
大都市統計協議会編『大都市比較統計年表』〔平成12年〕大都市統計協議会、2001年
経済産業省中部経済産業局編集『中部地域経済産業の将来展望：中間取りまとめ』財務省印刷局、2002年
名古屋市市民経済局『産業の名古屋2002』2002年
名古屋市総務局企画部編『名古屋の事業所・企業』1998年
農商務省商工局編『職工事情』1903年
岡崎信用金庫調査部『あいちの地場産業』2000年
総務庁統計局・統計研修所編『第52回　日本統計年鑑』〔平成15年版〕日本統計協会、2003年
通商産業省環境立地局・通商産業省中小企業庁編『地域産業集積活性化法の解説』通商産業調査会出版部、1998年
中部経済産業局『経済のポイント　東海・北陸』〔2002年版〕2002年

第2章 経営学と企業経営

1 経営学の発展

1 第2次世界大戦前の経営学：アメリカとドイツ語圏の場合

　経営学は20世紀に誕生し、大いに発展をした学問である。一般の理解だと、経営学はとくにアメリカとドイツ語圏において生成した。そして、2つの地域での経営学の発展には、共通項はあるものの、異なった様相があるといわれている。アメリカ経営学とドイツ（語圏）経営学とに分けて解説されるゆえんである。日本の場合、経営学の発展は両地域よりも、おそらく若干遅れ、第1次世界大戦のあとだった。1920年代になって、日本の初期の重要な経営学書が出るのであるが、たとえば、後に触れる名古屋高等商業学校教授の国松豊の『科学的管理法綱要』は1926年の出版である。

　アメリカの経営学には前史的な存在はあるにしても、やはり最初のものは科学的管理（scientific management）であろう。それは機械技師であったテイラー（F. W. Taylor）が推進したもので、考え方・進め方は『工場管理』（1903年）と『科学的管理の原理』（1911年）に述べられている。それは親方任せの、あるいは成行次第の管理ではなく、時間研究・動作研究などを通じての科学（science）に基づいた管理でなければならないとした。こうした仕方で1日の公正の作業量を設定（課業）し、課業を達成した場合には高い賃金が、そうでないときには低い賃金が支払われる制度が設けられた（差別的出来高賃金制度）。また、従業員が判断せずに執行的作業に専念できるように、判断、

意思決定をする計画部がつくられた（計画と執行の分離）。これには計画部から現場従業員への指図が必要になる（指図票制度）。最後に、従業員をすべての面で指導できる万能の職長はなかなか得がたいので、職長の仕事も分業化する（機能別職長制度）。こうした仕組みによって、職場の能率は上がり、従業員には高賃金が、経営者には低労務がもたらされ、労使協調ができる、という。『科学的管理の原理』の方は科学的管理を一般化した形で説明している。

このような科学的管理は同国において、多くの信奉者を生み、また企業でも実践された。日本にも直ちにこれが紹介・導入された。ちなみに、科学的管理に密接に関連する産業心理学も発達した。それは特定の作業の担当者の適性を見出そうとするものであり、担当者の選抜、適性検査などにかかわった。

2番目の知見はより一般的なマネジメントの考え方であり、上級・全般経営管理論（administrative management）と呼ばれるものである。フランスのファヨール（H. Fayol）の『産業並びに一般の管理』（1916年）が最初の文献だとされている。ファヨールはその機能として計画活動、組織活動、命令、調整、統制の5つをあげ、また経営・管理についての14の原則をあげている。この知見はアメリカで広まった。上級・全般経営管理論では、その機能や原則の外に、社会責任、経営哲学、組織のあり方などのテーマも追求されている。

アメリカ経営学の3番目の重要な知見はヒューマン・リレーションズ（HR）である。それは1920年代に開始されたウエスタン・エレクトリック社のホーソン工場での実験をきっかけに登場したものである。この実験はもともと、物理的作業条件の変化が労働者の能率にいかなる影響を及ぼすかを調べようとしたものであったが、結果的にわかったのは、彼らの社会的・心理的要素の方が、物理的なそれよりも能率に影響があるという点である。というよりも、物理的作業条件の変化と能率（反応）の間に、従業員の心理的態度（attitude）が介在する。とくにそれは彼の来歴といった個人事情と、職場での人間関係のごとき社会状況に規定される。これは明らかに、科学的管

理が見落としていた点である。

　マズロー（A. H. Maslow）の貢献も小さくはない。彼は著名な心理学者だが、第2次世界大戦中の1943年にいわゆる欲求階層説を唱えた。マズローは人間の欲求が多様であること、それらは充足順序について一定の秩序を持っていること、下方の欲求ほど、充足の緊急性は高いが、それが充足されると、動機としての有効性は喪失することを明らかにした。上方の欲求ほど人間らしい欲求であり、高次のものである。相手がいかなる欲求の充足を求めているかを見定める必要がある。ただ、マズローの欲求階層説は当初、一般的状況について論じていて、これが経営学において非常な重要性を帯びるのは、やはり、第2次世界大戦後である。

　ここにいうドイツ語圏とはドイツ、オーストリア、スイスのドイツ語領域をさす。ドイツ語圏では経営学の大部分は経営経済学と呼ばれている。経営経済学の生成にとっての最大のインパクトは、産業での人材養成のため商科大学が創設されたことであって、その中心科目として構築されたのが経営経済学であった。この点ではアメリカの経営学のスタートとは事情が異なる。アメリカ経営学が企業実践上の課題に応えるべく、現場ないし現場近くで生成し、発展していったのに対し、ドイツ語圏では、たとえば、この学問の名称、国民経済学との関係、学問の基本的性格（規範論か技術論か純粋理論か）、対象がいわゆる学者の間で大いに論じられたという事情がある。1920年代になって一般化した経営経済学という呼称にしても、それは企業ではなく、経営体を（認識）対象とし、その経済学だという説明は一般にはわかりにくい。

　ちなみに第1次世界大戦の前後、ないし1930年代当初までの古典的経営経済学のテーマと問題には、次のようなものがある。
- 計算制度（コンテンラーメン、成果計算、貸借対照表、原価計算、経営比較、経営統計）
- 原価理論（原価概念、原価ビヘイビア、原価と価格政策との関連）

- 貸借対照表論（静的理論、動的理論、有機的理論など）
- 資本維持、実態維持
- 企業金融
- 企業の経営組織（とくに大企業のそれ）
- 販売問題

こうみると、いかにも企業という経営体についての価値の流れの究明とその計算的把握、財務がドメインになっていることがわかる。経営経済学は日本でいう会計学を内包している。学問の区画整理が日本とは異なっているのである。

2　名古屋高等商業学校と日本経営学

　第2次世界大戦終了までの日本の経営学生成の事情はいかなるものであったか。とりわけ、名古屋の状況はどうであったか。日本には独自の優れた商業経営思想と実践論があったが、それを近代科学の次元にコンバートし、説明することはできなかったし、現在もそうである。このため、日本では経営学の源流として、科学的管理と古典的な経営経済学をあげるのが一般的である。双方は驚くべき伝播スピードで日本に紹介され、日本の経営学構築の下敷きにされてしまった。

　アメリカ経営学は主として科学的管理がジャーナリストや実務家の手で導入された。また、それに随伴した産業心理学も入ってきた。ただ、ヒューマン・リレーションズや欲求階層説の紹介はまだなかった。ちなみに、上級・全般経営管理論もほとんど顧みられなかった。ドイツ語圏の経営経済学の方はドイツに留学した教員の手で導入された。1926年には日本経営学会が創設される。この学会活動をみると（年報である『経営学論集』に収められた学会報告を通覧すると）、戦前はドイツ語圏の経営経済学の影響の方が強かったようにみえる。「経営経済学」を冠したモノグラフィーも多く刊行された。なお、注目すべきは純粋理論としての経営経済学（私経済学）の展開に啓発されて、マルクス（K. Marx）の『資本論』に依拠するという不思議な経営経済学も

生まれた。けれども、高等商業学校（以下、高商という）などのカリキュラムなどをみると、商業教育面では、むしろ、科学的管理法、産業心理などにも少なからぬウエートがあったことがわかる。

　日本でも欧米にならい、明治維新以降、各種の、また高度から低度の専門教育に力を注ぎ、その一環として商業・実業教育機関がつくられた。商業学校通則、商業学校規程によって、高等教育機関として、ドイツ語圏の商科大学に相応する高商が創設された。まず、東京と神戸に、続いて山口、長崎、小樽に高商がつくられ、1909年に第六高等商業学校として名古屋高等商業学校が設立された。初代校長は渡辺龍聖であった。「士魂と商才、論語とソロバンの並進」が校是であった。ちなみに同年東京高商は大学令により東京商科大学になっている。

　ドイツのライプツィヒでの最初の商科大学創設は1898年であり、フランクフルトが1901年、ベルリンが1906年であるから、日本の高等商業教育機関の創設は遅い方ではない。当時、欧米では高等商業教育機関を設ける風潮があり、イギリス、フランス、ベルギーなどでもそうした動きがあったし、アメリカでもペンシルベニアのウォートン・スクールが設けられ、シカゴ大学、コロンビア大学にも同様のスクールがつくられた。なお、日本の高商はとくに、ベルギーのアントウェルペン高等商業学校をモデルにしたといわれている。

　東海地方において経営学的な教育と研究がはじめて行われたのは、名古屋高商においてであろう。1910年の同校のカリキュラムを見ると、さまざまな専門学科目の中に、管理学、商工心理学、工学が設けられている。もっとも、日本の経営学が未誕生の当時商業学時代に、経営学関連と目される学科目は極端に少なかった。渡辺の教育方針としては、先輩諸学校があまり重点をおかなかった以下の5学科目にウエートを持たせたという。1. 商業実践、2. 商品実験、3. 商工心理、4. 能率研究、5. 産業調査。1と2はさておき、商工心理と能率研究を重視するというのは、まことに興味深い。いずれもアメリカの産業界の動向にそったもので、実験心理学に立脚した適性検査の必

要性や能率増進の要請に応えようとしている。名古屋高商では、能率研究のため当初は活版工場が、後には石鹸工場が研究工場としてつくられていた。また、産業調査室では、ハーバード大学のケースメソッドの調査研究が行われたりしている。こうみると、名古屋高商での経営学的教育はすこぶるアメリカ、とくに科学的管理法とそれに随伴した産業心理学に傾斜していたことがわかる。ドイツ語圏の経営経済学のインパクトは、会計学の中で簿記原論、貸借対照表論、原価計算論などについてみられるにすぎない。

　名古屋高商は時間が経過する中で、カリキュラムを拡大する。けれども、経営学関係の学科目はほとんど増えない。経営学徒とみなしうる教員も少なかった。そして、同校での経営学教育上の特色にも変化はない。渡辺は1935年に退き、第2代校長には国松が就任する。経営学徒の校長が生れたのである。同校での経営学教育はいっそう充実するかに思えたが、日本は空前絶後の激動期を迎えた。日中戦争勃発、国家総動員法発動、陸軍現役将校配属、太平洋戦争開始、名古屋大空襲、敗戦と非常な難事が続いた。教員は教育、まして研究どころではなかったかもしれない。国松は1945年の12月に校長を辞任する。なお、国松は1953年に愛知学院大学商学部創設に際し、初代学部長として迎えられた。

　戦前における東海地方の重要な経営学書というと、まず国松の『科学的管理法綱要：能率増進の原理及応用』をあげることになろう。表題から判明するように、本書はアメリカの科学的管理を詳しく述べたものである。文献考証もなかなかであって、ドイツの文献もしばしば引用されている。国松が考える科学的管理法の体系、内容は図2-1のとおりであり、それは科学的研究と法則の樹立と、そうした法則の実施と維持に大別される。当然ながら、本書の構成もこれに従ったものであり、1．緒論、2．能率法則の研究（時間研究、運動研究、作業指導案、標準化、疲労研究、適材の選択、分類と記号法）、3．能率法則の維持及実施（能率報酬制度、工場組織、標準化の維持、製造工程の統括）、4．能率監査（工場診断、管理法改革上の心得、能率及非能率監査、能率監査と原価計算）、5．原価計算（原価計算と経営、原価の要素、素価、間接工費、原価記録、減価

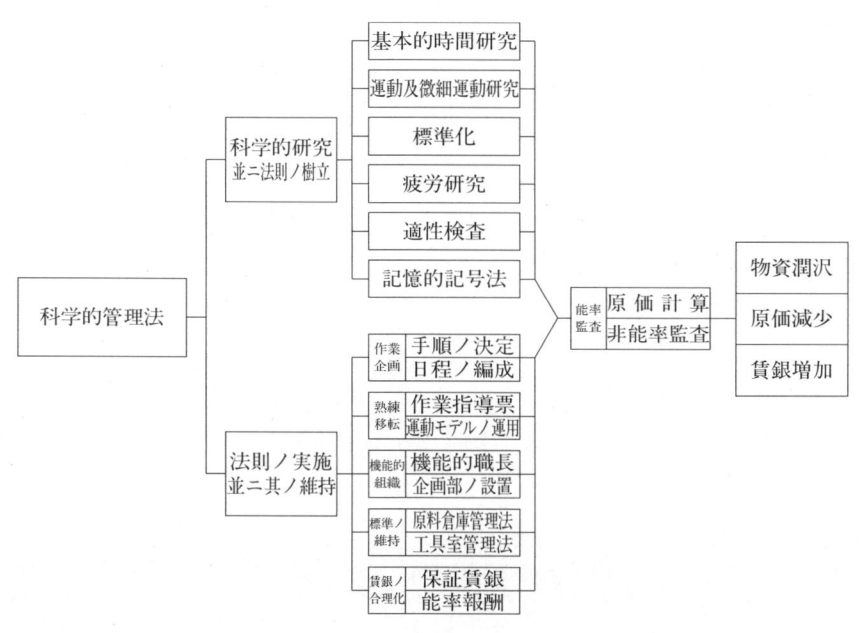

```
                    ┌─ 基本的時間研究
                    ├─ 運動及徴細運動研究
         ┌ 科学的研究 ├─ 標準化
         │ 並ニ法則ノ樹立├─ 疲労研究
         │           ├─ 適性検査
         │           └─ 記憶的記号法           ┌─ 物資潤沢
科学的管理法 ┤                         能率  ┤原価計算├─ 原価減少
         │           ┌作業  手順ノ決定    監査 │非能率監査└─ 賃銀増加
         │           │企画 日程ノ編成
         │           ├熟練 作業指導票
         │ 法則ノ実施  │移転 運動モデルノ運用
         └ 並ニ其ノ維持─┤機能的 機能的職長
                     │組織  企画部ノ設置
                     ├標準ノ 原料倉庫管理法
                     │維持  工具室管理法
                     └賃銀ノ 保証賃銀
                      合理化 能率報酬
```

図 2-1　科学的管理法の内容

出所：国松（1926），p. 5．

償却の取扱）、そして結論となっている。

　国松によると、労使の協力を経済的に実行する組織と手続きの問題である管理（management）と目的を考量し、管理を総括する経営（administration）とは混同してはならない。前者は科学的扱いが可能であるのに対し、後者には非科学的分子が多く含まれている。これは当時のアメリカの科学的管理の推進者の一般的見解でもある。国松はまた科学的管理が従業員に労働強化、人間疎外をもたらすとする労働組合の非難は見当はずれだとし、科学的管理は労使だけでなく、社会も利するものだと主張している。

　名古屋高商では、産業心理学を重視するという教育方針であった。これは日本の経営学の発展の中では珍しいことである。この産業心理学的な教育や研究を推進したのが、後年日本心理学会会長も務めた古賀行義である。古賀はフェヒナー（G. Fechner）が提唱した実験心理学的構想に大きな関心を寄せ、

校内に心理学実験室を設け、産業心理学の教育と研究を行った。

　全員ではないにしても、国松、古賀をはじめ教員の間、あるいは名古屋高商には、実践と直結した研究態度が濃厚にあり、生産現場重視の空気がみなぎっていたようにみえる。これはすでに触れたように、製造業にウエートがある土地柄にもよるものであろう。そして、そのような態度での研究が産業だけでなく、社会の利益にも資するという信念に支えられていたのではないか。国松の研究・教育態度は藻利重隆、末松玄六たちに、古賀のそれは宇都宮仙太郎たちに受け継がれていった。これら後継者たちによって、今日につながる経営学が構築されることになる。藻利は『工場管理』(1950年) を刊行したが、東京商科大学に移り、周知のように日本の指導的な経営学者になった。末松は名古屋高商（戦時中、経済専門学校、工業経営専門学校に移行）が名古屋大学経済学部になってからも、そこに残り、中小企業経営の研究を精力的に行った。『中小企業経営論』(1956年) は大著である。

3　20世紀後半の経営学の動向

　第2次世界大戦後から今日までの経営学の実に多彩な大発展をごく限られたページで述べることは不可能に近い。それでもあえて、要約を試みるとすれば、以下のようなことになろう。①まず、アメリカ経営学は次第にウエートを増し、とりわけ1970年代以降、それが各国の経営学を主導することになる。②ドイツ語圏のうち、東ドイツはベルリンの壁崩壊まで社会主義国家になり、社会主義経営学を持つことになった。ドイツ語圏では、まずスイスで、ついで西ドイツにおいて戦前の経営経済学が復活するが、その経営経済学もだんだんとアメリカ経営学の強い影響下に入る。③日本の経営学でもアメリカ経営学の影響が強くなる。ただ、日本の高度成長の担い手としての企業経営がアメリカをはじめ、多くの国の人々の関心を集めるようになり、日本的経営論が脚光を浴びるようになる。経営・管理の日本化 (Japanization) というキーワードも生まれた。ちなみに、個別資本説も一時は支持者・同調者が非常に多かったが、やがては下火になり、1990年のソビエト・ロシア

の共産主義政権が瓦解するとともに、ほとんど姿を消した。経営学の中でのイデオロギーの対立もほとんどなくなった。④これとともに、東西ドイツ統合によって、東ドイツ人民共和国（DDR）は消滅し、社会主義経営学もなくなった。

　こうみると、アメリカ経営学的な潮流は非常に強くなったわけで、もはや国別に経営学の性格が顕著に異なるということはなくなった。また、大学による学派の違いも小さくなった。もっとも、20世紀後半において、各国の企業経営には少なからず差異があることが判明した。すでに触れたように、日本的経営や、ドイツ的経営、あるいはイタリア式経営などのモデルのあることが指摘された。国が違えば、法的枠組み、社会的・文化的・歴史的背景、経済発展の段階などが相違するから、これは当然のことだろう。ちなみに、同じ日本でも地域別に大阪型経営、名古屋型経営がありうるかもしれない。ただ、長期的には少しずつ地域特性はウエートを小さくしているようにみえる。

　アメリカ経営学といっても、実に多様性があって、しかもそれは膨張している。20世紀前半においてすでにいくつかのパラダイムがあったことは、 1 において述べたが、これらは20世紀後半においてもいっそうの発展をした。科学的管理の実質的部分はインダストリアル・エンジニアリング（IE）として飛躍的な前進を遂げた。この知見なしに、現代企業のすぐれた生産・流通システムの構築はありえない。上級・全般経営管理論はいわゆるプロセス・スクールに引き継がれ、経営学の大部分のテキストはこの立場から編まれているほどであった。バーナード（C. I. Barnard）の業績も組織理論として大いに評価され、サイモン（H. A. Simon）、マーチ（J. G. March）などの手でいっそうの展開が行われた。この立場では、認知主体、意思決定主体としての個人が、組織に参加したり、それを離脱したり、またそこでの役割行動を選択すると考えて、組織のあり方を論じる。ちなみに、人間の意思決定といっても、経済学が想定していた客観的な完全な合理性は成就できず、限定的な合理性しか確定できない。それでも、組織においては個人の場合よ

りは、より高い限定的な合理性が実現できる。

　ヒューマン・リレーションズも戦後いっそうの発展を遂げ、マズローの欲求階層説などもとり込んで行動科学的アプローチ、行動パースペクティブなどと呼ばれるものに変身した。それは個人、集団、組織プロセスの複雑な性質を理解することを通じて従業員の有効性を高める経営・管理活動を知ろうとするものである。

　だが、20世紀前半には見られなかった目新しい経営手法、経営学も登場した。大戦中に軍部が開発した問題解決の数学的手法が企業の経営・管理問題にも適用されるようになった。定量的経営・管理 (quantitative management)、オペレーションズ・リサーチ (OR)、経営科学などと呼ばれるものがそれである。それは問題を数学であらわし（数学モデル構築）、数学を解くかたちで最適解を手に入れる。生産管理、財務、マーケティングなどの分野の問題にこれが適用される。ただし、目標（関数）が明白であり、投入データも確定的であって、アウトプットも最適な解決策を示しうるものに限られる。つまり、それはプログラムが組める決定状況でのみ使えるアプローチである。

　システムズ・アプローチによる経営学も新しい。いうまでもなく、システム理論は組織を全体としてとらえ、またプロセスを重視する。システムにはオープン・システムとクローズド・システムがあるが、経営・管理分野では前者、つまり外的環境との間で物質、エネルギー、情報を交換し、外的環境の変化に適応して自らも変身する進化的システムが重要である。それはサイバネティックなシステムである。オープン・システムでは当然、インプットとその変換とアウトプットの関係が重要であり、とりわけどんな変換をするかに、当該システムと存在と存続がかかっている。目標とその有効な達成と制御が重要であり、このことに向けてシステムのコンポーネント、サブ・システムがつくられなければならない。

　20世紀後半における経営学の決定的な変容は戦略論の登場によって生じた。それは先の上級・全般経営管理論、とくにビジネス・ポリシー論の発展とも解しうるが、スタンスの上で決定的な違いがある。戦略というのは最大

のキーワードであって、不確実な状況の中での企業全体の舵取りの問題にかかわる。まず、事業選択に関するコーポレート・ストラテジー論が現れ（I. Ansoff）、ついで特定業界（industry）の中での事業展開にかかわる事業戦略と競争戦略のモデルが登場した。ごく最近は企業サイドの能力、資源を軸にしたコア・コンピタンスの考え方、資源ベース・パースペクティブによる戦略論、あるいはパターン・モデルとしての戦略の議論（ビジネス・モデル）が行われている。

2　経営者育成

1　「ベスト経営者」の経営手腕と経営学

正月早々発売の米経済誌『ビジネスウィーク』が、恒例の2002年「ベスト経営者25人」を発表した。日本からは名経営者の誉れ高いトヨタ自動車の張富士夫社長が、ソニー・コンピュータエンタテインメントの久多良木健社長、キヤノンの御手洗冨士夫社長の2人とともに選ばれた。3人の選出は順当といってもよかろう。が、果たして張社長らの経営手腕はどこに求められるべきか。また、多くの経営理論を紡ぎ出してきた経営学と彼らの経営手腕とにリニアーな関係は見出せるのか。かたや社会人大学院生受入れ拡大のために愛知県下でもサテライト・キャンパス花盛りであるが、そこで提供される科目ポートフォリオは経営者育成にジャスト・ミートするものなのかどうか。こういった問いを念頭におき、新たな経営学を探る視点を提供しよう。

2　経営者育成モードの視点①：対「経営理論」

　　決断的行動は、反応的行動とは対照的に、……ほとんど注目されておらず、経済学にいたってはまったくである（Barnard, 1948；邦訳1990, p. 100. 傍点は筆者）。

経営学のグル、バーナードの指摘を初学者は片時も忘れてはならない。それは、「経営実践においては経営理論で解くという局面が意外にも少ない」といっているに等しい。「経営の理論を追求すれば……」という視点は「経営学者＝経営手腕の保持者」という図式すら飛び出しかねず、経営手腕の習得には逆に危険である。経済解と異なり経営解が普遍解ではなく個別解だといわれるのは、経営手腕による成功が常に個性的なものだからである。その意味で剣道の「守・破・離（最初は基本を守り、やがて基本を破り、最後には基本から離れる、の意。武道ではないがメジャーリーグ・マリナーズのイチロー選手が好例）」精神は、経営手腕に通ずる。経営の成功パターンは、それこそ人間の指紋が一人として同じでないのとまったく同様に無数にある。「成功パターン収斂説」をとることは「キャッチ・アップされやすい（＝誰にでもできる）」ことを意味し、真の競争優位とは逆方向に向かうことさえありうる。経営手腕は日本企業全体レベルを底上げするためのものではなく、いうなれば「一人勝ち」をねらうがごとき性格のものでもあり、奇策すらも個別解として成立しうる。

　現実の経営では経営者は「正解探し」よりも「説得力」で悩むのであり、その説得力は、正解の論理性や実証性によってもたらされるものではない。「何を？」よりも「誰が（を）？」で苦悩に陥るのが経営実践なのである。その意味で経営観察には、多分に成功の原因と結果の混同が生じやすい。成功原因として理論的に上げられたものが、実践的には実は成功結果であるということは少なくない。マスコミ紙上でも「時流を見方に、ヒット創出、経営資源集中、コスト減」などはポピュラーな成功要因として検出されることが多いのだが、これらはいずれも究極的には「ヒト」の問題にたどり着く。「時流を見方に」することといい、「ヒット創出」といい、詰まるところ「担当者」「教育者」の問題となるのである。したがって経営手腕としては、「『成功原因』の成功原因」にまで注意を行き届かせることが肝要である。経営理論で割り切れないところから問題が発生する、ということを見落とした経営理論は実効性に乏しい。逆にいえば経営理論は、そういった「理論から

ケーススタディ1

ヤマト運輸

　クロネコヤマトで一世を風靡させた同社の「宅急便」は小倉昌男社長（1972年就任）が、西濃運輸に対して長距離輸送（100km以上）で遅れを取り、売上げ経常利益率1％台にまで下落した最中の1976年2月にスタートさせたものである。当初、売上げは郵便小包1億7880万個に対して170万個しかなく、宅配市場は郵便局独占状態にあった。よって、その不採算性のために経済解は「進出を控える」「撤退する」であり、事実、同業他社の多くはそのように「環境適応（反応）」したのであった。したがってヤマト運輸がとった行動はまさに個別解で、環境適応ではなくむしろ「環境創造」であったといえる。当時、ヤマト運輸の成功要因の検出が盛んになされた。「全国ネットワークの形成」（郵便ポストが全国で16万個であるのに対し酒屋・米屋などの取次店が1998年5月時点で26万6000軒）がよく成功要因として上げられるが、それはむしろ経営解としては成功結果である。何となれば、「ならば、他社もそうすればよいのに、なぜしなかったのか？」という疑問が即座に浮上するからである。全国的物流ネットワークの形成ならば、日本通運、さらに郵便局の方が強いはずである。「……しなかった」のではなく「……できなかった」のではないのか。そういう視点で考えなければ、経営解は見えてこない。同社は需要側の論理に立ったきめ細かいノウハウ育成のために、伝統的事業の商業貨物市場からの撤退という断行までしているのである。問題は、全国ネットワーク形成が完成するまでの、いいかえれば損益分岐点に到達するまでの「非実証的な」期間である。1980年に損益分岐点を越えるのだが、1976-80年期間の持続力は小倉社長の経営手腕というほかない。宅配市場には結局30社以上参入したのだが、ほとんど撤退しているのである。

　　参考文献
　　小倉昌男「小倉昌男元ヤマト運輸会長のわが体験的経営論：第1～4回」『日経ビジネス』1998年10月5、12、19、26日号をもとに筆者要約。

はみ出した領域」を捨象するがゆえに抽象化・単純化が可能となり普遍性を保つことができる。

　経営手腕を考えていくにあたってわれわれは、企業業績は好・不況と因果性はそれほど高くないということに注意せねばならない。小倉社長の次なる名言が経営手腕の真髄をみごとに伝えている。

　　ヤマト運輸にとって儲かる仕事が他社では儲からなかったのである[1]
　　（傍点は筆者）。

3　経営者育成モードの視点②：対「経営者能力論」

　心理学が「〇〇心理学」と多様化するがごとく、経営という言葉には知らぬ間にさまざまな意味内容が認知され、拡大解釈がなされてきた。その複合語の多さに、経営概念の多様化は一目瞭然である。経営収支、経営悪化、経営破綻、経営体質、経営管理、経営難、経営計画、経営手法、経営再建、経営資源、経営委員会、経営ノウハウ、経営改善、経営主体、経営環境、経営力、経営手腕、などの「経営〇〇」型複合語もあれば、学校（病院）経営、国際経営、環境経営、IT経営、スポーツ経営学、などの「〇〇経営」型複合語もあり、さらに、手探りの経営、民営化、経営のテコ入れ、などの複合語もある。

　ゆえに「経営（者）能力（＝経営手腕）とは？」という問いの下になされる概念明確化作業は半ば不可避なアプローチとなる。それは「目的の観点から見た『経営者は何をなすべきか？』」論で、いわば経営者が「外から要請される機能論」である。機能的存在視された経営者に求められる機能は、しばしば「21世紀の経営者像」などといった話題にまとめられ規範的色彩を帯びる。そして、アプリオリに望ましいものとしてとりあげられる経営（者）能力は一般に、「適応・調整・統合・問題解決±α」能力である。いずれも理想視されやすい概念である。われわれが経営者育成の見地からそれら一連の概念を問題視するのは、能力概念が効果概念と混同視されているからであ

る。問題解決能力といい、適応・調整・統合能力といい、いずれも、経営能力があればこそ問題解決・適応・調整・統合が可能となる、というような能力と効果の因果図式も成立しうることを見逃してはならない。かような視点を見失うと、経営（者）能力論は、「それでは、それらを一体どのように身に付けたらいいのか」という問いからはいつまでも逃れられない。経営能力概念を明確化したうえで能力開発に臨もうとしても、「能力＝効果」図式をとる限り経営（者）能力は、事前の能力判定ができない事後的判定概念[2]なのである。もともと「経営技能」「経営能力」そして「経営手腕」などは、ムービング・ターゲットを前提とする格闘技の「強さ」「上手さ」概念と同類で「相対概念」であり、「速さ」「長さ」のようには測定になじまないのである。「強い者が勝つ」といわれるが、実はわれわれは事前にその強さを客観的に知ることはできない。もし「強さ」「上手さ」を事前に判定することが可能ならば、経営に限らずすべての競争行為は成立しない。ゆえに、「勝った者が強い」という認識の方が現実的である。われわれも日常、「経営技能（経営能力、経営手腕）の保有者」とはいわない。

　経営手腕が事後的判定概念で事前測定になじまないことを指摘したが、他方では、その限界を乗り越えようと測定化を試みる半ば伝統的なアプローチがある。それは、チェックリスト（一覧表）方式によって経営手腕を分析・指導しようとする、いたって自然な方向である。が、以下の理由から経営者育成の見地からは棄却せざるをえない。第１に、経営手腕のタキソノミーあるいはタイポロジー（分類学）では、経営技能が相対概念で事後的判定概念であるということからして、いかに精緻に経営手腕を要素分解したとて必要十分な要素数にたどり着かない、ということである。われわれは、「分けられないものを分けようとすると、わかるようにしか分けられない」のである。「振り子打法」を２次元、３次元、そして４次元で科学的にいくら細かく分析しようと、イチロー選手と瓜二つのスラッガーを育成することに結びつかないのと同じ理屈である。その意味で、経営手腕とは別なものをみてしまう危険が常につきまとう。

第2に、仮に必要かつ十分な経営手腕の構成要素が発見されたとしても、経営教育実践に立ちはだかる大きな問題が残る。経営手腕の要件を完備する人材を発見したり、完備させることに育成の主眼をおいたりすることよりも、必要十分要件を完備していない人材を前提として経営手腕を考えていくことの方がはるかに実践的である。「経営管理者育成ポイント」などと呼ばれているものが危険なのは、そこで上げられている数十のチェックポイントをすべて充足している（充足できる）「経営者の申し子」のような人材など、めったに、否、どこにもいないということである。「完備していない成功経営者」「経営者らしくない経営者」を探すのは、それほど難しいことではない。凡人を与件とするからこそ実践性の高い経営理論となる、と考えるべきである。
　あえて補足しておくと、デモグラフィック（人口統計学的）な特性分析や性格分析に基づく「成功経営者のタイポロジー」なるものも、経営者にはいろいろなタイプがあることを知る参考にはなっても、それらを成功要因に結びつけることは強引すぎる。綿密なフィールドワークの蒸留による分析もないわけではないが、「特性・性格のどれかの要素がたまたま表面に出ただけ」ということが多いし、反対の特性・性格を持つ2人の経営者がともに成功するということも十分ありうる。少なくとも、経営技能習得との意味関連は低い。

3　産 学 連 携

１　問題の所在

　産学連携という言葉は多義的で、一定の定義は与えられていない。さしあたり、「産業界と大学が協同して成果を出していくこと」を産学連携と考えてよかろう。ところが、昨今は、研究開発レベルの協同が産学連携であると矮小化されてとらえられる傾向がある。
　実は、企業と大学を比べると構造と指向性に類似点が多く、産学連携は本来多面的かつ多段階で起こる可能性を秘めている。類似性は、①それぞれの

組織体が「本業（企業でいえば中心業務、大学でいえば研究）」と「人材育成」を機能として持ち合わせている組織構造、②「個々に特色あるコア・コンピタンスを求め、それにむけた人材を確保する」指向性などに見受けられる。その一方で、相違点もある。違いは、企業では組織として目的的に業務（研究）と教育を行っているのに対し、大学では教員スタッフの研究および教育面での裁量が非常に高いことにある。

　この類似性と相違性は、多面的な産学連携の潜在可能性を示していると同時に、企業と大学間の「ギャップ（隔たり）を埋めるマネジメント（プロデュース、コーディネート、ファシリテート）する」（以下、ギャップ・マネジメント）が本質的に必要であることを示している。このギャップ・マネジメントを「誰が、なぜ、誰に対して、何を、いつ、どのように行うか（5Ｗ1Ｈ）」が第1の問題である。

　さて、本書の新機軸は、名古屋地域というある一定範囲の「地域」に焦点をおいて企業経営や産業を論じることにある。企業活動や生活の基盤となり重要な意味を持つ地域であるが、この地域という概念が曲者である。地域のとらえ方は、目的に応じてその範囲が変わるからだ。たとえば、隣組などの住んでいる人の顔が見える範囲の地域、名古屋市という自治体の行政境界内の地域、環境容量に基づく河川の流域に含まれる地域、ある産業に関連する企業が集積している地域、通勤圏という地域……。企業経営と産業を論じる本章では、多数の人たちの生活と働く場が同一範囲内に収まる比較的広い範囲（通勤圏と産業集積の2つの軸で地域範囲を大まかに設定）を、一つの塊としての地域ととらえて議論を進める。

　地域範囲の設定に課題は残すが、それ自体は問題ではない。ポイントは、対象とする地域の産業競争力を高めるための産学連携のかかわり方である。つまり、問題は、「企業対大学」のギャップ・マネジメントと「地域産業対大学」のギャップ・マネジメントで、マネジメントの意味と内容が異なっていることにある。

　たとえば、企業対大学の協同では、一企業が競争力を高めることで目的を

達する。この場合、往々にして大学研究者と企業担当者とのマッチングがすべてであり、その協同の成果は双方にとどまる。共同研究、受託研究、奨学寄付、研究者の受け入れなどはこの種の協同である。

　他方、地域産業対大学の協同では、地域の産業競争力が高まらなければ目的を達しない。しかし、ことはそう単純ではない。地域は、「地域からの移出と地域への移入を繰り返す」複数の産業の集合体で構成されている。論理的にいえば、地域が産業の「移出→移入→移出→移入」のプロセスを実現できなければ、地域レベルで産業の空洞化が進んでいき、地域経済は衰退する。身近な例でいえば、愛知県の尾州地域（一宮市を中心とする繊維産業が集積していた地域）は、長年日本一の毛織物産地として活況を呈してきたが、現在は元気のある企業が数社あるのみで産地としては崩壊の危機に瀕している。地域経済の観点から見ると、自治体の税収は落ち込み、有効求人倍率は県平均を大幅に下回り地域で雇用が生まれず、衰退している。同地域に、移入の産業もしくは同産業でも新機能がビルトインされてこなかったことの証である。

　上述の背景もあり、新しい動きとして地域を自立的にマネジメントする主体（産官学民〔民は市民の略〕を横断する主体）が求められはじめている。産学連携は、その中に含まれる一機能である。ところが、地域を自立的にマネジメントする主体は新しい概念であるがゆえに、また、一般通念となっている勝ち残り型（あるいは蹴落とし型）の競争思想とは大きく異なるため、協調を基本思想とする主体形成にあたって困難に直面している。一機能である産学連携の成果を地域内で十二分に生かすための新しい主体の形成、これが第2の問題である。

　以下では、産学連携の考え方と産学連携の推進体制を整理した後、産学連携にかかわる2種類の問題に、名古屋地域の産学連携はどのような回答を与えてきたか。そして、積み残された問題は何かを明らかにしていく。

先取り：名古屋地域に見る産学連携の特徴

　①名古屋地域は、わが国の中でも産学連携の動きが最も早く登場した地域の一

つである。

② 名古屋地域における最初の産学連携は産業と大学の協同によって設立されたブリッジ機関（産業と大学の媒介機能を持つと同時に協同の研究拠点の意）の形態をとり、この機関は地域レベルの産業競争力を生み出す現在のモデルを構築するヒントになる。

③ しかしながら、既存産業の高度化（素材、エネルギー源、技術およびマネジメントの見直しを含む）や地域に新産業を生み出す必要性から、今、より広範囲で各種の利害関係者を巻き込んだ産学連携が望まれるなど、新たな課題が生じている。これは全国的な傾向であり、名古屋地域でも例外ではない。変化が見えつつあるが……。

2 産学連携の考え方

本項では、産学連携を「産業界と大学が協同して成果を出していくこと」と規定する。1 で指摘したように、企業と大学では類似性があるがゆえに、協同のタイプ（類型）も多様に考えられる。図2-2は、産学連携をマトリックスであらわしたものである。

まず、大学の研究と企業の業務の組合せで登場する4類型をみたい。

第1に、「技術創造」を前提にした協同であり、大学の純粋基礎研究（研究者の自主的な研究の意）と企業の目的基礎研究・応用研究・開発などの組合せを想定している。今では、この技術創造が産学連携の一般的な通念として広く受け入れられてきた。

第2に、大学研究（知的財産）の商用化を目的とする協同であり、企業のマネジメント領域（例：顧客情報や市場の特性に関する企業に蓄積された知識、ノウハウ情報）に大きくかかわっている。昨今、個々の大学もしくは複数大学の連合で設立されているTLO（技術移転機関）が、この類型に含まれる。

第3に、企業の研究や生産技術等に大学のマネジメント研究の成果を応用する協同であり、生産管理のマネジメントをはじめとする各種のマネジメント知識が対象となる。名古屋地域においては、かつて、飛行機量産体制を確立するマネジメント知識（生産管理）が大学の研究者より民間航空機製造会

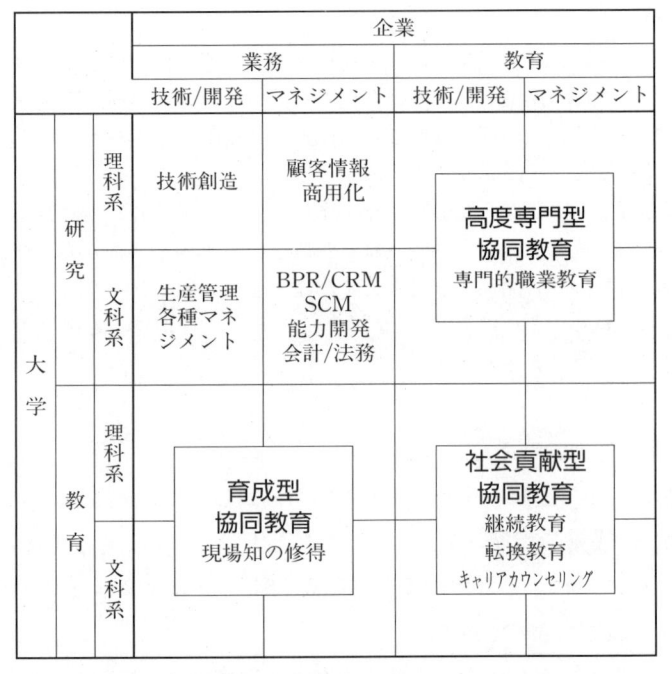

		企業			
		業務		教育	
		技術/開発	マネジメント	技術/開発	マネジメント
大学	研究 理科系	技術創造	顧客情報 商用化	**高度専門型 協同教育** 専門的職業教育	
	研究 文科系	生産管理 各種マネジメント	BPR/CRM SCM 能力開発 会計/法務		
	教育 理科系		**育成型 協同教育** 現場知の修得	**社会貢献型 協同教育** 継続教育 転換教育 キャリアカウンセリング	
	教育 文科系				

図 2-2　産学連携マトリックス
注：BPR：ビジネスプロセス・リエンジニアリング
　　CRM：クライアント・リレーションシップ・マネジメント
　　SCM：サプライチェーン・マネジメント
出所：筆者作成。

社へ移転されている。

　第 4 に、企業の業務効率を高める経営手法面での大学との協同であり、BPR（ビジネスプロセス・リエンジニアリング）、CRM（クライアント・リレーションシップ・マネジメント）、SCM（サプライチェーン・マネジメント）などが対象となる。この類型には、能力開発、法務、会計などの新しい手法の導入や開発も含まれる。

　このように大学の研究成果と企業の協同領域を考えただけでも多様な類型がある。その他、人材の流動化、継続教育、実践教育、高度職業教育等のニーズが高まりつつあり、この面での新しい教育機会が社会的に求められるよ

うになっている。従来あまり重視されてこなかった領域での、本格的な産学連携を通じた教育体制の構築が焦眉の課題となっている。たとえば、「高度専門型」協同教育、「育成型」協同教育、「社会貢献型」協同教育である。

社会的な要請もあり産学連携への期待は高まっている。産学連携は、今まさに、必要性に基づく適切な類型の選択と実践が不可欠となっている。

3 産学連携の推進体制

昨今の産学連携は、流行に流され盲目的な取り組みが多いとする批判がある一方で、戦略的な取り組みの必要性を唱える論者が増えている。いわば、賛否両論が並存している状態である。

批判のポイントは大きく4つにまとめることができる（表2-1）。

即効型プロジェクト期待論に対する「研究面での連携は『ピンポイント』にすぎない」とする批判、一方的大学改革必要論に対する「現行の体制では、

表2-1　産学連携緒論への諸批判

議論のタイプ	産学連携議論	批判
即効型プロジェクト期待論	大学の研究開発を活用し経済再生につなげよう。	研究面での連携は「ピンポイント」にすぎない。
一方的大学改革必要論	産業界や経済産業省からの大学改革への注文が圧倒的多数。	現行の体制では、大学の知の再構築や日常ベースの技術の革新に参加する機会を十分に保証できない。
アメリカモデルあるべき論	アメリカをモデルとした「あるべき論」が先行するきらい。	日本としてどうするかが問題で、産・学の関係者の当事者としての自覚が重要。
産学連携悪乗り論	産学連携への過剰期待。	過剰期待して予算をつぎ込んでみたものの短期的な結果がでないとなると反動として失望感や消極論が広がる可能性。

出所：磯谷（2002）を参考に、筆者作成。

大学の知の再構築や日常ベースの技術の革新に参加する機会を十分に保証できない」とする批判、アメリカモデルあるべき論に対する「日本としてどうするかが問題で、産・学の関係者の当事者としての自覚が重要」とする批判は、次の３つの示唆を含んでいる。

①選択肢の多さが重要である。

②大学研究者あるいは企業側の人材の自由度の高さと、交流に基づく信頼関係構築が産学連携を下支えする。

③①と②を保障するための「プロデュース（企画立案）、コーディネート（媒介、調整、整理、統合）、ファシリテート（促進）」する合意形成と、それらを実現する主体形成が、産学ときには産学官が協同で生み出さなければならない。

産学連携の推進にあたっては、①～③を実現する推進体制が望まれる。ところが、望むべき推進体制のモデルは、今のところ存在しない。しかし、進化モデルとして、論理的な展開で可能性を示すことはできる。

産学連携は、「個人型→単一組織型→複数組織媒介型→コンソーシアム型」へと進化すると思われる。ここでいう個人型とは、あくまでも個人的な関係から産学連携を行うモデルである。単一組織型とは、大学個々にルールを設定する１企業と研究者の産学連携である。複数組織媒介型とは、産業界と複数大学が共同で媒介する機関を設立し、ルールを設定して共通の窓口を通じて行う産学連携である。コンソーシアム型とは、複数組織媒介型の機関が、他の機関や行政と結びつきながら共通の目標に向かい、各種のニーズに合わせながらアクションを起こす産学連携である。コンソーシアム型に近づけば近づくほど、参加者の信頼関係が重要となり、しかもプロデュース、コーディネート、ファシリテートの役割が鍵となる。ギャップ・マネジメントは、複数の利害関係者の間に及びより複雑となろう。

果たして、名古屋地域では、どのような類型の協同が行われており、いかなる機関が産学連携の推進母体となっているか。モデルとして提示したコンソーシアム型に近い体制をとっており、モデルの内容を深めてくれるのか。

次に、名古屋地域の産学連携を過去から現在の経緯をたどることで明らかにする。

4　名古屋地域の中心産業と産学連携のポジション：歴史の教え

現在、名古屋地域には、自動車産業、航空機産業、セラミックス産業をはじめとする相互に関連した産業群が集積している。わが国でトップレベルの産業集積地である。

これら産業の源流をたどると自動車産業は「綿織物」、航空機産業は「木」、セラミックス産業は「陶磁器」が起点となっていたと聞くと驚くかもしれない。しかし、事実である。地理的条件と必要性からチャンスを見出した起業家達が、時を経る中で新技術を獲得し深化させ、そして変化を地域の関連産業に生み出しつつ新たな関連産業の創出を誘発してきた。

図2-3は、1945年までの名古屋地域の中心産業の変遷を見たものであるが、現在の名古屋地域産業の中核技術が大正末期から昭和初期に確立していたことがわかる。その後は、これら中核技術をベースに改良が進み、同時に新技術（エレクトロニクス、新素材、情報技術など）が加えられながら、地域の産業競争力を高められてきた。

さて、このような産業の変遷の中で、産学連携の果たした役割を特定することは、きわめて難しい。記録に残されていないからである。おそらく、個人レベルの連携が中心であったためと推察される。よって、記録に登場する以前にも産学連携が行われていたことを否定しないが、誰が何をしていたのか推し測ることすらできないのが現状である。

公式な記録として、産学連携（当時はこの用語自体が存在しなかったため、大学と産業界の協同の取り組みを産学連携と考えた）が明らかにできるのが、1943年から1945年終戦まで行われた「飛行機製造」の産学連携である[3]。飛行機製造の産学連携は、名古屋地域の学界と財界の協力一致によって1943年7月1日設立された「財団法人名古屋航空研究所（現在の財団法人名古屋産業科学研究所）」にはじまる。同研究所は、太平洋戦争下において航空機をはじめ一

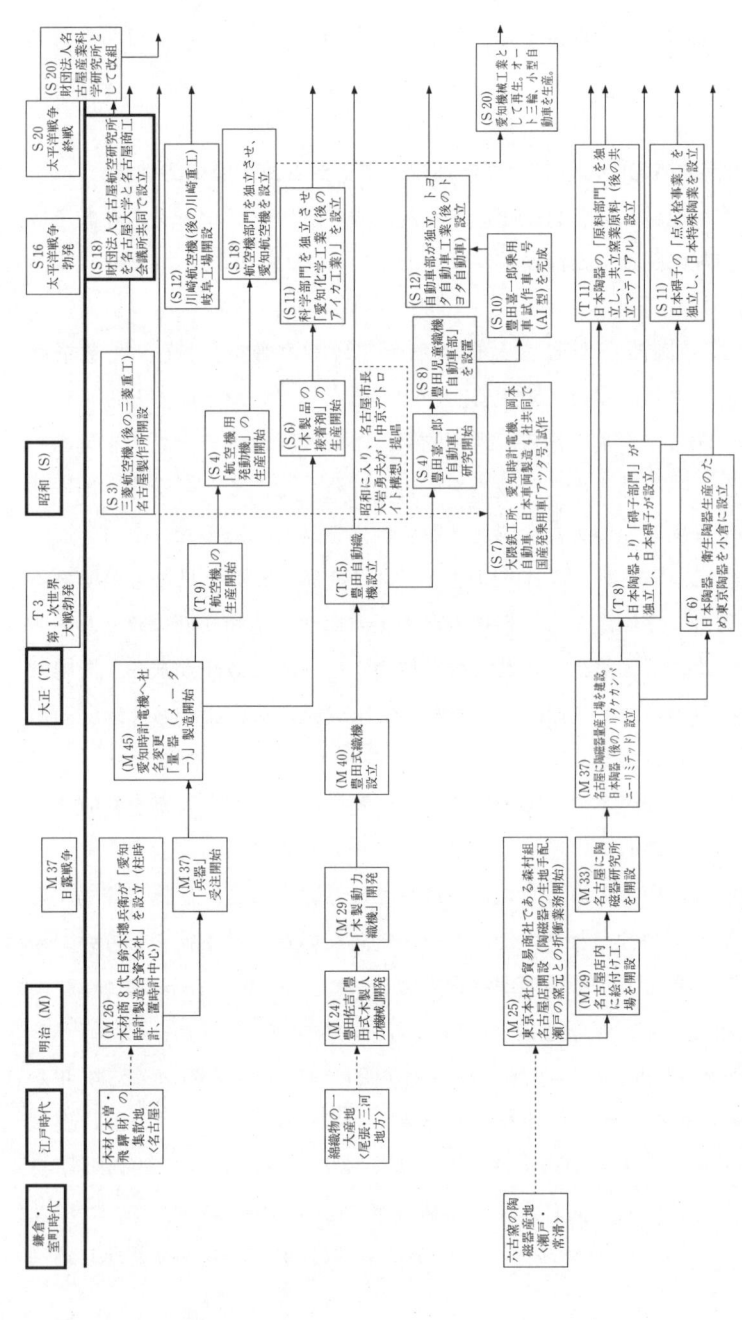

図 2-3 名古屋地域の中心産業の変遷と産学連携のポジション：中核企業の中核技術変化からのアプローチ（～昭和20年）

出所：「ものづくり都市名古屋のルーツ」財団法人名古屋都市産業振興公社（http://www.u-net.city.nagoya.jp/）、「財団法人名古屋産業科学研究所30年の歩み」(1973年) などを参考に筆者作成。

般化学兵器の急造をめざした、時の政府による研究統制の一環として設立された経緯を持つ。なぜ航空機かといえば、図2-3からも明らかなように、航空機の生産拠点であったからに他ならない。わが国最大規模を誇っていたようだ。

実際の産学連携は、松坂屋所有の母子寮を研究拠点とし、名古屋帝国大学医学部、同大学工学部機械工学科より教員が、川崎航空機（現在の川崎重工）、三菱航空機（現在の三菱重工）、愛知航空機（現在の愛知機械工業）、中島航空機より技師が集い、「振動の研究」と「多量生産方式の研究」の2大テーマを中心に研究活動が行われていた。その中には、「アルミ半田の研究」、「木製機の迅速接着加工（後の高周波接着）」、「航空服の改良」などの関連領域の研究も含まれていた。

産学連携の成果は多大なものであったと推察される。たとえば、三菱航空機では、「終戦までに57機種、17,660機にものぼる戦闘機、爆撃機が送り出された」との記録が残されている[4]。

終戦を機にこの産学連携も終わりを告げるが、わずか2年ではあるが財団法人名古屋航空研究所で展開された産学連携は、現在の産学連携を考えるうえで重要な意味を持っている。次に詳述したい。

5 財団法人名古屋航空研究所にみる産学連携の原型

軍需対応の産学連携とはいえ、財団法人名古屋航空研究所で行われた産学連携には、現在につながる次のような特徴を見出しえる。

①国などより独立した機関として設立され、研究にあたっての自主性を確保していた（筆者注：記録を読み込んでいくと、他地域の同種研究所は政府機関として研究に携わっていたようである）。

②ファンダメンタルな研究を疎かにしないためにも、十分な力がない大学での研究を克服するためにも、産学が協力して研究を推進した（筆者注：ここでいう力とは、研究費の財源および現場知から得られる研究蓄積という意味であろう）。

③個々の企業や大学といった枠を超えて、産学協同で、地域の産業力を高めるための独立した新たな主体をつくった（筆者注：昨今の感覚で企業や大学の枠を超えて、と書いたが、記録を読むと学界と財界の間にきわめて密な関係が個人ベースの信頼関係に基づき成り立っていたことがうかがえる。当時は、当然であったようだ）。

④産学連携における協同の対象が技術にとどまらず、技術を動かす操作システムなどノウハウ面にまで及んでいた。

これに加えて、時代は下るが設立時の産学連携の思想を受け継ぐ丸勢進（前・名城大学学長、現・名城大学常勤理事、名古屋大学名誉教授）によれば、大学研究における独自性を確保し、同時に企業の実用目的にも対応する研究の両立をはかるためにも、ブリッジ機関が産学連携には必要である[5]。企業側から見ても目的が明確な機関は、協同のしやすい場を提供することになる。

この大学研究の独自性を確保するためのブリッジ機関の役割も、特徴の第5番目に加えるべき重要な指摘である。その理由は、地域の産業競争力を高めるためには、企業レベルの目的基礎研究とは異なる多様な研究蓄積が現場の近くにあり、思いつけば直接交流から共同研究に結びつく機会が確保されていることが重要だからである。積極的に意味を与えればこういうことだ。たとえば、外部環境の変化で、採用している技術体系を変化せざるをえない社会的要請があった場合、ユーザーに与える機能は同じで、異なる技術体系の研究成果を生かさねばならない。また、既存の技術では解決できないものを解決する場合も、広い関心からの自主的な研究の成果を生かす意味は大きい。

6　名古屋地域における産学連携の現在

終戦後から1980年頃に至るまで、産学連携は冬の時代が全国的に続いていた。その背景には、戦時体制への反省などがあるといわれている。名古屋地域も例外ではない。財団法人名古屋航空研究所を引き継いだ財団法人名古屋産業科学研究所の研究活動も、在籍した名古屋大学工学部スタッフのある

意味個人的な共同研究にとどまっていたようである。太平洋戦争下で行われていた技術以外のマネジメント・ノウハウに関する共同研究の記録は、見つけることができなくなっている。その原因の一端は、この間（産学連携冬の時代の間）産業界のレベルが急速に伸び、大学と産業界のギャップが広がったことにあるといわれている。

産学連携への動きが変化するのは、1985年を契機とする。旧文部省（現・文部科学省）の方針転換、円高国際化が急速に進み従来型の国内産業に空洞化の兆候が見えはじめたこと等が影響している。その結果、現在では、名古屋地域でも多くの機関、研究所、大学等が個々に産学連携のプログラムを持ちはじめている。国立大学では地域共同研究センター、ベンチャービジネス・ラボラトリー、国公立私学問わずTLO（技術移転機関、名古屋地域例：中部TLO）、財団等が中心となった産学連携体制の整備（名古屋地域例：財団法人科学技術交流財団の知的クラスター創成事業〔文部科学省の産学行政の連携事業〕)、民間企業による産学連携プログラム（名古屋地域例：株式会社ディー・ディー・エス、有限会社梅テック）などである。しかし、全国的な潮流であり、名古屋地域に特徴的な現象ではない。加えて、いずれも技術創造や技術移転などが中心の産学連携である。

その一方で、財団法人名古屋産業科学研究所が、産業と大学のブリッジ機関型の産学連携組織として機能しはじめ、名古屋地域において新しい段階の産学連携が芽生えつつある。むしろ、この点に名古屋地域の現在の特徴が現われているといってよさそうだ。

第1に、産学連携の範囲が、共同研究の深耕と教育面での協同へと拡大している。つまり、従来型の技術創造型に加え、中部TLOを2000年に設立し窓口になることで大学等の知的財産を企業へ移転する商用型機能を備え、さらに、1987年に中部ハイテクセンターを設立運営し、企業の若手技術者を対象とした大学院レベルの高度専門型協同教育を地域の中小製造業向けに実践している。また、産学の研究交流の場として中部ハイテクプラザが1987年にはじまり、発展して現在では調査研究会として具体的課題を研究

するようになっている。

　第2に、もともとある共同研究、中部TLOと中部ハイテクセンターの共通項として、これら事業が多数の大学と多数の産業（企業群）との共通の窓口として機能するように設計されている。これは、一企業対一大学の産学連携に比べ、地域として機会費用を低下させる取り組みである。

　第3に、同財団の各事業が共通の窓口として機能する背景には、人脈が重要な役割を果たしていることを指摘しなければならない。しかも確認できる範囲で4段階の人脈がある。

　①大学研究者の人脈で、当初は名古屋大学工学部系の研究者による内向きの人脈であったものが、彼らが他大学へ移りさらに移った先の研究者を巻き込んだ地域レベルの人脈へと拡大している。

　②複数業界に及ぶ産業界の人脈である。名古屋商工会議所等の支援機関の役割が大きいようである。①と②これら2段階の人脈が、同財団でシンクロし、新たな信頼関係に基づく人脈づくりへと結びついていると考えられる。産業界と大学にまたがる人脈が強く存在していることは、中部TLOを設立する際に、「複数大学にまたがるTLOがよいとの声が産業界等から上がっている」[6]こと、中部ハイテクセンター設立が、産学官関係者による名古屋商工会議所での先端技術産業振興会議での議論をふまえ決定されていることからもうかがい知れる。

　③大学と産業界にまたがる研究者の人脈である。中部ハイテクプラザと発展型の調査研究会を通じ研究交流が自主的にはじまっている。

　④若手技術者の異業種人脈である。中部ハイテクセンターでの研修を通じ、受講生の異業種交流が芽生え、約70％が研修の副次的な財産であると考えているという。これは、この機会がなければ出会うことのなかった人々が相互に信頼をベースとした人的なつながりへと進化していることを意味している。

　第4に、同財団を中心とする産学連携の動きが、無意識のうちに同じ目標を共有する産学官の擬似コンソーシアムの意向と同調して進展している。こ

れは、いわば地域の未来デザインと連動する産学連携に発展する可能性を秘めている。

7　小　括

名古屋地域では、まだまだ小さな動きかもしれないが、確実に産学連携が擬似コンソーシアム型へと推移し、その傘のもとで各種類型の協同が実践されつつあることがわかる。

同時に、このコンソーシアム型の産学連携とは異なる、さまざまな産学連携も登場している。技術創造型の産学連携が中心である（最近の例では、ナノテクロノロジー分野の「自律型ナノ製造装置」）。その理由は、名古屋大学総長の松尾稔（当時・教授）の言葉を引用すると「産業界は、目的基礎研究に非常に力を入れている。これと大学の基礎研究の部分が結びつくから産学共同をやっていく理由と素地がある。……（中略）……昔は本当の基礎から各社が別々にやっていたわけですが、ものすごく金がかかる。ところが、どの企業がやっても、同じレベルまではいくということがわかってきた。それならその部分は一緒にやろうじゃないかという認識は十分広がってきました」[7]ということであろう。

ところが、技術創造型産学連携が基礎研究に近ければ近いほど、適切な企業の参入が重要であり、名古屋地域に限定のテーマとはいかず全国レベルで考えざるをえない。同時に、名古屋地域の産業競争力を高めるためには、地域特性に合わせた基礎研究と技術創造に結びつく研究と業務に直結する産学連携のテーマが抽出されなければならない。果たして大学の研究者で適切な人材がいるのか、または適切なテーマの選択が可能か、地域レベルで考えた場合のジレンマである。

ジレンマを克服する潜在性のあるのがコンソーシアム型の産学連携であるが、決定的に重要なのが情報の交換と共有を可能とする「信頼に基づく人脈」形成である。人脈という観点で名古屋地域の歴史を振り返ると、財団法人名古屋産業科学研究所では人脈の形成を前提に産学連携が進化してきたこ

とを教えてくれた。ジレンマ克服のためにも異質多元的で水平的な人脈形成への取り組みが不可欠であり、そのうえでギャップ・マネジメントを担うプロデュース、コーディネート、ファシリテートするスタッフの任命と実践配置することが求められる。これらスタッフを専門職として社会的に認知することも忘れてはならない。同じ体制をもとに高度専門型協同教育、育成型協同教育、社会貢献型協同教育も実践されることを望みたい。これらが、今後の名古屋地域の産学連携を考えるにあたっての課題である。

-----設問-----

1 経営学の存在理由は何か。
2 名古屋高等商業学校はなぜ能率と産業心理学を重視したのか。
3 「V字回復」を成し遂げた日産自動車CEOのカルロス・ゴーンの経営手腕をどこに求めたらよいのか、議論しあってみよう。
4 小倉昌男の手になる『小倉昌男　経営学』(日経BP社、1999年) と経営小説家の高杉良がヤマト運輸成功物語をモチーフにした小説『挑戦つきることなし』(徳間書店、1995年) とを読み比べてみて、経営手腕について論じあってみよう。
5 名古屋地域の産学連携の特徴は何か。図2-2の産学連携マトリックスを参考に、特徴を示しなさい。
6 産学連携にはどのような前提が必要か。
7 産学連携には将来的に必要となるスタッフは、どのような役割を担うか。
8 コンソーシアム型産学連携のイメージを図示しなさい。

●――注

[1] 小倉昌男「小倉昌男元ヤマト運輸会長のわが体験的経営論：第1回」『日経ビジネス』1998年10月5日号、p. 95.
[2] 辻村 (2001) 第2章。
[3] 財団法人名古屋航空研究所の設立経緯や産学連携の内容は、財団法人名古屋産業科学研究所 (1973) を参考にした。なお資料収集や各種情報収集にあたり、同財団法人常務理事・神谷保氏に多大なご協力を賜った。ここに感謝の意を記したい。
[4] 中部読売新聞2002年2月2日付「源流／現流　三菱重工業大江工場」より。

5 財団法人名古屋産業科学研究所提供資料「名産研創立 50 周年記念座談会：名産研の歩みと新たなる飛躍に向けて」p. 13.
6 財団法人名古屋産業科学研究所の常務理事・神谷保氏へのヒアリングに基づく。
7 財団法人名古屋産業科学研究所提供資料「名産研創立 50 周年記念座談会：名産研の歩みと新たなる飛躍に向けて」p. 22.

●―― 参考文献

ベーカー，W.（中島豊訳）『ソーシャル・キャピタル：人と組織の間にある「見えざる資産」を活用する』ダイヤモンド社、2001 年
Barnard, C. I., *Organization and Management : Selected Papers*, Cambridge, Mass. : Harvard University Press, 1948. (飯野春樹監訳／日本バーナード協会訳『組織と管理』文眞堂、1990 年)
Branscomb, L. M., Kodama, F. and Florida, R. (ed.), *Industrializing Knowledge : University-Industry Linkages in Japan and the United States*, Cambridge, Mass. : MIT Press, 1999.
二神恭一編著『企業と経営』現代経営学講座 1、八千代出版、2000 年
磯谷桂介「産学（官）連携の戦略的取組み」『経済産業ジャーナル』2002 年 7 月号
国松豊『科学的管理法綱要：能率増進の原理及応用』巖松堂書店、1926 年
財団法人名古屋産業科学研究所『財団法人名古屋産業科学研究所 30 年の歩み』1973 年
「特集・産学連携と技術創造」『組織科学』Vol. 34，2000 年
辻村宏和『経営者育成の理論的基盤：経営技能の習得とケース・メソッド』文眞堂、2001 年
渡邊進編輯『剣陵十周年史』其湛会（名古屋高等商業学校）、1931 年

第3章　企業の仕組み

1　企業のトップ・マネジメント

1　トップ・マネジメントの概念

　企業のトップ・マネジメントとは、企業の経営活動と全般管理活動を担当する機関、もしくはそのような機関を構成するメンバーを意味する。ここに経営活動は経営目的、経営戦略、長期経営計画などの設定と、設定されたそれらの実施・追求担当者の管理をさす。また、全般管理活動は、経営活動の執行に向けての、企業全体の見地からなされる総合的な管理活動であって、それは総合的な管理計画の設定と、計画実施を目的としての企業内諸部門担当者の管理をいう。

　経営活動と全般管理活動を意思決定活動の性格の観点から眺めるならば、前者は非定型的な意思決定に属し、後者は主として定型的な意思決定に属する。出資者が経営者となっている小規模企業と異なり、大規模企業にあっては、トップ・マネジメントを構成する人々は、企業の所有権を持たない専門経営者である。

2　株式会社企業とトップ・マネジメント

（1）　株式会社の機関

　企業の代表的な法的形態である株式会社企業を対象に、そのトップ・マネジメントをより具体的に説明するならば、わが国の場合、株式会社企業の機

関として、株主総会、取締役会、代表取締役、および監査役(会)が存在する。

株主総会は、定款の変更、合併案の承認、取締役と監査役の選任、利益処分案の承認などを行う最高意思決定機関である。取締役会は、株主総会の意を受けて企業の基本方針の決定、株主総会の召集、業務方針の決定、重要財産の処分、新株発行、会社を代表し業務執行にあたる代表取締役の任免とその業務執行の監督などを行う。監査役は、株主の保護の見地から取締役の職務遂行に関して業務監査と会計監査にあたる。

なお、2003年4月の改正商法施行に伴い、資本金5億円以上、または負債総額200億円以上の「大会社」企業は委員会等設置会社を選ぶことが可能となった。委員会等設置会社は、監査役制度を廃止する一方で、取締役会に株主総会提出の取締役候補を推挙する指名委員会、取締役と執行役の報酬を決める報酬委員会、取締役と執行役の職務執行の監査等を担当する監査委員会を設けることになる。各委員会は取締役3人以上で構成され、過半数が社外取締役である。また、業務執行を担当する執行役が設けられるとともに、会社を代表する代表執行役が定められる。経営の基本方針などを除き、新株発行など業務上の決定を執行役に大幅に移譲することも可能である[1]。

わが国の株式会社企業の法的機関は以上のようであるが、取締役会と、代表取締役あるいは執行役がトップ・マネジメントを構成することになる。

(2) 執行経営者への権限・機能の集中

ところで、わが国の株式会社におけるこれらの機関についてその実情を眺めるならば、株主総会の無機能化はいうまでもなく、取締役会および監査役(会)の無機能化が一般的となっているといってよい。取締役会でとりあげられる議題が、社長をはじめとする役付の内部取締役で構成される常務会のような、会社法上には存在しない常設機関において、取締役会開催に先立って検討され、取締役会では検討結果の追認がなされるにすぎず、常務会などで主導権を握っているのも、代表取締役である社長である。要するに、社長を中核とする常務会、そしてこれに加えて、状況によって経営企画室などの

ゼネラル・スタッフが実質的なトップ・マネジメントとなっている。

　これに近い状況は、アメリカでも認めることができるように思われる。アメリカでは監査役は存在しないものの、取締役会に外部取締役からなる監査委員会が設けられており、財務報告書のレビューや、外部監査役の任命などの勧告にあたる。また、重要な経営問題に関して執行経営者と一緒になって考える経営委員会 (executive committee)、外部取締役よりなり、執行経営者の俸給の監査と承認にあたる報酬委員会、取締役と執行経営者の候補、わけても取締役の候補の発掘・勧告を行う指名委員会、倫理問題および社会的責任問題に注意を払う公共問題委員会などの各種の内部的な委員会が設けられている。アメリカの場合、取締役会のメンバーの数はわが国のそれに比するとかなり少数である。また、その3分の2が外部取締役であって、その構成メンバーの種類も多様である[2]。アメリカにあってはわが国に比して取締役会が株主の受託層として、また、執行経営者に対する監視役として機能している度合いは、ひとまず高いといってよいが、それでも CEO (Chief Executive Officer) に代表される特定の内部取締役に企業運営の実権が集中する傾向にあることは、コーポレート・ガバナンス改革の必要性がアメリカでも諸方面で盛んに唱えられてきていることからも明らかである。

　それはともかく、わが国の場合、代表取締役社長および常務会にトップ・マネジメントの機能が集中しており、また、近年状況がある程度変わりつつあるとはいえ、トップ・マネジメントに対する外的拘束が弱いことは、企業経営に対していくつかの重大な問題を提示しているといわねばならない。その一つは、経営活動と全般管理活動が社長もしくは常務会という単一の機関に集中していることである。情報技術革命の進展などの中で企業を取り巻く環境は、その変化の速度と程度をますます増す傾向にあり、企業環境はより複雑化・不確実化する方向にある。また、社会経済のグローバル化の中で市場における競争は激化の途にある。さらには、企業をめぐるステークホルダーの多様な期待に対応することが、企業経営にとり急務となっている。これらのことは、トップ・マネジメントが経営活動の遂行に一層、力を入れるこ

とを不可避たらしめている一方、トップ・マネジメントは経営活動と全般管理活動の双方への対応に追われているのが実情である。加えて、トップ・マネジメントが企業の内部者で占められていることは、企業環境の諸変化がトップ・マネジメントに企業外部の世界に広く目を向けることを迫っているという今日的情況に反するもののように見える。

3 トップ・マネジメントの今日的課題
(1) 環境変化とトップ・マネジメント

　現代の企業の存続・成長は、企業が上述のような環境変化に、とりわけ多様なステークホルダーの期待の展開に適確・敏速に応答していくことを求めている。そのトップ・マネジメントは、多元的なステークホルダーの受託者としての企業の存続・成長に対して責任を負うに至っている。この場合、トップ・マネジメントは、出現しつつある、ステークホルダーの新たな期待を認識するとともに、ステークホルダーと企業の統合に向けて両者にはたらきかけることを求められている。さらには、トップ・マネジメントは激化する市場競争の中で、ならびに、企業への社会的期待の変化の中で企業の存続・成長をはかるべく、企業活動の諸領域において革新的変化を生み出していくことを必要としている。

　すなわち、現代のトップ・マネジメントは、1つには、社会の制度としての企業を意識しつつ経営にあたることを、つまり、この意味での社会の受託者として自らも機能することを、2つには、企業と社会の間のつなぎないし架橋者として機能し、両者の統合をはかることを、3つには、企業における革新者ないし変化推進者として機能することを強く求められているのである。ここに社会の制度としての企業とは、企業が、株主もその一員であるにすぎない多様なステークホルダーから各種の資源や期待を託された社会的存在として、独自の永続的・制度的存在となっていることをさしている。また、企業と社会の間のつなぎとは、トップ・マネジメントが一方では社会の価値や期待を企業内部に浸透させつつ、他方において、企業を社会に受容せしめる

ように努めることを意味している。

　今日、トップ・マネジメントは経営活動の責任者として、社会指向・ステークホルダー指向の経営活動にあたることを要するとともに、その際にそれは上記の3つの機能の担い手であることを明確に自覚することを求められているのである。

（2）　トップ・マネジメントの課題

　わが国のトップ・マネジメントにおいて経営活動と全般管理活動が特定機関に集中していること、また、代表取締役社長を中心に内部取締役によってトップ・マネジメントが構成されていることは、トップ・マネジメントが経営活動に一段と傾注することを、ならびに社会の受託者などの機能を十分に発揮することを困難にしている。たとえば、同質な内部出身者により構成される組織に、革新に導く創造的な発想を期待しえないであろう。もっとも、経営活動層と全般管理活動層の重なりや、トップ・マネジメント構成員の同質性・内部性は経営活動の迅速な執行や生み出された革新の速やかな実施にとって有利に作用しうるともいいうるが、しかしながらそうした利点も、拘束なきトップ・マネジメントの暴走可能性などのような更なる問題点によって相殺されることになろう。

4　トップ・マネジメント改革の必要性

　上述のことは、わが国のトップ・マネジメントが、いくつかの点で改革を迫られていることを物語っている。すなわち、社長あるいは常務会への意思決定の機能と権限の集中に対し何らかの変革が求められることになるし、トップ・マネジメントのメンバーの構成に対しても工夫がなされることが要請される。

　この点については、コーポレート・ガバナンスないし企業統治の改革をめぐってすでに諸方面で提示されている試論や、いくつかの企業がコーポレート・ガバナンス改革の一環として取り組みつつある取締役会改革などのうちにも、問題解決のための手掛りを求めることができるであろう。企業による

そのような改革についていえば、たとえば、ソニーは委員会等設置会社の導入が改正商法で可能となったことを受けて、2003年6月より、取締役会に指名委員会、報酬委員会、監査委員会の3委員会を導入し、監査役制度を廃止するとともに、独自の取り組みとして代表執行役と取締役会議長を切り離し、執行と監督の分離を明確にするとしている[3]。あるいは、ソニーにおけるがごとき委員会等設置会社制度の導入についてはわが国大企業の6割が拒否の姿勢を示しているといわれる[4]一方、従来型の会社制度をとりつつも社外取締役の導入をはかる企業も出現しつつあり、中部地域を例にとっても、そうした企業として名古屋鉄道やゲネをあげることができる[5]。

いずれにしても、わが国トップ・マネジメントの改革が、コーポレート・ガバナンス面のみならずに企業経営面についても検討される必要があるのである。

2　企業統治（コーポレート・ガバナンス）

企業統治の問題はいくつかの観点から論ずることができるとされる。一つは主に株式市場で株式が取引される公開株式会社において発生する問題である。機関投資家の株式所有割合が4割を超える事態になると、機関投資家が株式を自由に売買することが困難になる状況が生じることとなり、株式を売却することによる「退出（exit）」や株式を所有し続ける「忠誠（loyalty）」ではなく、経営者に対して何らかの「発言（voice）」を行わざるをえなくなってくる。そこで投資家を中心として企業統治が活発に議論されるという観点である（佐久間・出見世, 2001, p. 114）。

もう一つの観点は「企業は誰のために存在するのか」という企業目的の問題である。経営者の高額報酬やROE（株主資本利益率）の低迷の問題ばかりではなく、企業が寄付を行うような企業の社会貢献活動は株主の利益に反することかなどの問題がある。また、従業員や債権者であるメインバンクなどの企業統治へのかかわりも議論されている。また、敵対的企業買収やその後

の事業の再構築による工場閉鎖などをめぐりそれらが従業員や地域社会などの利害関係者に大きな影響を与えることから、それらのかかわりについても議論されることになる。そして、3つめの観点としては経営者に対する監視 (monitoring) 制度の問題である。内部の統制機構としての取締役会制度のあり方や、外部の統制機構としての会社買収市場や経営者労働市場が機能しているかなどが問題となる。つまり、「企業不祥事の再発を防止するための経営監視・牽制の仕組みを構築すること」がここでは課題となる。いいかえれば、違法経営の遵法経営化を模索することなのである。企業社会責任や企業倫理が経営理念や行動規範のうちに社会性や倫理性を摂取することによって、それらの抑止力を行使するのに対して、企業統治は、企業内外からの経営監視・牽制の仕組み（取締役会。監査役会、株主総会など）を通じてその抑止力を行使する (平田, 2002, p. 15)。

4つめの観点としては、企業統治問題は会社法制と経営実態が乖離したことから生じる問題であるという見方である。会社法や商法の規定を形式的に守っていても、法律が目的としている、本来の機能が果たされていないことから、企業統治問題が生じているのであるという問題である (佐久間・出見世, 2001, p. 115)。そして最後に、企業競争力を高めるための経営意思決定の仕組みと経営監視・牽制の仕組みとを構築することにあるという観点である。いいかえれば、非効率経営の効率経営化を模索することである (平田, 2002, p 15)。

本節においては最後の観点「企業競争力を高めるための意思決定の仕組みと経営監視・牽制の仕組みの構築」を中心として具体的に、東海地方である浜松で創業し、三重県鈴鹿市で大工場および鈴鹿サーキットを経営している本田技研工業株式会社（ホンダ）を具体例にとり論旨を展開することとする。

世界の二輪車市場でトップシェアを握り、国内四輪車業界でトヨタにつぐ第2位の出荷台数を誇る本田技研工業株式会社は、本田宗一郎が戦後間もない1946年に浜松市内に本田技術研究所として創業したことにはじまる。現在では、輸送用機器の製造販売はもちろんのこと、レジャー産業からロボッ

ト開発まで行い、62社のグループ企業の中核として、資本金約860億円、従業者数約3万人の規模、売上高約3兆円、経常利益は約2000億円という業績を誇っている（坂本, 2000, p. 217）。

　本田技研工業の創業者である本田宗一郎が敗戦を迎えたのは、南海地震で倒壊した本田技研株式会社を経営する前に経営していた工場の修理と機械の修理に追われ、再建に取り組んでいる真っ最中であった。敗戦と同時に、その工場の主要製品であるピストンリングの製造もお手上げとなった。このとき、資本金の40％を持っていたトヨタ自動車から「うちの部品をつくってはどうか」と誘われたが、本田はこれを断わった。トヨタ自動車の下請け会社になるよりも、自由な身で、新しい事業に乗り出したい、と考えたからである。そこで本田宗一郎は、自分の持ち株全部をトヨタ自動車に売り渡しピストンリングの製造を行っていた東海精機から身を引いたのである。そして彼は、浜松に持っていた600坪（1980 m²）の土地に、株を売って得た金（415万円）で50坪（165 m²）の疎開工場を買ってきて、1946年10月、本田技術研究所を設立した。当初は、ロータリー式の織機を開発する予定であったが、一転して、自動車に小型エンジンをつけた、モーターバイクの製造に取り組んだ。これが、今日の本田技研へと発展していく基礎となったのである（山本, 1997, p. 148）。

　1949年当時、通産省役人であった竹島弘が本田宗一郎に後に彼の経営上のパートナーとなった藤沢武夫を紹介し、藤沢はすぐに本田技研の常務取締役として就任することとなった。藤沢は営業その他の管理業務をすべて引き受けた。一方、本田は技術関連に専念し、研究所にこもり、会社の実印を藤沢に託していた。当時、本田技研には2人の社長がいるとまでいわれていた。1955年頃まで、本田と藤沢の独断専行で何から何まで決まっていた。まさに両雄の一手に握られていたワンマン経営。といっても2人で1人という意味だが、他の社員が口を挟む余地がないくらい、徹底していた。しかし、2人は社長や副社長の地位をほしいままにする男ではなかったから、ワンマン経営は望んでいなかった。ただ、世界一になりたいという志があったから、

現実のメドが立つまでやむをえず強引に若い社員を引っ張っていただけなのである（本田宗一郎研究会, 1998, pp. 134-135）。

　1964年、本田は役員を全員、当時本社のあった八重洲に集め、大部屋の「役員室」を設けた。役員が部長や所長などの担当を外されたのだ。仕事は全社的な問題を判断すること。そのためそれぞれ現場へ出向き、役員会に備えた。このねらいは、両雄から「集団指導体制」への移行を念願においたものだった（本田宗一郎研究会, 1998, pp. 135-136）。

　経営最高責任者を選ぶということはどのような企業にとっても、最も重要で最も危険性に富んだ事象であり（Lorsch and Khurana, 2000, p. 135）、企業統治の側面から見ても非常に重要な問題であるが、本田技研はそのことを非常にうまく成し遂げたのである。

　また、技術面においても、天才技術者・本田宗一郎の後継者づくりを組織的に行った。本田宗一郎という偉大な技術者を受け継げる個人を育成するのが無理ならば、複数の技術者でカバーすれば不可能ではないとの結論から本田技術研究所の設立につながった。

　製薬会社バイエル社が技術研究を怠ったために苦境に立たされたとの話を聞いて、技術研究所の設立に踏み切ったともいわれているが、真実はミニ本田宗一郎づくりであった（北岡, 1992, p. 25）。また、その研究所の設立にあたり、弾力的な非常にユニークな組織編制、運営を行った。

　「研究所では、課長とか係長とかいった名前が大事なのではなく、一人ひとりが研究者であり、その研究成果が重要なのである」それがいわゆる本田の（文鎮組織）である。ピラミッド組織でなくて、プロジェクトで運営され、そのプロジェクトリーダーは社長と同等程度の権限を持った組織になっている。一言でいえば、社長グループがあって、あとは横並びなのだ。その形態が文鎮に似ているので、本田技研ではこう呼んでいる（本田宗一郎研究会, 1998, p. 151）。

　この組織の編成原理、運営原理はもう少しマクロ的視点からも応用されている。何億何十億の資本金の関連会社が突然に吸収合併される。本田得意の

「設立当初の目的を達成し、発展的解消する」というパターンである（北岡、1992, p. 26）。

海外へ進出する際にもユニークな方法論をとった。だいたい生産メーカーというのは、その製品を外国に販売するのに商社のルートを利用するのが常識だった。ところが、本田技研の場合は商社の手を借りずに、直接海外市場を獲得した。そのため、アメリカに進出する際、100％出資の現地法人を設立し、自らの手で販売をはじめたのである。しかし、決して容易に販売が伸びたわけではない。技術開発と同様に、「苦しくても他力を願わない」という方針で、「創意と工夫によって克服していった」という。当然のことながら、「なにも知らないアメリカで引っかかること」もあったが（本田宗一郎研究会、1998, p. 114）。大型二輪機種の販売チャネルを専門ディーラーからスポーツ用品店販売店に振り向け、それが成功につながった。しかし、それも当初からの戦略ではなかった。この一連のサクセスストーリーは、論理的な意図的展開よりも帰納的な試行錯誤的な奮起がもたらしたものであった（堀内、1998, p. 21）。

本田技研は1962年の東京モーターショーに自動車を出品し、四輪メーカーとして出発した。本田は四輪販売に必要なものは何一つない状態からスタートした。その際、重要な役割を果たしたのが株式会社ホンダ営研である。

ホンダ営研は、設立時は資本金25億円とホンダの関連会社ではアメリカホンダの36億円に次ぐ第2位の会社で、全国5万店の業販店の販売をサポートするために、全国各地に社員が駐在した。全国の営業所に所属したが、勤務時間が定められているわけでもなく、毎日営業所に出勤することもなく、直接販売店を訪問して直接帰宅する、俗にいう直行直帰がほとんどだった。日常業務には直属の上司もいないし、完全な自己管理の集団だった。営研マンは勤務時間がないということは通常の勤務時間よりも多く働くことだと考えたし、上司がいないことはより完全な自己管理をめざすことだと解釈した。日曜日は祝日も自らイベントを企画・実施し、休日返上するものも多くいた。営研マンは元々は本田の社員ではなく、100％外部から採用された集団で、

他自動車ディーラー経験者も少なく、必ずしも他業種の営業経験者とも限らなかった。原則的に勤務地で採用された後、鈴鹿サーキットで約2ヵ月間の徹底した研修を受けた。入社後1週間は、本田の企業哲学・企業理念・基本方針・営業の考え方を教え込まれた。その後、鈴鹿製作所で、工場実習を通して車づくりを体験し、商品知識、業務知識と続くが、毎日のようにテストで習得度が確かめられた。鈴鹿サーキットにあった研修センターでは、通常20人前後の営研マンが研修を受け、次々と勤務地へと巣立っていった。赴任すると翌日から実務を担当した。この営業マンたちが30ヵ月あまり連続のダントツの軽自動車販売台数第1位の快挙を実現させたのであった（北岡, 1992, pp. 134-144）。

その後、1978年、ホンダのトップは、「冒険しよう」というスローガンで新しいコンセプト・カーの開発を打ち出した。こうして「冒険しよう」というスローガンに基づいて、平均年齢27歳という若い技術者やデザイナーを集めた新製品開発チームが結成された。トップがこのチームに与えた指示は、自社の既存モデルと根本的に異なる製品コンセプトを考え出すこと、低価格だが安っぽくない車を開発することの2つだけだった。チームリーダーの渡辺洋男は、チームの野心的な挑戦を彼なりの感覚で表現するために、「クルマ進化論」というスローガンを考え出した。開発チームが明らかにしようとしたクルマの進化の方向は、結局「球」のイメージ ―― 全長が短くて背が高いクルマ ―― で具現化されることとなった。こうして「トールボーイ」という製品コンセプトが生まれ、独特の都市型カー「ホンダ・シティ」に結実したのである。そして、日本では今や普通になった「高くて短い」新世代カーの先駆けとなった（野中・竹内, 1996, pp. 13-15）。

このように本田技研はさまざまなユニークな組織づくり、戦略をとり現在に至るわけであるが、その成功[6]の根底には、本田宗一郎と藤沢武夫の指導体制（暗黙知）より集団指導体制（形式知）への移行、そして、1人の天才技術者・本田宗一郎（暗黙知）から本田技術研究所（形式知）への移行[7]など、組織的変遷の過程において暗黙知から形式知への変換に成功し、企業統治の問

題をうまく解決したこと、および、自動車メーカーとしては後発であるというハンディキャップを抱えながらも、または、そのゆえか、営研、本田技術研究所など、企業家精神に裏付けられた課題解決型の一時的組織であるプロジェクト・チーム中心の「企業競争力を高めるための経営意思決定の仕組みと経営監視・牽制の仕組みの構築」といった企業統治が非常に成功したためだと考えられる。

3 企業の社会的責任

　企業の社会的責任 (Corporate Social Responsibility：CSR) は第2次世界大戦前の日本においては、企業家の個人的善意を動機とし、外部環境主体に対する浄財の拠出や、従業員に対する恩恵的な経営家族主義によって実践されていた。企業自体の発展は制度的性格を持つ状態まで成熟していなかったうえに、一般に法的責任を超える「責任」の意識はほとんど存在しなかったが、一部の先駆的な開明的経営者は自己の倫理に基づいてCSR相当内容を実践していたのである（森本, 1994, p. 78）。

　第2次世界大戦後、「民主的平和国家」への脱皮のスローガンの下で、慈善、福祉の問題は、基本的に政府ないし行政の責任とされ、戦争による企業の荒廃もあって、戦前の企業家による社会貢献は後退する。他方、商法改正、労働法や独禁法の整備などによる環境変化によって、企業の法的・経済的責任については現代化が進んだ。このような推移の中で、1955年頃から、企業のあり方に関連してCSRが説かれるようになる。それは日本経済の復興が一段落して「もはや戦後ではない」状態になり、企業の自主行動が本格化しはじめ、以後、1990年代に至る間、日本では次のような5次にわたるCSR問題の隆起が生じるのである。

　　CSR第1段階：1956年11月の経済同友会の決議「経営者の社会責任の自覚と実践」を契機として、問題提起と論争が行われた、実践の認識段階。

CSR 第2段階：1960年代後半から70年代前半にかけ、高度経済成長の歪みの頻発を契機として、企業が企業性悪説の対処に追われた、実践の当初段階。

　CSR 第3段階：1970年代中葉、石油危機への対応を契機として、企業行動の倫理性が問われた、実践の本格化段階。

　CSR 第4段階：1980年代以降、経営の国際化を契機として、企業の社会貢献が求められるようになってきた、実践の全面化段階。

　CSR 第5段階：1991年の証券不祥事などを契機として、再び企業倫理が厳しく追及されるようになった、実践の個性化段階（森本, 1994, pp. 78-79）。

　そして現在は、さらに企業の社会的責任が重要視されてきており、倫理的行動をとらなければならないという変化への圧力は企業や社会に選択肢を与えなくなっているので（Cannon, 1994, p. 59）、反倫理的な企業行動をとった企業は退場を余儀なくされるほどになってきている。

　本節においては、この企業の社会的責任について前節の本田技研工業を具体例としてとりあげ、解説を加えることとする。

　本田技研工業の創業者である本田宗一郎は「他人に迷惑をかけてはいけない」という信念から、地域の苦情を本気で受け止めてきた経営者である（本田宗一郎研究会, 1998, p. 107）。

　「人に迷惑をかける会社にしたくない」その覚悟のもとに、企業経営を推進してきたと彼は述べていた。広大な土地を占有する事業所の敷地が、付近の住民にとって少しでも迷惑な存在であってはならないために、塀で囲むことをしなかった。暗がりをつくらず、見た目にも美しい、明るい、事業所つくりを心がけた。敷地周辺に、必要以上の街路照明をつけたのはそのためであった。公害には細心の注意を払った。排煙には、社内で開発した脱硫浄化装置で、工場廃水にはやはり独自のリサイクル設備で、絶対に汚れたものは出さない主義を守ってきた。本田宗一郎も彼の仕事上の重要なパートナーであった藤沢武夫も、これを誇りにしていた。社員も、誇りにしていた。時に

は気づかぬミスで地域住民の人々に迷惑をかけることもあったが、どんな些細なことでも忠告や苦情に、最優先事項として、対処してきた。防音設備も、完璧を期した。どれも法的に規制などなかった頃の、本田技研創業時からの公害対策であった。人間社会は、相互扶助で成り立っている。一人ひとりが助け合って、生きているものであり、企業も同様であると本田宗一郎は考えていた。地域住民に迷惑をかけながら、製品をつくらなければならないような企業だったら存在の意味はない。公害対策をしては、利益が追求できないという企業だったら、すぐに廃業すべきだとも主張しており、他人に迷惑をかけることは、いつ、どんな場合でも、絶対に許されないと信じていた（本田, 1992, pp. 172-173）。

　鈴鹿工場を建設するときは、「『さらに一歩進んで愛される工場』をつくれ」と命令していた。問題が起こってからでなく、その前に配慮するという徹底ぶりだった。その一つが「生活共同組合をつくってはいけない」ということであった。不便でも、地方に進出した以上は「町の商店で買って、町の人に喜ばれるようにしなければいけない」といっていた。水の供給にしても、鈴鹿市が誘致の条件として「井戸を何個も掘る」を提供したのに対し、断わった。排水も巨大な浄化槽をつくり、浄化して流している。本田は、いわゆる企業の儲け主義だけでは、経営を切り回してはいなかった。技術開発と同様に、個人に戻ったときの生活感覚、すなわち「他人に迷惑をかけるな」というモラルを、企業の中でも貫いていた（本田宗一郎研究会, 1998, p. 109）。

　本田の左手は、人差し指と親指が右手と比べて1cm以上短い。親指の爪は4回つぶれ、第1関節と第2関節の間には、ハンマーで潰した傷跡が晩年まで残っていた。また人差し指の爪はカッターで削られ、第2関節と第3関節には太いキリが突き抜けた跡が肉眼ではっきり見えたという（本田宗一郎研究会, 1998, pp. 28-29）。このように、いわゆる現場からのたたきあげた経営者であった彼は市場調査について以下のように主張していた。

「大衆は作家で無く批評家なのである。作家である企業家が、アイデアを考えずに大衆にそれを求めたら、もう作家ではなくなるのである。大衆がも

ろ手をあげて絶賛する商品と言うのは、大衆の全く気のつかなかった楽しみを提供する新しい内容のもので無ければならない。大衆から求められるものは、すでに世の中にあるものの批評である。うっかりそれに頼れば二番煎じである。それでは大衆はそっぽを向く。市場調査は、過去の品物がどの方向に販売されたか、さらにどうゆうものをつくったらよいかの判断の一つの資料を得る為にのみ有効だし、必要であると思う。あとは企業家としての創造力、経営者としての能力である」(大河, 2001, p. 149)。つまり、彼は、市場調査（消費者の意見）は参考にすべきではあるが、全面的に頼ることは企業家としての能力が足りないためであるとしており、大衆のまったく気のつかなかった楽しみを提供することは企業の社会的責任でもあると主張したわけである。

　一方、企業は社会のものであるという観点から、本田宗一郎の実弟で社内では非常に義理人情に厚く、通称「ホトケの弁さん」と呼ばれて、多くの社員に慕われていた本田弁二郎常務取締役が本田技研にいたが、1963年、創業15周年の年に、株式会社本田ロックの社長として転出した。本田技研が更なる飛躍を遂げる為にはやむをえない人事だった (北岡, 1992, pp. 27-28)。また、後年、本田宗一郎は「本田技研工業」という社名は、創業者である本田宗一郎の「本田」にちなみ名づけたことは、企業は公器であるので失敗であったと述懐していた (本田, 1992, p. 27)。

　このように、本田技研工業は創業者の本田宗一郎の「企業の果たすべき社会的責任」という理念に基づいて経営行動を行っていたわけであるが、いわゆる、「CSR 第5段階」の社会的責任を非常にユニークな形で果たしてきたように思われる。その理念は以下の経営理念、社是として作成されたHonda Philosophy に集約されている。これは非常に単純ではあるが、単純ゆえに本田技研工業の組織、文化に非常にうまく溶け込んでいる。実際、本田技研工業の NO_x を排出せず、環境問題に配慮した燃料電池車「FCX」は、アメリカにおける販売の要件であるアメリカ環境保護庁 (Environmental Protection Agency：EPA) とカリフォルニア大気資源局 (California Air Resource

Board：CARB) の認定を燃料電池車として世界ではじめて取得し、本田技研工業の吉野浩行社長は「1972年に、当時最も厳しい排出ガスの基準『マスキー法』を Honda は EPA 審査において世界で初めてクリアし、クリーンな排出ガス時代の扉を開けた。そして、今回の燃料電池車の認定取得によって本田技研は、水素時代の新たな扉を開けることができた」と語る[8]など、世界に先駆けて、環境問題に取り組み、革新的な技術開発に成功したが、Honda Philosophy、いいかえれば「人に迷惑をかける会社にしたくない」という本田宗一郎の理念がこの快挙につながったといっても過言ではないだろう。

Honda Philosophy　基本理念

人間尊重　　三つの喜び（買う喜び　売る喜び　創る喜び）
社　是　　　わたしたちは、地球的視野に立ち、世界中の顧客の満足のために、質の高い商品を適正な価格で、供給することに全力を尽くす[9]。

設問
1　わが国企業のトップ・マネジメントの問題点をあげ、論じなさい。
2　企業統治を4つの観点から論じなさい。
3　企業の社会的責任の内容について具体的に論じなさい。

●──注

[1] 日本経済新聞2003年2月1日朝刊、および同新聞2003年2月7日朝刊を参照。
[2] アメリカの状況については、櫻井克彦「コーポレート・ガバナンスに関する一考察：企業の社会的責任との関連を中心に」『経済科学』第46巻第4号を参照。
[3] 日本経済新聞2003年1月29日朝刊。
[4] 日本経済新聞2003年1月6日朝刊。
[5] 中日新聞2002年3月6日朝刊。

6 本田技研工業は、スモールカー「フィット」の 2002 年国内累計販売台数が 25 万 790 台（自販連調べ）となり、国内の登録車販売において第 1 位になったと発表した（http://www.honda.co.jp/news/2003/c 030109.html）。

7 野中・竹内（1996）では、知識を大きく 2 つに分けた一つは「形式知」であり、文法にのっとった文章や数字的表現、技術仕様、マニュアルなどに見られる形式言語によって表現されるものであり、もう一つは、「暗黙知」といわれる文章や数字的表現などでは表現できない知識であるとした。暗黙知とは、人間一人ひとりの体験に基づく個人的な知識であり、信念、ものの見方、直観、価値システムといった無形の要素を含んだものであり知識創造にとり非常に重要であるとした。

8 http://www.honda.co.jp/environment/

9 Honda Philosophy：筆者は 2002 年 12 月 4 日に本田技研株式会社鈴鹿製作所で産学交流の一環として鈴鹿製作所、鈴鹿サーキットランドの見学、およびインタビューを行った。この Honda Philosophy はその際、入手した鈴鹿製作所のパンフレットから引用したものである。この Honda Philosophy は鈴鹿製作所の食堂、会議室をはじめ、至るところに掲示してあった。

●── 参考文献

Cannon, T., *Corporate Responsibility*, London：Pitman Publishing, 1994.

二神恭一編著『ビジネス・経営学辞典』中央経済社、1999 年

平田光弘「新世紀の日本における企業統治の光と影」『2002 年経営行動研究年報』経営行動研究学会、2002 年

堀内俊洋『ベンチャー本田成功の法則：本田技研工業の日本的国際経営』東洋経済新報社、1998 年

本田宗一郎『得手に帆あげて』三笠書房、1992 年

本田宗一郎研究会編『本田宗一郎語録』小学館（小学館文庫）、1998 年

北岡俊明『本田宗一郎の経営学：7 つの経営パラダイム』産能大学出版部、1992 年

Lorsch, J. W. and Khurana, R., "Changing Leaders," *Harvard Business Review on Corporate Governance*, Boston, Mass.：Harvard Business School Press, 2000.

森本三男『企業社会責任の経営学的研究』白桃書房、1994 年

森本三男『経営学入門』〔三訂版〕同文舘出版、1995 年

野中郁次郎・竹内弘高（梅本勝博訳）『知識創造企業』東洋経済新報社、1996 年

大河滋『ホンダ流人づくりの真髄：逞しく独創性ある社員の育て方』評言社、2001年

坂本光司編著『ベンチャー創業学：浜松地域には、なぜ世界的企業が多いのか？』同友館、2000年

佐久間信夫・出見世信之編『現代経営と企業理論』学文社、2001年

櫻井克彦『現代の企業と社会：企業の社会的責任の今日的展開』千倉書房、1991年

山本治『ホンダの原点』成美堂出版（成美文庫）、1997年

第4章　企業の戦略

1　企業の目的、目標、経営理念と経営戦略

　企業の目的については、従来からさまざまな見解が主張されている。その代表的な見解の一つは企業利潤極大化説であり、経済学（ミクロ）の強い影響を受けたものである。

　その後、社会的な目的が重視されるとともに、企業の目的は単一から複数にその広がりを見せていった。しかし、それはそれで当然だとしても、企業の本質は社会というシステムのサブシステムとして、社会が必要とするものを作り提供すること、またそのためにはゴーイング・コンサーンとして、その「存続と成長（survival and growth）」がはかられねばならないがまさにそれこそが、企業目的だと主張したのはドラッカー（P. F. Drucker）である[1]。

　そのためには企業はいくつかの目標を持つ必要がある。期間をもとに長期、中期、短期といった分け方もできるし、経済的、社会的、文化的といった要因による分け方もできる。ただいずれの場合にも数字などによる具体的な目標になることが望まれる。

　次に企業は決定された目標に向けて、何らかのアクションを起こさなければならない。そのアクションの拠って来る源泉ともなるものが、「経営理念（managerial ideology）」と呼ばれる概念である。経営理念とよく似た内容で使われることの多い概念に経営信条、経営哲学、社是、社訓などがある。それぞれ異なるという見解もないではないが、現実の企業であまり厳密な使われ

方がされていない以上、あまり深入りしても意味はない。

　とにかく経営理念とは、その企業のすべてのアクションのもとを決める最も基本的な考え方である。経営理念はやがてその組織を構成するすべてのメンバーの共通した行動パターンとなり、社風となって結果することが期待されるが、そのためには、さまざまな機会をとらえた徹底した組織への浸透作戦を展開する必要がある。

　そのうえで経営理念に基づいた具体的アクションの第1段階は、「経営戦略（corporate strategy）」の設定である。経営戦略のでき方には後に述べるようにさまざまあるが、組織のどこで用いられるかの違いから、これを全社戦略、事業戦略、機能別戦略に分ける場合が多い。

　全社戦略は企業全体を包括的にとらえた表現で、その将来方向が語られる場合が多い。たとえばNECのC&Cはきわめて抽象度が高い表現ながら、だからこそコンピュータのみにとらわれることなく、コミュニケーション手段全般への事業展開を可能にしたといわれている。しかし、その背後には長年にわたる組織ぐるみの新戦略創出への努力があったことが知られている。とにかく一つ間違えば、その抽象性ゆえに焦点が絞りきれず失敗する例の多いことも忘れるべきではない。

　事業戦略は各事業（事業部）ごとに示される基本方針であり、全社戦略を受けての内容になることが求められる。全社戦略と事業戦略との間には通常、目的—手段の関係が成立する。同様な関係は組織によってはさらに何層にもなることが予想されるが、それらはすべて目的—手段の連鎖を形成していると考えられている。この関係は戦略—戦術ととらえることも可能である。

　機能別戦略は各機能ごとにつくられる戦略である。たとえば販売戦略、労務戦略、財務戦略、生産戦略などがあげられようが、これらは当然全社戦略、事業戦略とも整合していることが求められる。

　戦略のはたらきについては本章の目的そのものであるから、本節ではその源泉たる経営理念を生かした企業の事例を、その生みの親である人物の人となりを交えて紹介する。

ケーススタディ 2

T社の経営理念と成立の背景

　T社は名古屋市に本社をおく中堅運輸会社である。現在資本金9800万、売上げ約100億、従業員数650名ほどで貨物輸送が中心ではあるが、総合情報物流事業をめざして積極的に事業を展開中である。

　同社の創業は古く1902年に遡るが、株式会社組織となったのは1948年であり、本格的な発展が見られはじめるのは、総合物流に乗り出した1970年頃からである。同社の発展の基礎を築き、成長の軌道に乗せた立て役者は前社長の高村武彦である。同氏は学生時代、わが国を代表するハンドボールの名選手として知られ、卒業後、家業を継ぐ形で同社に入社後、持ち前のパワーとバイタリティーで旧態然としていた同業界の体質改善と経営改革に全力で乗り出していった。

　彼は若い頃から社員と同じ目線でつき合うことを心掛けたという。仕事の後、毎日のようにいろいろな人々と遅くまで付き合いすぎて、身体を壊したこともあったほどである。こうした毎日の中で彼が最も大切に感じていたのが、経営理念の存在とその確立であった。

　彼によれば、経営理念とは企業の最も基本的な考え方であり、それは経営の基本的な考え方でもあり、企業のバックボーン、会社の大黒柱でもあるという。まさに経営理念あって、すべてがはじまるという彼の信念は彼亡き今日、社風永続会館として形をもって残されており、社員教育などの会場として、またT社の経営の基盤を考える場として使われている。

　より具体的には、経営理念とは企業経営の目的（利益を追求し企業を発展させ蓄積する）を達成するための基本的な考え方である。それは基本的価値観、経営哲学、企業文化、土壌、社風などとも表現されうるものだが、とくに社風という言葉にこだわりを持ちたいと彼はいう。彼のいう社風とは、正しい経営理念に基づいて生まれてくる企業の風土であり、伝統であって、やがてそれは「くせ」となり習慣となって企業に根づくものである。

　T社の経営理念は、次のような表現でも示されている。

　われわれは、Tを人格形成ならびに生活の基盤となる「人間集団」としてとらえ、「運命共同体」であることを知る。そして自由競争の原理原則を踏まえ、汗と英知と和をもって自立し、社会へ貢献するとともに「永遠に続

く人間集団」として、次代へつなぐことを使命とする。

　また社風は伝統の風に学び新しい風を起こすためとして、次のようにも表現されている。

　　伝統の社風
　　　　お客様を大切にする社風
　　　　礼儀正しい社風
　　　　質素で堅実で勤勉な社風
　　新しい社風
　　　　自由闊達で人間尊重の社風
　　　　異質と共通を発見し、共に生きる社風
　　　　自然を畏敬し感謝する社風

　同社では以上示した経営理念が、さまざまなより具体的表現を伴って実際の行動計画へと展開されていくが、今その流れだけを示せば次の通りである（図4－1参照）。
　Ｔ社は理念先行型企業の典型的事例である。その理由は一つには、同社が存在する業界そのものの特徴と無縁ではない（近鉄の名経営者であった佐伯勇も同様であった）。さまざまな欲望を持った人々からなる、必ずしもまとまりがよいとはいえぬ集団を統率していくためには、しっかりとした理念の下に、その行動がコントロールされていた方が優れた成果を期待できる。
　さらに大切な理由は、社長自身の性格である。きわめて誠実であり、真摯に仕事を見つめ、社員と家族のため、会社のため今何をなすべきかを問い続ける一方で、スポーツマンらしく常に挑戦する気持ちを何ごとにも持ち続ける姿勢が強く感じられた。企業はある程度育てば、それはもはや一個人の持ち物ではない。社会の公器としての役割を考えるべきであるというのが、口癖でもあった。
　しっかりとした経営理念ないところに立派な会社は育たないというのが、変わらぬ彼の信念であった。
　経営理念とそれ以外の諸概念に対する考え方は一通りではない。同社自身もその後変化しているし、ここに示した事例のようにすべてが使用されているわけではないが、十分検討する価値ある内容を含んでいる。

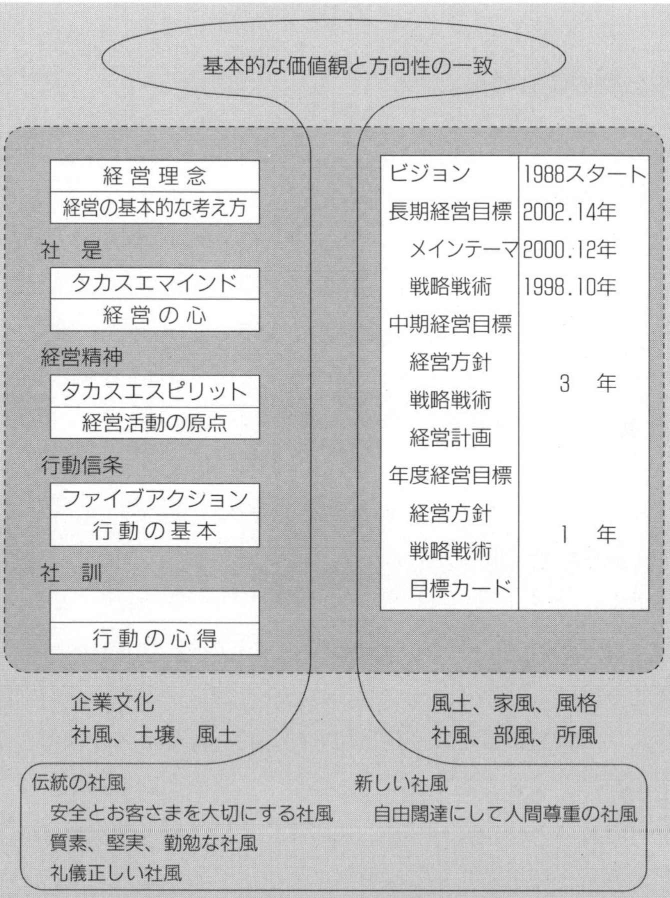

```
                    基本的な価値観と方向性の一致

   経営理念                         ビジョン      1988スタート
   経営の基本的な考え方               長期経営目標   2002.14年
 社  是                             メインテーマ   2000.12年
   タカスエマインド                   戦略戦術      1998.10年
   経 営 の 心                       中期経営目標
 経営精神                            経営方針
   タカスエスピリット                  戦略戦術       3 年
   経営活動の原点                     経営計画
 行動信条                            年度経営目標
   ファイブアクション                  経営方針
   行 動 の 基 本                    戦略戦術       1 年
 社  訓                             目標カード

   行 動 の 心 得

     企業文化                      風土、家風、風格
     社風、土壌、風土               社風、部風、所風

  伝統の社風                新しい社風
    安全とお客さまを大切にする社風   自由闊達にして人間尊重の社風
    質素、堅実、勤勉な社風
    礼儀正しい社風
```

図4-1　T社の経営理念と全体的体系

出所：高村（1998），p. 28

参考文献
高村武彦『高末経営理念史集』高末株式会社（非売品）、1998年
『高末の歴史Ⅰ』高末急送株式会社、1988年
同社提供資料およびインタビュー

2　経営戦略論の発展

　経営戦略論が経営学の専門分野として成立しはじめたのは、1960年代はじめアメリカにおいてであった。ギルモアとブランデンバーグ (F. F. Gilmore and R. G. Brandenburg)[2]、テイラー (B. K. Taylor) ら初期の研究者の興味は、企業の再投資先を探る意思決定ルールをなるべく合理的、論理的につくり出すことであった。とはいえ企業を取り巻く環境の変化は激しさを増しつつあったから、アンゾフ (H. I. Ansoff) がいうように「部分的無知 (partial ignorance)」を前提とした戦略の設定とならざるをえなかった。

　だが60年代を通じておおむね、アメリカは好景気に下支えされていたこともあって、これらの研究成果が、コングロマリット型企業や多角化 (diversification) を志向する大企業から、投資先決定バイブルのような扱いを受けたのである。

　アンゾフはその著書の中で、「戦略とは、(1) 企業の事業活動についての広範な概念を提供し、(2) 企業が新しい機会を探求するための個別的な指針を設定し、(3) 企業の選択の過程を最も魅力的な機会だけに絞るような意思決定ルールを提供することによって、企業の目標の役割を補足するものである」(Ansoff, 1965；邦訳1969, p. 12) と述べている。さらに戦略を構成する要素として、①製品―市場範囲、②成長ベクトル、③競争上の利点、④シナジーをあげ、それらの各要素は共通関連性という視点から検討を加えられ、有望な製品―市場範囲の形で示されるべきだとして経済的な色彩の強い戦略概念を提唱している。

　アンゾフ・モデルは実際には、かなり詳細にわたる分析ステップを一つひとつのぼり詰めながら、その内容を徐々にリファインさせていくことが要求される (カスケード・アプローチ)。こうした流れの中から、やがてボストン・コンサルティング・グループ (BCGと略称) やマッキンゼイ社のような著名なコンサルティング会社とハーバード大学のような有力大学のビジネス・ス

クール、それに実際企業がタイアップする形で PPM（Product Portfolio Management）に代表されるみごとな現状分析ツールがつくられた。

ただ、このモデルは市場成長率と相対的市場占有率という単純化された2軸だけで、現状を表すことに無理があることが指摘され、PIMS のような、より複雑な分析テクニックが開発されるころから、逆に注目されなくなったという皮肉な面も見せている。しかし、今日でもハーバード大学を中心とする経営戦略論研究が、大きな流れであることに変わりはない。ポーター（M. E. Porter）の競争戦略のアイデアなどはその著名な貢献である。

しかしながら、1970年代に入ると経営戦略論に新しい大きな流れが現れはじめた。その中心はミンツバーグ（H. Mintzberg）である。経営者や経営に関する従来の定説にことごとく疑問を感じた彼は、徹底した実証記述的アプローチを駆使して、細切れ的経営機能（PODC のような）研究からは何もわからないと主張した。

経営戦略についても「意思決定の流れの中に識別される重要な一つのパターン」（Mintzberg, 1979 a, p. 28）と実に広義に定義する。同時にそれを識別するのは研究をする側であって、本人が認識していたかどうかはまったく問題ではない。

こうした理解に立って、彼は戦略には「もくろまれた（intended）」戦略と「創発（emergent）」戦略という両極を占める戦略があることを主張した。彼の理解では、従来の戦略研究はもくろまれた戦略をなるべくもくろまれた通りに結果するようにつくろうとする努力であったが、前提となる環境変化が読めない中で、いくら精密な戦略をつくろうとしても、それは最初から無理な話だというのである。

それよりも戦略はつくるものではなく、できてくるものであるというとらえ方をすることを提案する。実際の企業活動の中で、戦略はどんどんできてきているのだが、それに気づかず、また決められた戦略や計画に固執するあまり、すぐそばの戦略が見えていない。

こういう戦略を誰よりも早く見つけて育ててやる。また、まわりの環境変

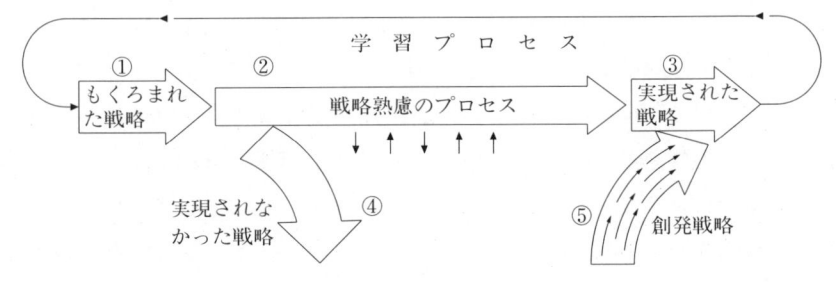

```
    ┌─────────────── 学 習 プ ロ セ ス ───────────────┐
    │                                                  │
    ① ──────────▶  ②  ──────────────────▶  ③
  もくろまれ        戦略熟慮のプロセス           実現された
  た戦略             ↓ ↑ ↑ ↑                    戦略
          ↓                                    ↗
      実現されな      ④                    ⑤   創発戦略
      かった戦略
```

図4-2　戦略形成プロセスの概念モデル
出所：Mintzberg (1979 b), p. 945.

化をいち早くとり入れて、戦略を環境にフィットさせていくことこそ大切だという（草の根戦略）。

　つくったものよりも、つくるプロセスそのものを大事にしようという主張が、やがてプロセス戦略論という研究領域を生むことになった。中心はミンツバーグだが、他にもクイン (J. B. Quinn)、ラップ (H. E. Wrapp)、フレデリクソン (J. W. Fredrickson) など豊富な実務経験を持った有力研究者が知られている（図4-2参照）。

　しかし経営戦略の研究に、この2つの流れしかないと考えるのは早計である。戦略という概念は、何を中心にとらえようとするかで、千差万別なとらえ方が可能である。ミンツバーグなどは戦略の研究者を10のグループに分けたうえで、それらの比較研究をサファリと称して楽しんでいるように見える。

　たとえば、ハメルとプラハラード (G. Hamel and C. K. Praharad) は、戦略のポイントは伸びようとする強い意思がその中に備わっているかどうかが決め手になるとして、伸長主義の戦略という側面の強調に熱心である。伸びようとする強い意思は、「戦略的意図 (strategic intent)」と表現されているが、これがどのくらい企業に備わっているか探ることも大切である。あわせて彼らは資源の有効活用をはかるために、テコの原理を応用して重要なところへ集中的に資源を配分すべきだとも主張する (Mintzberg, 1979 b.)。

ミンツバーグ自身も5つのPというアイデアから、①プラン（Plan）としての戦略、②策略（Ploy）としての戦略、③パターン（Pattern）としての戦略、④ポジション（Position）としての戦略、⑤パースペクティブ（Perspective）としての戦略といういろいろな側面からのアプローチを提案している（Mintzberg, 1987）。

このように経営戦略論には2つの本流はあるものの、研究者の研究上の興味に従って、さまざまな角度からの研究が進められているのである。

3　もくろまれた戦略としての競争戦略

もくろまれた戦略とは、一般には合理的戦略、計画された戦略という意味に近い概念である。ハーバード大学を中心とするいわゆる伝統的経営戦略論では、こうした戦略となる決め手は何かを探るために、膨大なデータの集積と分析がなされてきた。

その成果の一つが、ポーターの競争戦略の概念である。彼によれば、企業を取り巻く環境からのさまざまな攻撃にどのような手段で対抗していくかが、競争戦略の内容となる。まわりからの攻撃の中でとくに彼があげている競争（攻撃）要因には、①競争業者間の敵対関係、②新規参入の脅威、③代替製品からの脅威、④買い手の交渉力の脅威、⑤売り手の交渉力の脅威がある（ファイブフォース分析が展開される）。

ポーター自身も述べているように、詳細に見ていけば、これらの競争要因に対する対処の仕方は企業ごとに違うはずである。ただこれをややマクロな視点からとらえれば、①コスト・リーダーシップ、②差別化、③集中の3つが競争のための基本戦略としてあげられるという[3]。

コスト・リーダーシップの概念は、「経験曲線効果（Experience Curve Effect）」と呼ばれる法則から導き出されたとされている。この法則自体は、かなり以前から知られていたが、1970年代に入ってたとえば、ボストン・コンサルティング・グループがいろいろな商品コスト分析の結果として、あ

る商品の累積生産量が2倍になるごとに、単位当たり製造コストが20から30％逓減することを確認するとともに、この傾向は単にものづくりに限らず、かなり広い範囲にわたっていえるものであることを明らかにして、がぜん注目されはじめたものである。

コスト・リーダーシップとは簡単にいえば、つくればつくるほど、ものは安くできる。安くできれば安く売れるから、競争相手よりたくさん売り上げたうえに、利益も総額で増大し、その繰り返しで競争力をどんどん高めていくことが可能となるという考え方である。企業はこの戦略をとる限り、あらゆる手段を使って大きくならなければならない。

次に差別化とは、文字通り、他と明確に区別がつくように何らかの手段を講じることである。ポーターも述べているように、そのためにはコスト・リーダーシップのメリットをある程度、犠牲にせざるをえない場合もある。製品設計やブランド・イメージ、テクノロジー、製品の特徴、顧客サービス、ネットワークなど多くの差別化の視点が考えられる。

差別化はどちらかといえば、規模的に中堅、成立年数をある程度経た企業が採用する場合が多く見られる。それは拡大路線を採用するためには、資金の面でも従業員数の面でもかなりの覚悟をしたうえに、これをある程度以上にわたって維持し続けていく必要があるからである。それよりは提供する商品、サービスに差をつけて、生き残りをはかる方が現実的だと考えるものも多い。差別化については後段のケースで詳しくとりあげる。

最後に集中であるが、一口でいえば経営資源を1ヵ所にまとめて投下しようとするものである。どんな企業でもヒト・モノ・カネ・情報からなる経営資源は有限であり、限られたものであるから、その有効活用がはかられるのは当然である。そこで多くの企業では特定の種類の製品とか、特定の市場をねらった戦略つくりをする必要が出てくる。

ポーターはこの点、集中戦略を他の戦略とは異なる限定的なものととらえているが、ハメルとプラハラードは、より積極的な意味づけを与えている。

彼らは戦略が意味を持ったものになるためには、何よりもものにするぞと

いう強い意思（戦略的意図）が必要であること。それにそれを具体化するためには中心となる戦略目標に資源を集中すること、それをより効率的に集積すること、より高次の価値を創造するために資源同士で補完し合うこと、資源を可能な限り節約すること、できる限り早期に投下資源の回収を済ませることが望ましいとする。そのためには彼らがテコと呼ぶ一点集中型の戦略をとることが効果的である。これは決してネガティブな戦略ではない。この方法を意識的に採用することで企業はいわゆる「中核（技術）能力（core competence：コア・コンピタンス）」を構築することが可能となる。そこから無数の新製品、新事業が誕生する可能性がある。

わが国を代表するグローバル企業となったキヤノンもかつては一カメラメーカーであったが、カメラのみからの脱却をはかる過程で、徐々にオプトエレクトロニクスという中核能力を獲得していった。その方法は自社開発はもちろんだが、海外企業との巧みな「戦略的提携（strategic alliance）」によるところが大きいといわれている。こうして築かれた中核能力から生み出された数々の製品は説明を要しないだろう。

---- ケーススタディ 3 ----

I 社の差別化（differenciation）戦略の実際

I 社は三重県津市に本社のある製菓メーカーである。基幹事業としては菓子、食品、冷菓、加温食品、調味料、レストラン事業があるか、レストランを除き他はすべてメーカーとしての仕事である。最近は食品廃棄物のコンポスト化や無農薬野菜の栽培に、自社開発商品の利用を試みたり、同じく廃棄物の飼料化にも積極的に取り組んだりしていることも忘れてはならないが、本節の事例としては、そのユニークで興味あふれるレストラン事業に焦点を絞り、差別化戦略といわれるものの実態に迫ることにする。

I 社は戦後すぐにパン委託加工事業から立ち上がり、やがて日持ちのするビスケット、キャラメル、ドロップなど業界で「かれ（涸れ）もの」といわれる商品を扱うようになった 1950 年頃には、早くも全国展開を基本戦略におきはじめたといわれる。その後戦前からの個人商品であった羊羹を企業商品として復活させるとそのまま波に乗った。さらに 1961 年よりはじまった

インスタント食品ブームでは、即席ぜんざいで全国にその名を知られるようになった有力食品メーカーである。

　ちょうど時を同じくして、アメリカ視察を経験した会社としての創業経営者（正確には2代目）が、今後の企業としての方向を探る必要性を強く認識しはじめたことが、その後の同社のレストラン事業と深くかかわっている。それはメーカーとしての立場からだけでは、なかなか消費者の真のニーズが見えてこないという悩みからはじまったといわれる。消費者と直接かかわりを持つためにはサービス事業に乗り込む必要があるというのが、社長の認識であったと現会長はいう。

　その後さまざまな試みがなされる中、1972年紹介者を通して、アメリカのあるレストランチェーンが候補にあがった。このレストランはレストランでありながら、パイの売上げが、全体の30％近いという特徴ある企業であった。

　I社が目をつけたのは、まずそこであった。パイは基本的には菓子だから、すでにある程度ノウハウの蓄積がある。いろいろな意見はあったが、I社から提携（フランチャイズに近い）を申し込み了承が得られた。そこで早速長男であった現会長が、アメリカに派遣され、一から修行をはじめることとなった。このレストランの創業者が大変魅力ある人物であると同時に、こだわりのコンセプトの持ち主であったことが、その後の同社の戦略に大きな影響を及ぼしている。

　そうした中から帰国後彼は、いくつかの大変重要なわが国での事業展開戦略の基本戦略要素を導き出していった。

　1　ドライ・キッチン（無駄のない合理性―軍艦の厨房を理想とする）
　2　カミサリー[4]の設置（味を守り、一定した品質の料理を提供するためにも）
　3　アメリカの家庭の味への徹底したこだわり
　4　サービスの原点「smile and hospitality」

　こうした基本戦略から導かれた店舗立地、メニュー、価格帯、ウエイトレスのコスチュームなどにも予想以上ともいえる反響があり、一時はある種社会ブームともなり、マスコミ（アンアン、ノンノなど若い女性向け雑誌など）にとりあげられたり、店舗はTVドラマの舞台ともなった。最近ではマニアによるホームページも多数立ち上がっている。

　I社がレストラン事業に乗り出した理由は先に示した通りであったが、結

果として外食産業がわが国に根づきはじめた時期に照らせば、かなり早いものであった。ケンタッキーフライドチキン（KFC）、ミスタードーナッツにはわずかに遅れたが、ピザハット、シェーキーズとは同年の創業（1973年）であり、いわゆるスーパー系列の外食産業が盛んとなる前の世代を代表するものの一つであった。

その特徴は商社、メーカー、個人商店、ビール会社など多種にわたる業界企業が乗り出してきていたことである。この時代には、多くの企業が多角化の方向を模索していたことがそこから読み取れる。

現会長とのインタビューから明らかになった、こだわりの差別化戦略の中身をもう少し詳しく見ておこう。

すべてにこだわりをもった戦略（差別化戦略）を実行する。

食にこだわりをもつOL層をターゲットとする。そのために女性でも安心して入れる明るいサービスが売りの店づくりをする。ペンシルベニア・ダッチスタイルといわれるホームメイドの雰囲気をハード、ソフト両面にわたって実行する。こういう考え方は、総合的に環境型デザイン（Environmental Design）とも表現される。

店舗の立地についても、繁華街からやや離れた住宅地域に隣接するゲートウェイ（gateway）と呼ばれる地区で、徒歩来店客を中心とした店づくりにこだわる。商品価格帯にしても、あえて低価格の逆をいくことで客層の差別化をねらう。新たに出店したお台場店がよい例だが、オシャレ、トレンド、デートスポットはI社レストラン戦略の根幹をなすものである。

マクドナルドやKFCが広く一般消費者をターゲットとするのに対して、I社やモスバーガーの戦略は、ターゲットを絞り込むことで生き残りをはかるものだという見方もできる。今すぐにどちらの戦略が正しいといえるものではない。それは企業の全社戦略によっても、経営体質によっても違うであろうし、経営資源の状況によっても異なってくるだろう。

I社はあえて大きくなるよりは、自らが設定した枠組みの中で一定の消費者を確保しながら数年先の一般消費者が何を望み、どれくらいの消費をするかをつかむことで、製菓メーカーとしての本来の事業に自分の目で確かめたことを生かしたい、つまりこの戦略には、パイロット事業的要素も含まれているやに思われるのである。

いずれにせよ、これはポーター（M. E. Porter）のいう3つの基本戦略（コスト・リーダーシップ、差別化、集中）のうち、差別化戦略の具体例と

第4章　企業の戦略　85

して大いに参考になるケースである。

参考文献
井村屋製菓株式会社『設立50周年創立100周年記念誌』1996年（非売品）
同社提供資料およびインタビュー

4 創発戦略の識別と育成

創発戦略はもくろまれた（計画）戦略と対極にある概念である。ミンツバーグによって有名になったが、彼は面白い例をあげて説明している。ある陶芸家の作陶プロセスを観察するうちに面白いことに気づいた。それは最初轆轤の前に座ったときには、陶芸家の頭には、壺をつくろうという漠然としたイメージはあったとしても、そのまま壺として作陶作業が終わるとは限らない（時に皿になったり、茶碗になったりする）。そこに芸術活動の妙味があると同時に経営という仕事の奥深さとの共通点を見ないわけにはいかないというのである。

戦略もまったく同じであって、もちろん最初何らかの方向性やイメージはあるが、実際に実行しているうちに、それはどんどん変化していく。大切なことは常にその場の状況にフィットさせながらつくりあげていくという姿勢である。

そこで重視されるものは、閃きであり直感であって、およそ定量的な分析にはなじまない種類の情報による瞬時の決断が要求される。この種の能力の重要さは最近いろいろな分野で認識されはじめている[5]。創発戦略とはこのような形で生まれてくる戦略を総称する概念である。

創発戦略は「傘（umbrella）」戦略の概念で説明されることもある。戦略がどのような形でつくられるかは一定ではない。それを一定にしてできる限りマニュアル化しようとする試みが、もくろまれた戦略を志向する人々のめざすものだといえる。一方、戦略にはこれとは異なるだんだんできていく戦略

もあることを説明したのが、それが創発戦略の認知のはじまりである。この2極の間に分布している無数の戦略を分類するアイデアが傘戦略である。

　傘とは企業では経営者（そのときによりレベルはまちまちである）が必要な部所または人間に与える戦略制定のためのガイドライン（＝差し掛ける傘）のことである。その傘は熟慮性と創発性という2色の色の配合によって、さまざまな色合いを見せているし、傘そのものの大きさもまちまちだと考えればよい。

　この考え方に従えば、創発戦略は創発性を最大限に認めた限りなく大きく、たおやかなパラソルか野点傘ということになるだろう。この傘の特徴は傘の中でほとんど何も縛られることなく、あらゆる可能性が試され、失敗を成功に転化させる努力が公認されたり、気づかなかった戦略の芽を見つけて移植し育て上げたりといった行為が、何のためらいもこだわりもなく行われるところにある。

　したがって、創発戦略は外から見る限り、非常にとらえどころのないように見えるかもしれない。しかし、それは当事者にしてもそうであるほど、徐々に取捨選択が繰り返されてつくられていくからであって工芸的に練り上げられた戦略という表現も用いられるのである。

　この種の戦略のもう一つの特徴は、いつ、誰によって、どうやってつくられたかわからないうちにできあがったという感覚が強いところにある。そのためにはまさに芸術家的感覚が最大限発揮されるか、さもなければ、長い年月という途方もない芸術家によって形成された結果を通覧するのが理解が早い。

　一般には老舗商法として知られる多くの老舗の戦略は、先祖伝来のやり方を頑ななまでに守り通すことだといわれている。しかし、よく眺めてみると守り通しているものと意外に変化させているものが、混在しながら微妙なバランスをとりつつ今日に至っていることに気づく。

　大切なことは老舗である最大の資源（他では真似できないもの）は絶対これを変えない、譲らないということである。中核能力の堅持こそが、最大の武器であり、一つひとつ後は練り上げてできていった創発戦略の事例を、ユニー

クな大相撲の経営戦略から眺めることにする。

ケーススタディ4

創発戦略としての大相撲の経営戦略

　相撲の歴史は古い。人類の歴史とともにあるといえるかもしれない。わが国に限っても神代の時代から伝えられてきた。ただそこには、2つの大きな流れがあったことを指摘できる。一つは神事相撲であり、神と人とが相撲をとって豊作を祈願するもの、いま一つは見て楽しむための相撲、今日の大相撲とつながる勧進大相撲の流れである。

　勧進とは一種の寄付行為をさす言葉であり、江戸時代以前から神社仏閣や橋脚、道路などをつくる費用の捻出法として使われてきた。勧進を募る最も効率的な方法はいうまでもなく、一度にできるだけ多くの人々を1ヵ所に集めることである。そこで勧進帳をまわせば用は済む。ではどうしたら多くの人々が集められるか、それに利用されたのが、イベントとして人気の高かった相撲であった。こんな歴史を経て江戸時代に入ると勧進本来の意味は薄れて、人集め＝カネ儲けの手段に相撲を利用しようという者が現れはじめた。

　最初の頃は幕府もいい顔は見せなかったが、相撲に付き物の喧嘩、トラブルをうまく防ぐためからも冥加金を稼ぐ意味からも、限られた人間に相撲の興行権を与えることにしたのである。雷権太夫ら15名が興行権を手にして利益目的で相撲興行を打ったのが今日の大相撲のはじまりとして知られている。その後すぐに彼らは株仲間を組織し、本格的に営業を展開していったが、それ以降江戸期約200年を通じて、大相撲を他と区別するためのさまざまなアイデア、工夫が凝らされていくことになる。

　素人と違うことを証明するための部屋制度の確立、経営に携わる条件としての親方株の成立とその継承権、経営母体としての角力会所と経営組織の確立、相撲取りの大名お抱え制度の導入、上覧相撲、天覧相撲などによる格付け策は誰によるアイデアというより、長い年月の中で自然につくられ、練り上げられていったものであるとの印象が強い。よいものは残し、悪いものは削り取るのが大相撲の弛まぬ戦略である。

　古いものの代名詞のように見られがちだが、大相撲の変わり身は意外に早い。伝統の四本柱も土俵上の検査役も見る側からすれば邪魔でしかないとわかれば、すぐに無くしてしまう。ラジオ放送、TV放送、電光掲示板、海外巡業なども他のスポーツに先駆けて早い。ただその一方で、相撲界はこれ

も大きな特色といえるが、きわめて古い体質を持ち続けてきた。その典型が絶対的権力を持つ親方と弟子との関係であり、そのまま等身大に拡大された形の筆頭年寄り（現在の理事長にあたる）とその他の年寄りとの関係である。

　親方、筆頭の力は絶対であり、これに逆らうことは決して許されない。すべての富も従ってその元へ集まっていくようになっているのが道理である。ただ、彼らに刃向かわない限り、何とか暮らし向きが立つ程度には、お金が入ってくるようにはなっている。

　力士の多くは相撲以外に生活の手段を持たぬ者がほとんどのため、こうした生活に不満はあってもどうにもしようがないというのが実情であった。しかし、不満の蓄積にも限界があるようで、江戸末期より10年から20年周期で待遇改善を求める労働争議めいた活動があったことが知られている。

　ただその大半は欲求不満の漠然とした捌け口であったり、一部の人間に利用されたようなものが多く、純粋な労働争議と呼ぶにはほど遠いものがあった。しかし、1932年人気力士、天竜を中心とする出羽の海部屋の力士たちによって起こされた角界改革運動は、天竜の理論好きで合理的な性格と彼を後援する政官界の若手何人かの後押しで、かなり本格的な労働争議の様相を呈してきた。

　この交渉はこじれにこじれ、ついに天竜らは新しい相撲力士団を結成して、彼らが理想とした相撲興行を開始するに至った。だがこの試みは最終的には完全な失敗に終わった。天竜らは新しい試みとして力士のガウン着用、ファンファーレによる入場、料金の値下げ、同一日での同一カードの再戦、茶屋制度の廃止、賃金制度の確立、開催時間の変更などを行った。その中にはたしかに評価できるものも多い。それなのになぜ失敗したのか。

　それは経営学の用語を用いれば、CS（Customer Satisfaction）[6]を真につかみきれていなかったということに尽きる。消費者としての一般大衆が求めていたものは彼ら自身にさえわからなかったかもしれないが、日本の伝統文化の象徴としての力士の姿であったのである。それは一見時代離れしているようにも見えるが、それがまた求められていることなのであった。その辺の読みを天竜は間違った。もちろんそれはしようがない部分も多いが、その都度の対応に問題があったことはたしかである。

　象徴的に彼らの失敗を事件の経緯から見るならば、理由はどうであれ彼らが袂を切って再スタートしたこの一点に絞り込むことができるだろう。大衆が求めていたものはそれだったのである。戦略に必要な要素には変わること

第4章　企業の戦略

> と同時に変わってはいけないものが含まれていることを知るべきである。しっかりとした根っこの部分は絶対変えてはならない。これは最近では中核能力と呼ばれ戦略の根幹をなすと考えられている。
> 　大相撲の戦略の巧みさは、特定の誰かが意識的につくりあげたというよりは長い年月が徐々に練り上げたというのが事実に近いところにある。だからこそ、強いのである。これは戦略論の立場から見れば、創発戦略の形成プロセスを知る重要な手掛かりである。
>
> **参考文献**
> 芝隆史「大相撲の経営戦略序説」『経営学研究』(愛知学院大学) 第3巻3-4号

5　戦略とコントロール

　コントロールという概念が経営の現場に入ったのは、大変古い。ファヨール (H. Fayol) が経営管理の機能として計画化、組織化、命令、調整、統制(コントロール)をあげて以来のことである。

　ただ、他の機能と異なってコントロールという言葉から受けるイメージからも理解されるように、一般的には人々の行動を管理する、縛りつけるという意味合いにとられることが多く、あまりよい印象を持たれなかったことも事実であった。

　しかし、経営に必要な諸機能を考えればすぐに理解されるところであるが、コントロールの概念は経営のすべての局面になくてはならないものである。

　戦略もよく考えてみれば、コントロールの一手段であるという見方も成り立つ。ただ、従来のように、コントロールを結果から探り出したあら探し、あるいは、罰則のための証拠探しというニュアンスでとらえるべきではない。

　ピッケンとデス (J. C. Picken and G. G. Dess) はこれから必要とされるコントロール概念について、戦略形成プロセスが展開中には、情報コントロールとしてできる限り、アップ・ツウ・ディトな情報が集まるよう努力する。ま

```
         ┌─────────┐           ┌─────────┐
         │戦略の設定│◄────────►│戦略の実行│
         └─────────┘           └─────────┘
              ▲   ╲           ╱   ▲
              │    ╲         ╱    │
         情報 │     ▼       ▼     │ 行動
       コントロール  ┌─────────┐  コントロール
              │    │ 戦略的  │    │
              │    │コントロール│    │
                   └─────────┘
```

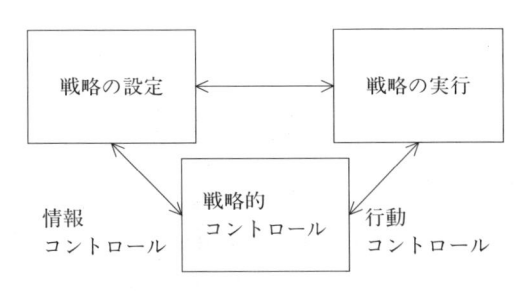

図4-3 戦略的コントロールの概念モデル
出所：Picken and Dess (1997), p. 41.

た戦略の実行プロセスにあたっては、行動そのものに対するコントロールが必要になることを力説している（図4-3参照）。

　戦略とコントロールはたしかに見方によっては、1枚のコインの裏表という理解も成り立つ。戦略をつくるということは、少なからず行動を規制して一定の方向へ向かわせることを意図した行為だからである。要はその行為をどこまで、どれほど意識的に行うべきかが問題である。

　コントロールの概念はこのように、今日でも大切な経営管理機能の一つであるとともに、より積極的にその活用がはかられていくべき概念である。最近の情報化技術の進展に伴ってコントロールのタイミングも、従来とは格段の迅速さが要求されるようになってきた。その意味でも、十分な検討を済ませた後のコントロールでは、外部環境変化の方がこれを許さないという状況が明確になりはじめている。

　そういう状況に対処していくためには、戦略のところで検討を加えた創発戦略が持っている行動しながらコントロールし、そこからまた次のステップへと進んでいくという感覚、さらにそれはコントロールとは気づかれないほど微妙なタッチのコントロールであることが望まれる。

　最近リーダーシップの分野でよく用いられる用語であるエンパワーメントの意味するところが、あらゆる方法で相手に心からのやる気を起こさせることにあるとすれば、今後必要とされるコントロールはさらにそれを越えた阿吽の呼吸のコントロールともいうべきものである。そこにはする、させると

いう気持ちさえ入り込む余地はない。

設問

1 経営戦略とは実際の企業の中でどのような役割を果たすものと考えられるか、それぞれ身近な事例を念頭において論述しなさい。
2 経営理念は企業の最も基本的な考え方を示す表現だといわれるが、最近の企業不祥事に照らして経営理念のどこに誤りがあったのか、もしそうでないとするならば、どこに問題があったのかを考察しなさい。
3 合理的戦略と呼ばれる戦略の中で、とくに成功例と失敗例をとりあげ、そのポイントはどこにあったと思われるかを論じなさい。
4 創発戦略と思われる事例をとりあげ、そのどこが特徴なのかをできる限り忠実にリストアップすることで創発戦略の本来持っているはずの特色を記述しなさい。

● ── 注

[1] ドラッカーはもちろん利潤そのものを企業目的から否定したわけではない。それは満足利潤という形でいくつかの目標の一つに位置づけられている。
[2] ギルモアとブランデンバーグによって経営戦略の具体的内容が経済的使命（新しい製品事業分野）と競争戦略（手段）の形成にあることが明らかにされた。
[3] ポーター（1980；邦訳 1982）。競争戦略は、企業が競争上の優位性を維持するために必要とされる手段のことである。
[4] commissary は軍隊用語で兵站という。補給基地の役割が期待されている。
[5] セレンディピティと呼ばれる能力が注目されはじめている。偶然性の中にある可能性をうまく察知して、これをうまく育てる能力（偶察力）とでもいうべきもののことである。
[6] CS とは消費者満足つまり今消費者が本当にほしいと思っているものの意味である。

● ── 参考文献

Ansoff, H. I., *Corporate Strategy : An Analytic Approach to Business Policy for Growth and Expansion*, New York : McGraw-Hill, 1965.（広田寿亮訳『企業戦略論』産業能率短期大学出版部、1969 年）

Hamel, G. and Praharad, C. K., "Strategy as Stretch and Leverage,"

Harvard Business Review, March-April 1993.

Hamel, G. and Praharad, C. K., *Competing for the Future*, Boston, Mass.: Harvard Business School Press, 1994.（一條和生訳『コア・コンピタンス経営』日本経済新聞社、1995 年）

Hofer, C. W. and Schendel, D., *Strategy Formulation : Analytical Concepts*, St. Paul : West Publishing Co., 1978.（奥村昭博・榊原清則・野中郁次郎訳『戦略策定』千倉書房、1981 年）

Mintzberg, H., "Strategy Formation as a Historical Process," *International Studies of Management and Organizations*, Vol. VII, No. 3, 1979 a.

Mintzberg, H., "Pattern in Strategy Formation," *Management Science*, Vol. 24, No. 9, May 1979 b.

Mintzberg, H., "The Strategy Concept I : Five Ps For Strategy," *California Management Review*, xxx-1, 1987.

Mintzberg, H., *Mintzberg on Management : Inside Our Strange World of Organizations*, New York : Free Press, 1989.（北野利信訳『人間感覚のマネジメント：行き過ぎた合理主義への抗議』ダイヤモンド社、1991 年）

Picken, J. C. and Dess, G. G., "Out of (Strategic) Control," *Organizational Dynamics*, Summer 1997.

Porter, M. E., *Competitive Strategy : Techniques for Analyzing Industries and Competitors*, New York : Free Press, 1980.（土岐坤他訳『競争の戦略』ダイヤモンド社、1982 年）

第5章　企業の組織

1　組織社会という現代

　ミンツバーグ (H. Mintzberg) の指摘を待つまでもなく、現代が組織の時代であり、われわれは好むと好まざるとにかかわらず、組織社会の中にどっぷり浸かっているという認識を持つべきである。

　20世紀はテイラー (F. W. Taylor) の科学的管理法とその主張を工場の現場でみごとに結実させたフォード (H. Ford) のベルトコンベヤーシステムによる大量生産体制で幕が開いたといっても過言ではない。われわれの今日の生活全般を支えているものは、彼らがつくりあげた大量生産、大量消費社会であることに異論を差しはさむことは困難である。

　こうした社会はまた無数の組織によって成り立っている。一人の力の限界を知った人間が生み出した最大の発明品は組織である。その詳細は次節以降に譲るとして、われわれは組織社会という現代に生きていることをまず理解すべきである。

　なぜそうなったのであろう。答えは意外に簡単かもしれない。われわれの多くは生活を豊かにしてくれそうなものを安く提供してくれる企業という存在を支持し続けてきた。またそういう企業そのものを生活の糧を得る格好の場と考えたからに他ならない。世にいう「標準化 (standarization)」[1]の進展が、先進国を中心に起きてくるとそれに巻き込まれるように多くの人々が何らかの組織 (同時に複数の場合も多い) に組み込まれ、全体としての社会というとて

つもなく大きな組織の一歯車になっている自分を発見して愕然とする。

そうした傾向に警鐘を鳴らしたのが、かの有名なチャップリンのモダンタイムスであり、ミンツバークの氷河を前にするナチュラリストとニューヨークの摩天楼とのメタファー[2]が意味するものであったと考えられる。

われわれが生きて生活をしていくために組織は必要だと述べたが、組織も自らの存続と成長という基本的な目的を達成するために組織内外の環境変化にあわせて日々その姿を変えている。厳密に見れば、一つとして同じ組織はありえない。ただ戦略もそうであったように、そこからいくつかの共通性を見出して組織形態として抽出、分類することは可能である。

20世紀は組織の時代であったと述べたが、果たして21世紀は何の時代と呼べるのか、そこにおける組織の役割はいかなるものとなるのかといった問題意識を持って、いくつかの組織形態の特徴を探ることにする。組織なんかない方がいいという根強い主張が、一方にあることも事実である。ただ、そうはいっても組織あるがゆえの今日であることを再確認することも大切である。われわれは、一人では生きていくためにほとんど何もできないことを知っている。それだからこそ、多くの人間は組織とどう付き合い、どう対処していったらよいかについて各自の答えを導き出すのに懸命である。

2　組織の概念とその基本的構成要素

経営の分野に組織の概念を持ち込んだのはいわずと知れたバーナード（C. I. Barnard）である。バーナードの組織に関する定義は簡明とはいえないが、「一つの明確な目的のために2人以上の人々が協働することによって」協働体系が生まれ「協働体系一般に斉一性があるならば、それらすべてに共通な特定の側面、または部分の中にも斉一性が見られることは明らかであって……（中略）……これらの側面を他のものからひきはなして、その性格を明らかにすることが必要となる。この一つの共通な側面を組織と呼ぼう」(Barnard, 1938；邦訳 1968, p. 68.) というのが、彼の組織に対する基本的見解と

される。

　ただ協働体系そのものからそれを構成すると思われる社会的環境、物的環境、人間そのものまで捨象して、目に見ることは不可能なレベルまで理念化しようとしたところにバーナードの組織概念の特徴とその現実的理解の困難さの源泉があるといわれる。

　組織に関する研究はその後大いに進んだが、組織そのものに対する定義はいくたの主張があるにもかかわらず、組織とは「ある共通の使命を追求する集合行為」を意味するのであり、「一塊りの人々が、身元確認を可能にするあるラベルの下に集まり、何らかの製品またはサービスを生産するということを気取って表現しただけのこと」(Mintzberg, 1989；邦訳 1991, p. Ⅵ) であるというやや皮肉を込めた、しかし現実を直視したミンツバーグの見解を支持したい。

　われわれは組織社会に生きているというごく当たり前だが、重要な事実を前節で確認したが、それなら組織というものを目で見たことはあるかと問われたら、誰もがノーとしか答えようがないはずである。しかし、われわれは組織というものを知っている。それどころか、組織という鬱陶しさから時に逃れようともするのだが、それもまず無理なことも知っている。

　それならば、いっそのこと逃れようにも逃れられない、その実うまく振る舞えば予想以上の成果も期待できる組織の実体に自ら迫ろうとする試みは意味あるもののはずである。

　ミンツバーグに従えば、一般に組織を構成する基本要素には、次のようなものがあると考えられる。

　①戦略の頂上（strategic apex）
　②中間管理者層（middle management）
　③業務の中核（operating core）
　④専門技術スタッフ（techno structure）
　⑤支持スタッフ（supporting staff）
　⑥イデオロギー（ideology）

である。

　戦略の頂上とは、「最高経営担当者（Chief Executive Officer：CEO）」と呼ばれる人々をさす。中間管理者層を形成する人々は、部課長から係長まで広い層にわたるが、彼らこそが戦略の仕掛け人として、また育成者として働くことが、今日最も期待されている人々である。

　業務の中核とは第一線の現場で働く人々が想定されている。彼らの懸命な働きがなければ、どんな組織もその目的を達成することはできない。

　以上３つの要素は、組織の中を縦に上下する命令系統の構成メンバーであるという意味で通常ライン（系列）と呼ばれる。

　次に専門技術スタッフとは、自らが持つ専門知識、技術などによってラインの仕事を側面から助ける人々が想定されている。彼らの多くは高学歴のうえ、専門分野に特化した知識、技術の持ち主として、多くは企業のＲ＆Ｄ部門の構成者である。これからは彼らの働きが組織の運命を左右するという意味を込めて、メタルカラーの時代といわれることもある。支持スタッフと呼ばれる人々も自らの持つ専門知識、技術で組織に奉仕するが、専門技術スタッフとの区別は、彼らが組織の中にいるメンバーかどうかによる。

　組織をその代表的存在である企業に絞って考えれば、顧問弁護士、税理士、嘱託医などは大企業は別として、多くは社外から企業と契約を交わして必要なときだけ仕事の手助けをするのが普通である。また社内食堂があるところでも、最近は外部業者に業務委託する場合がほとんどである。清掃業務もそうである。その決め手は経済的効率である。いずれの場合にも、彼らには直接的な命令権限はないことからスタッフと総称される。

　ラインとスタッフからできているという意味から、ライン・アンド・スタッフ組織と呼ばれる場合も多い。

　最後のイデオロギーは厄介だが、重要な要素である。イデオロギーとは前節で紹介した経営理念に深くかかわる概念である。そこでも述べたが戦略を考えるにしても、組織をつくり、その運営を進めるにあたっても、必ずその前提となる統一のとれた思考方針のようなものがなければ、戦略も組織も一

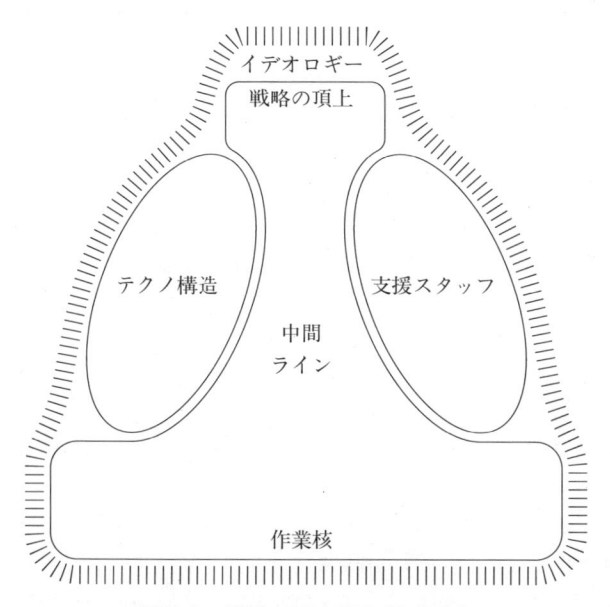

図5-1 組織の基本型と構成要素
出所：Mintzberg（1989；邦訳1991），p. 155.

歩も前へは進めない（現実はそうでない場合もあるかもしれないが、結果的にはうまくいかない方が多い）。それがイデオロギーである。

　それは経営理念といわれることもあるし、経営信条とか経営哲学といわれることもあるが、そこから創発してくる社風、風土、文化なども含めた広い概念としてとらえた方がよいようである。

　組織である以上、少なくとも共通の目的を持った2人以上の人間の協同体制があることが前提となるが、多くはここに示すような6つの基本構成要素のからみ具合によって、その形態に違いが出ると思われる。それは組織目的の達成に向けてどのような構成がベストなのか、現有資源の制約の中でどのような組織形態が可能か、環境変化は組織にどのような形態変化を望んでいるかなどによって変わってくると考えられる。

　ここではその最も基本的な形態図を示しておく（図5-1参照）。

　組織はできれば簡単な方がよい。トップが常に組織全体を見渡せるのが理

想である。顔と顔を合わせられる空間をどこまで確保できるか、世界的規模に拡大した企業の中にもたとえば、GE社や、ウォル・マート社のように、規模の拡大に逆比例して組織階層を減らしたり、小さな本社づくりに努力しているもののあることを忘れてはならない。

ただ、どうしても組織は年数が経つほどに規模的拡大およびそれに伴って組織階層の数を増やすのが普通である。これも組織の大切な一般原則の一つである。もちろんそれが即ダメだというのではない。そこにはそうならざるをえなかった必然性もあったことを知るべきである。

そうした流れを前提としたうえで、その中からどのような組織形態を識別できるのか、またその特徴はどのようなものかを探ることにする。

3　機械的組織と事業部組織

1　機械的組織

組織は特別な事情でもない限り（大組織を意識的に分割するとか、最初からある程度の規模を想定するとか）、最初は皆小さな個人的組織として創発するのが普通である。

それらの組織の多くは、特定個人の夢（単なる夢というよりは、ビジョンという表現の方が適切かもしれない）の実現のためにつくられるものであるから、カリスマ性を持ったリーダーに引っ張られてぐんぐん成長していくものもある反面、夢ばかりが空回りして潰れてしまうものもきわめて多い（一説には創業1年以内残存率は1割に満たないともいう）。

こうした苦難を何とか乗り切った組織は、やがて規模的拡大の道を歩むことになる。規模的拡大を可能にする決め手は、組織としての仕事をどこまで標準化、マニュアル化できるかという点にかかってくる。体が大きくなればなるほど、個々の部分々の仕事は標準化が進み、誰でも簡単な訓練でできるようになっている必要がある。

その典型的な初期の成功例は、フォードの大量生産システムといわれる自

動車生産組織であった。フォードの成功は単に機械的組織と呼ばれるすべてが桁外れに大きい組織形態を生んだというにとどまらず、生活全般にわたる標準化を一般大衆に納得させるとともに、生活改善のためにはこれ以外方法はないという風潮まで生み出したのである。

機械的組織はウェーバー（M. Weber）が20世紀の理想的な組織形態として想定した官僚制組織（ビューロクラシー）に近い形態だともいわれるが、果たして現実の問題として完全に他人の領分とは隔絶した形に分割した仕事を、もう一度組み上げて過不足のないように仕事をさせられるものなのだろうか。官僚制組織の典型ともいうべき各国行政府機関組織が、組織疲労を起こし、多くの側面でその非効率、非能率を露呈している。

しかし、一方で多くの人々を雇用し、能率よく仕事をさせるために命令系統の一元化を遵守し、厳しいコントロール下で作業を行うための組織形態として優れた点を多く持っていることもたしかであるし、今日でも世界中で広くとり入れられていることも事実である。おそらく20世紀を代表する遺産が組織であるとするならば、そのまた代表は機械的組織ということになるであろう。

ただよく指摘されるところだが、こうした組織形態がうまく機能するためには、比較的外部環境が安定していること、作業内容もあまり変化を要求されないことなどの条件が備わっている必要があるといわれている。今日でも基本的に大量生産、大量販売が中心となるような事業を展開している企業の多くは、この種の形態を採用している。

2 事業部組織

組織は一度できてしまえば、基本的に自己増殖し続ける傾向がある。しかし、組織は人間の身体によくたとえられるが、人間もそうであるように、永久に大きくなり続けることはありえない。必ずさまざまな病気を発症するようになる。その原因は身体が大きくなりすぎたことに起因すると思われる反応の鈍さ、無気力さ、やる気のなさ（倦怠感）や、妙な守りの意識がはたら

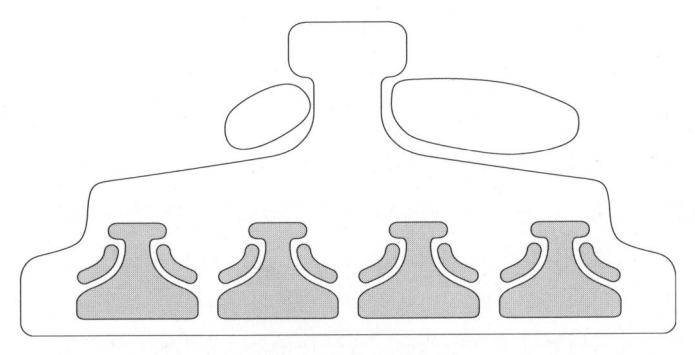

図 5-2 事業部制組織
出所：Mintzberg (1970), p. 393.

いて何ごとにも現状維持を主張し、変化を望まないばかりか変化しようとする芽を真っ先に潰したりする。こういう事なかれ主義や意味のない横並び主義がはびこってしまったネガティブな単純肥満児には、もはや外科的治療しか治療の道は残されていない。

　組織は人間がつくり出した生物にもたとえられるが、それだけに人間の新たな英知と実行力が悩める組織に事業部組織という新形態を生んだのであった。事業部組織というアイデアは、ドラッカー（P. F. Drucker）によれば「連邦分権制度（federal decentralization）」という統括制度を応用したものと結果的に同じであるといわれる。要はさまざまな方向に広がりすぎた事業分野を集権的にコントロールするために、その必要に迫られた人間によって編み出された組織編成原理であったと理解しておきたい（図 5-2 参照）。

　事業部組織の生みの親のようにいつも扱われるのは、GM（General Motors）社の CEO として長年活躍したスローン（A. P. Sloan）である。

　彼が GM の CEO を引き受けるについては、若干の経緯があったことが知られる。GM そのものの創設者はいわずと知れた W. C. デュラントであったが、GM の一時的経営破綻に際して、それを救う形で関係したデュポン家の信任も得ていたのがスローンであった。彼は新生 GM のトップとして、さまざまな改革に乗り出すことになったが、わけてもその組織改革には熱心

であった。

　スローンはGMという会社の特異性をよく理解していた。GMはフォードと違って寄せ集め的集団からスタートした。

　それはデュラントの創業動機そのものに起因するものでもあった（既成の企業買収による創業が特徴であった）。そういう寄せ集め的集団を統括するよい方法はないかを考えた末にスローンが描出した組織形態が事業部制であったのである。

　スローンは1920年代のそれぞれにきわめて個性の強い自動車屋ともいわれた人々が独自につくりあげていたビュイック、シボレイ、オールズモビル、オークランド、キャデラックの5つの自動車会社が、その部品会社、販売会社ともども GM 傘下になったのを契機にこれを一つにまとめるよりは、それぞれその独自性を生かしたままでコントロールする方がよいのではという結論に到達したのである（正確にはそうせざるをえなかったという面もあった）。

　スローン自身は本社の社長として、当然 GM そのものの全体的把握と基本戦略に責任を持つのは当たり前であるが、実際の具体的な行動プランについてはもともと5つであった自動車会社をそのまま事業部として、多くの部分で独立性を保証することで、より自由にしかし、責任をもって自動車の生産とその販売にあたらせることをめざしたのである。

　彼がめざした事業部組織は、当初のもくろみ以上の成果を示し、GM とフォードの地位の逆転に貢献しただけでなく、GM の新たな戦略となったフルライン・ポリシー[3]にも大いに役立ったのであった。

　フォードは、1910年代の一般大衆が望んでいた自動車が手に入るなら、多少それがエレガントであろうがなかろうが、そんなことはどうでもよいという風潮にフィットした。そこでは、とにかく安く大量につくることが最大の戦略であった。組織としては機械的組織で十分であった。とにかく合理化を至上目標として徹底したコスト削減をはかること、これ以外考えるべきことはなかったといってもいいすぎではない。

　このように単一車種一辺倒で社会のシステムまで変えるほどの多大な影響

力を持ったフォードであったが、一般大衆の経済的余裕の増大、嗜好の変化（余裕とともに他人と同じものはいやという感覚）などによって、やがて GM がとらざるをえなかった事業部制とその唯一ともいえる売りであったフルライン・ポリシーが、大衆の熱烈な支持を得たのであった。

　GM 以外にも GM とは関係の深いデュポン、ロックフェラーのスタンダードオイル、流通、小売りのシアーズ・ローバックなどのビッグビジネスが相次いで事業部組織を創出することとなった。ただ、これらビッグビジネス間には新組織形態に関する直接的な影響はないといわれている。組織に限らず戦略でもそうであるが、新形態と呼びうるものの出現は必要に迫られるとか、制約条件の中で仕方なく打った手であったことが多い。その結果は意外に似たものになることがある。

　事業部組織は、これ以降いわゆる多角化をめざす企業の多くが採用するよく知られた組織形態となっていった。しかし、やがてまた生物の常道でもあるように、組織的破綻を引き起こすことになっていった。

　その主な原因はやはり組織の一般的な傾向である規模の拡大に伴う病根に起因するものであった。事業部そのものの数が増え過ぎて横のつながりがなくなることによる非効率、独立性を主張するあまり、全体のバランスが欠けるなどの問題が顕在化してきたのである。

ケーススタディ 5

N 社の事業部制導入の経緯

　N 社は自動車の重要なエンジン部品であるスパークプラグのトップメーカーとして知られた企業である。名古屋に本拠をおく同社の歴史は、そのまま当地方の産業発達の歴史でもある。

　同社の設立は、1936 年であるが、そのルーツは 1876 年森村市太郎らによって創業された森村組にはじまる。その中から 1904 年に立ち上げられた日本陶器を直接の母胎としてまず、日本碍子（電気絶縁体、碍子製造）が誕生（1919 年）し、そこからスパークプラグ部門だけを分離独立させる形で設立されたのが N 社である。日本陶器はいわずと知れた現ノリタケカンパニーリミテドであるし、東陶機器や INAX もルーツを同じにしていることから

もわかる通り、愛知県下の代表的伝統産業の一つであった陶磁器制作技術の工業化応用成功例のサンプルともいえる企業である。

N社の初代社長は名古屋財界の大立て者として知られる江副孫右衛門であったが、彼の2度にわたる渡米を含む大変な努力と技術的改良が、当時のお得意先であった軍の信頼を勝ち取り、指定プラグとなれたことが大きかった。

戦前のN社の中核能力（コアコンピタンス）は何といってもプラグ絶縁体素地の開発技術であったといえる。その中から後に同社のもう一つの重要な能力となったセラミック技術が生まれた。これらの中から生まれてきたさまざまな工業製品によって、N社は戦後の産業復興、高度経済成長の波にも乗ってややマクロないい方をすれば、順調な発展を遂げてきたといえる。

社史によれば、創立50周年を迎えた1987年からきたるべき1990年代の変化に対応できる新しい方向づけを探ろうという真剣な試みが行われるようになった。そこでの課題は、①販売力の強化、②原価の引き下げ、③商品開発の促進が中心であったという。

こうした課題を解決し総合的に会社の存続と成長をはかる目的で導入されたのが、中期経営計画「STEP 3」であり、その最大のねらいが事業部制の導入という大組織改革であったのである。事業部制導入にはほぼ1年にわたる準備期間が必要であったが、それは「責任を明確にし、権限を委譲し、独自性を発揮し、機動性を向上させ、自主独立の精神をはぐくみ、製品別に明確な視野での開・製・販一体の戦略的組織を構築」するためにとられた措置であった。

結果できあがったN社の事業部制（1991年10月）には次のような特色を指摘しうる。

当初は1営業本部、7事業部（プラグ、センサー、エンジニアリングセラミック、半導体セラミック、機械工具、応用セラミック、圧電セラミック）でスタート、とくにN社元々の主力事業であったプラグ事業だけは、その蓄積された営業力を最大限に生かす意味からもこれをそのまま残し、さらにセンサー、エンジニアリングセラミック両事業部の営業についても、当面は営業本部が担当することとされた。一言でいえば、従来からの構造を変革しようとする際の実際上の難しさをよく示しているともいえる。いわゆる組織的慣性から生じるさまざまな問題も正直あったのであろうが、変わるために必要な時間的余裕も現実には無視できない。

同じく社史によれば、1993年にはエンジニアリングセラミック事業部が応用セラミック事業部に吸収される形で一つとなり、プラグ営業本部も1995年2月にプラグ事業部に組み込まれてはじめて本来型の事業部体制の成立をみている（図5-2参照）。
　詳細な検討を加える余裕はないが、わが国を代表する優良企業でもあるN社の事業部制導入に至るまでの経緯は多くの同様な形態を採用する大規模企業の一般的傾向をよく示しているのではないかと思われる。
　設立以来、長く機械的組織として活動を続けてきた結果、それはそれなりにうまく機能してきたのだが、取引先の量的拡大、地理的拡大、取り扱い品目の質量にわたる変化と拡大、従業員数の増大、工場施設などの地理的拡散、組織階層の増大などが陰に陽に影響を及ぼし続けることで、どうしても組織的疲労と肥満による非効率の問題が起きてくるのである。そうした問題がどれほど深刻かは組織によってみな異なっているはずである。
　N社がどれほどであったかは残念ながらわからないが、外から見る限り組織的変革に約7年を要していると考えられる。世界的な中核能力を2つも持ち、そこから創発した多くの製品群をベースに商品別事業部制組織を採用するには最適と思われる企業にして実際にはこれほど時間を要することを知るべきである。

参考文献
60年史編集委員会『日本特殊陶業株式会社60年史』1997年（非売品）
文中、引用・参照したすべては同社史に負っているが、ここに明記し煩雑を避けるため一々の注づけは省略した。

4　SBU組織とマトリックス組織

1　SBU組織

　SBUとはStrategic Business Unitの略称であり、「戦略的事業単位」と一般には呼ばれている組織のことである。SBUはこれまで説明してきた組織とはいくつかの点で明らかな違いを持つ組織である。その実体に迫るためにはSBUと深いかかわりを持つPPMから再検討する。

　PPMとはBCGを中心とした産学協同の研究成果として発表されたものだが、要は企業の現在の進出事業の状況を総合的に評価するための資料を得ようとする手段の一つである。PPMでは市場成長率（売上高成長率）＝縦軸と相対的市場占有率＝横軸（対数目盛）とによって構成された4つの象限の中にSBUごとに現在のポジショニングを表現することからはじまる。4つの象限には図5-3の通り、「負け犬 (dogs)」、「問題児 (questions)」、「花形 (stars)」、「金のなる木 (cash cows)」という名前がつけられている。一般的には多くの製品または事業は、この順でのライフサイクルを描いて終わること

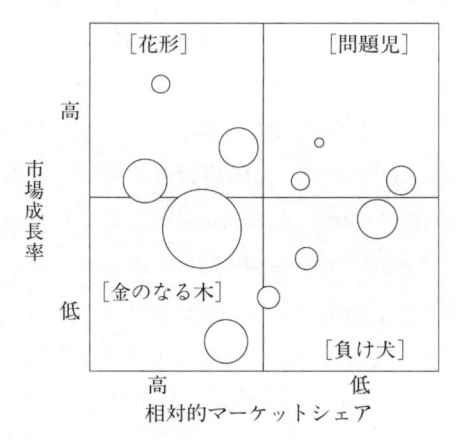

図5-3　BCGプロダクトポートフォリオ・マトリックス (PPM)
出所：相葉 (1993), p. 17.

が想定されており、そのために今何をなすべきかが、この結果と企業としての全体戦略との関連を重視しつつ決定されなければならないのである。

　この図5-3の基礎となる各サークルは現在のSBUごとのポジショニングと売上げをもととした大きさで示されるが、要はSBUそのものの意味と意義が正しく理解されている必要がある。

　SBUという新しい組織概念は事業部組織という一世を風靡したといってもよいほどの組織革新のやはり年数という避けがたいバリアーによって蓄積されてしまった皮下脂肪を取り去るアイデアとして登場してきたものである。

　事業部組織の欠点は、事業部の数の増えすぎから生じてくると思われる事業部相互の連携の悪さ、同じことを異なった事業部で平気でやる非能率、船頭多くして船山へ登る式のまとまりの悪さなど数え上げればきりがないほどである。こういう状況の打破のためにGEなどが打ち出した新たな方策が、PPMを活用させるためのSBU組織のアイデアであった。

　SBUは基本的には、従来の事業部組織を残したままで、新たな事業コンセプトに従って事業部のいくつかを束ねたり、一つの事業部内を2つ以上のSBUで共有したりと、やや複雑な分類をするところに特徴が見られる。新しいコンセプトでは、なるべく合理的で、無駄なく商品を生産し流通させるためには、これまでの事業部をどう組み合わせることが望ましいかをまず検討する。より詳しくは製品として区別しうる最小単位といわれる製品セグメント（PS）からはじまって、同系列にあると考えられる製品群をまとめた事業単位（BU）、さらにそれらを同一の戦略計画が立てられるかを判定基準としたSBUにまとめ上げるのである。

　SBUは全体としては、その上位階層として戦略セクター、さらには本社そのものを持ち全体では5階層の真ん中に位置することになってはいるが、事業部組織の行き詰まりを打開する決め手として、また新たな多角化に対応する手段として、1970年代中頃から広く注目されるようになった組織形態であった。

　PPMはその後より、現実に妥当させるための検証の結果として、縦軸に

市場の魅力度（サイズ、成長率、競合の程度、収益性、社会的環境など多くの変数から）、横軸に自社の強さ（競争力、収益力、技術力、販売力など）をとって、象限を4つから9つに増やしそれだけ象限ごとの内容にも詳細な検討が加えられた（事業スクリーンとも呼ばれる）。

　あまりにも事業部の数を増やしすぎてしまった巨大家電メーカーなどが、この新しい組織形態を活用して経営危機を免れたこともあって、評判となり、わが国に紹介されてからも大型電機メーカーや食品メーカーなどがその導入に熱心であったが、そのすべてが期待通りの成果をみせたかといえば、必ずしもそうとはいえないのが現状である。

　SBUは理論的には従来の事業部を残したままで、市場とか製品性能とか製品分類上とか新しいくくりが可能となったとき、それを基準としていくつかの事業部をまとめたり、一つの事業部を分けたりとかなり自由に柔軟性を持たせた組織づくりをする。

　さらにSBUはその性格上、かなり頻繁にその姿を変えることも予想される。そこから、SBUのことはアメーバ組織といういわれかたがされることもある。

　SBUを組織的に導入してもうまくいくとは限らない原因は、SBUが一人歩きしすぎて全体の中でのバランスに欠ける、本来の事業部とSBUとの仕事上の整合性が保たれなくなる、責任の所在が曖昧となる、SBUそのものの組織全体での位置づけがはっきりしないなどがあるといわれる。

　繰り返しになるが組織はなるべく単純である方がよい。

　SBUの採用で危機をくぐり抜けることに成功したGE社のジョーンズ会長の後を受けたJ．ウェルチは思い切った事業と人員のリストラクチャリングを断行し、それまで5階層あった組織階層を3階層に減らし、フラットな組織を標榜してその実をあげたという事実もある。ウェルチのような立場に立つ限り、本来なら前任者の軌道を外れることは困難なはずである。しかし、それをあえて侵してでも組織改革に乗り出した彼の気持ちを真剣に考えておく必要があるだろう。

第5章　企業の組織

2　マトリックス組織

　マトリックス組織とは、文字通り行列が交差するところにできる組織という理解が基本である。したがって理論上は常に2人の上司（業績マネジャーと経営資源マネジャー）によるコントロール下におかれることが前提となる。
　2人の上司を同時に持つということは、組織の基本的な編成原理の一つである命令一元化の原則に、あえて違反しようとするものである。その功罪については後に論じるが、いわゆるTwo Bossシステムを組織がとろうとしたのには、それなりの理由がある。
　マトリックス組織が新しい組織形態として、注目されはじめたのは1970年代中頃からと見てよさそうであるが、それよりかなり以前からNASAとか各種研究機関、大学などの組織では、あるプロジェクトごとに本来の所属にこだわることなく、そのプロジェクト遂行に最適と思われるメンバーを期間限定（プロジェクトの目的が達成されるまで）でピックアップして問題解決型チームを編成するのが普通であった。
　これらはプロジェクト・チームとかタスクフォースと呼ばれることが多かったが、これらの組織から期間限定という部分を取り去って恒常的に設置されたプロジェクト・チーム型組織がマトリックス組織であると思えばよい。プロジェクト・チームは今日でも日常的に企業の中で編成され、さまざまな戦略的課題に取り組んでいることは周知のことである。
　たとえば、アメリカの超優良企業である3M社では、社内に自立的職能横断システムとして、社内リクルート（あるプロジェクトのために最適と思われる人材を組織の壁を無視して連れてきてもよいという制度）、ボランティア（あるプロジェクトに対して自発的に参加を申し出たり、手伝いができるという制度）などの諸制度を確立しており、これがまた同社の驚異的成長のもとともなっているといわれる。
　恒常的なマトリックス組織で成功した例としては、ABB社が最も知られたものであろう。スイスに本社を置くこのグローバルな大重電メーカーは、世界中に散らばる約21万人の従業員を約5000の恒常的なマトリックス組織

図5-4 マトリックス組織の事例

```
                                                                  最高経営意思決定委員会
                                                                  (トップ・マネジメント)

┌──────────────┐  ┌──────────────┐  ┌──────────────┐
│ G. Schulmeyer│  │  G. Lindahl  │  │ B-O Svanholm │
│最高経営意思決定委員会│  │最高経営意思決定委員会│  │最高経営意思決定委員会│
│北アメリカ(地域)担当│  │発電事業(領域)担当│  │スウェーデン(地域)担当│
└──────┬───────┘  └──────┬───────┘  └──────┬───────┘
       │                 │                 │
       │          ┌──────┴──────────────────┴──┐
       │          │      Ulf Gundemark          │   地域セグメント
       │          │   ビジネスエリア・マネジャー    │   ビジネスエリア・マネジャー
       │          │   全社リレー事業担当          │   (ミドル・マネジメント)
       │          └──────────────┬──────────────┘
       │                         │             (事業領域総責任者)
┌──────┴───────┐                 │
│  Joe Baker   │                 │
│   社 長      │                 │
│アメリカ発電・送変電│                 │
└──────┬───────┘                 │
(国別総責任者)                      │
       │          ┌──────────────┴──┐
       │          │   Don Jans      │              国別・ローカル企業
       │          │ ゼネラル・マネジャー │              マネジャー
       │          │ アメリカリレー事業  │              (フロントライン・マネジャー)
       │          └────────┬────────┘
       │        ┌──────────┼──────────┐
     ┌─┴─┐    ┌─┴─┐     ┌─┴─┐     ┌─┴─┐           プロフィットセンター・
     │   │    │   │     │   │     │   │           マネジャー
     └───┘    └───┘     └───┘     └───┘

    プロフィットセンター        プロフィットセンター
```

ABBのマトリックス組織

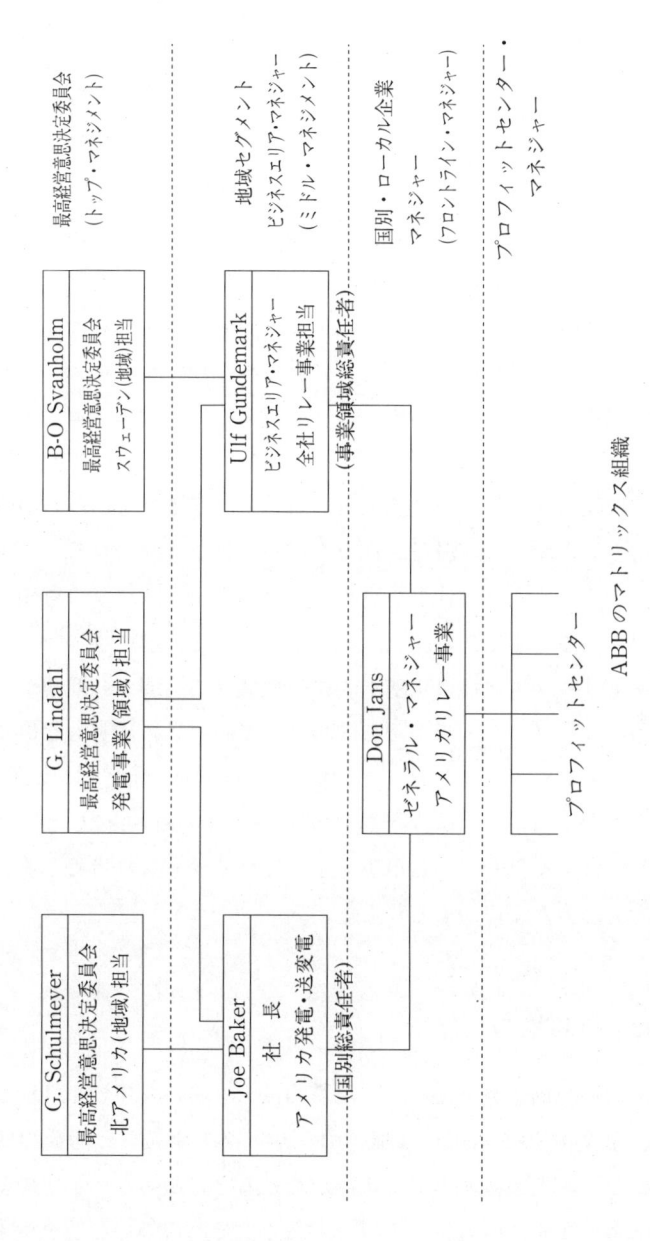

出所：Bartlett and Ghoshal (1993), p. 27. 一部理解を助けるため、説明をつけ加えた。

第5章　企業の組織　111

（プロフィットセンターと呼ばれる）に割り振り、各マトリックス組織は事業領域別マネジャー（業績マネジャー）と国別のカントリーマネジャー（経営資源マネジャー）とによって Two Boss システムとして統括されているのである。ただ Two Boss とはいうけれども、両マネジャーにはお互いの自由度を十分認め合ったうえで、企業にとって望ましい方向は何かを考える態度が完全にできあがっていることが要求される。成功の鍵はあくまで Two Boss にふさわしい人材を得られるかどうかである（図 5-4 参照）。

マトリックス組織はこのように、大企業での成功例もあるとはいえ、どちらかといえば、既成の組織の中に必要に迫られてつくられたとき、最もその真価を発揮するといえそうである。

2005 年、名古屋東部丘陵地域を中心に開催が予定されている愛知万博でも、常滑沖に建設が急ピッチに進行中の新名古屋空港でも、いわゆる出向の形で愛知県や名古屋市から派遣された人々がさまざまなプロジェクトに参加している。こういう人々の仕事を見れば、マトリックス組織の有効性を知る手掛りが得られるはずである。

ただ、マトリックス組織には基本的に管理機能の脆弱さの問題があることを忘れてはならない。2 人の上司を同時に持つ難しさは誰しも想像つくはずである。バートレットとゴシャール（Bartlett and Ghoshal, 1993）は ABB 社の研究から 2 人の上司がともに「企業者活動（entrepreneurship）」[4] と呼べるほどのすばらしい行動を見せている事実を示しているが、これはむしろ、例外に属すると考えた方がよいかもしれない。

5　新しい組織の可能性

組織は創設後経過年数に従って、規模的拡大を続ける中で単純構造から機械的組織、事業部組織、SBU 組織、マトリックス組織へと構造的変遷をたどる。しかしこの変遷はすべての組織がたどるとは限らない。組織によっては、単純構造のまま、巨大化する場合もある。それ以外の形態を示すことも

あるし、途中でとまっていることもある。さらに2つ以上の形態をあわせ持ったような形態になる場合も多い。

　組織の形態は組織がおかれた環境の要求にまず左右される。組織は環境にフィットしない限り生き残れない。1980年頃まではおおよそ今までに説明してきたような組織形態を中心にその発展プロセスをとらえることができたのだが、この頃からとくに顕著となってきた情報化技術の飛躍的発展が、いわゆる従来型の組織とは根本的に異なる編成原理や組織形態を否応なしに組織に要求しはじめてきた。

　その頃まず見えはじめた一見それまでとは異なって見えた組織形態をアドホクラシー（Adhocracy：突然変異型組織）と呼ぶことがあった。その特徴は戦略の頂上と業務の中核がほとんど区別のつかないほど、すべての点で接近し即交代することも可能な組織であることである。病院や大学、経営コンサルタント会社、高度研究機関などが念頭におかれていた。今やこれらの組織はアドホクラシーと呼べないほど一般化している。

　その後逐次明らかになってきた21世紀社会の特徴には、高度情報化社会のさらなる進展、超高学歴社会の到来、機械化の極度の進展、少子化による労働人口の激減、価値観の変化に伴う人間関係の希薄化などがある。こういう中で顕在化してきた傾向は、必要な専門技術はますます高度化し、しかもそれは常に変化していくこと。人々の考え方が欧米化し、終身雇用による身分上の安定感よりは、専門能力が賃金に反映された成功報酬的期間契約を望む者が増えていることなどである。こうした流れから、いわゆるネットワーク型組織と呼ばれる広く緩やかな結合組織が誕生した。必要なときだけ手を結ぶ（ネットワークを組む）のがその特徴である。その傾向はさらに進んで最近の特徴であるアウトソーシング型組織の時代が到来した。必要な人材は常に変わるのだから、フルタイムで雇う必要もないし、相手もそれを望まなくなっている。

　最近急速に業績を伸ばしている事業に人材派遣事業と業務代行事業がある。これらはネットワーク型組織が増殖する最大の証拠でもある。企業によって

は社員の半数近くが派遣社員であるという優良企業も存在する。

　プレス用金型（生産財）の通販という、それまでの常識をうち砕いたビジネスでブレークした名古屋にも縁の深いミスミは、企業内企業家が自由に会社のカネで会社の顔を利用して思い通りの事業を展開し、あげた利益のかなりの部分が個人にリターンするような、また新しい事業展開を進めている。企業内企業家と会社との関係は、まさにネットワーク的つながりと考えられる。チーム制に基づき1プロジェクトごとに評価がなされ、利益配分される。その結果、年俸制の同社であるが、年俸をはるかに超えたリターンを得る人々が出るのは当然だし、それこそが望まれる組織としてのあり方であると田口会長はいう。

　そこで議論となるのは、決まって企業に対する忠誠心、和といった問題である。もちろん、それも大切なことはいうまでもない。しかし、実際仕事をする中で、仕事のプロとして仕事そのものに対する誇りと自信が保たれている限り、そうした心配は当たらない。プロ野球がいい例である。日本でもそうだが、とくにアメリカではシーズン途中でのトレードもごく当たり前でありながら、彼らはプロとして自らの技術を発揮することに懸命である[5]。仕事でつながる成熟組織こそが、これからの組織のキーワードである。

　その代表例として名古屋を本社とする人材派遣会社のケースを見てみよう。

ケーススタディ 6

ネットワーク型組織で伸びる P 社

　P 社は名古屋を中心とする東海地域（愛知、岐阜、三重、静岡）では最大級の人材派遣会社として最近とくに成長著しい企業である。設立は 1980 年代はじめであるが、人材派遣に関する法律改正（規制緩和）に伴いつつ業務の幅と規模を拡大してきた。

　同社は現在（2002 年）のところ、資本金 3 億 1000 万円あまり、従業員数 259 名、売上げ 172 億円ほどで日経 MJ（2002 年 11 月 7 日）による人材派遣企業ランキング 12 位で名古屋をベースとする企業としてはダントツの存在である。そのうえ「プライバシーマーク」もいち早く取得しており、個人情報漏洩にも十分な配慮がなされている。P 社は現在、約 6 万 5000 人と人材登録契約を結んでいるといわれるが、この数の多さがいうまでもなく同社のこの地区における最大の強みとなっている。

　10 年ほど前から本格化してきたと思われるが、若い人々を中心に終身雇用、年功序列型賃金制度といったわが国固有の雇用制度に対する不満が高まりはじめた。さらにそこからの離脱意識が、仕事そのものに対する意識の変化、すなわち、会社でなく、仕事で職場を選ぶ、自らの専門技術をさらに高度化することで、より高い賃金と地位を得たいという欲望が高まってきたことが、この種の企業の誕生とその後の急速な成長とに無縁ではないと考えられる（もちろん労働者派遣法の改正の影響もあるが）。

　P 社は東海地域に地盤を置く企業としては、先発企業として圧倒的な強みを誇り、組織の大原則としてのスケールメリットを享受しているが、今後同じような戦略が、他地区にも通用するかどうかは必ずしも明確ではない。

　ドラッカーの指摘にもあるように、21 世紀に最も伸びることが約束されている事業の一つは人材派遣事業である。この傾向はわが国で、より鮮明となることが予測される。それゆえ、P 社のような企業がますます増えていくことはたしかである。

　今同社は過去の歴史を裏付けるように幹部社員に女性の占める割合が他業種に比べ、圧倒的に高い。しかし、この業種に占める男性の数が急速な伸びを見せている。現在、同社は事業内容として人材派遣関連事業（人材派遣サービス、新卒派遣、紹介予定派遣、アウトソーシングサービス）、人材紹介事業（人材紹介、再就職支援）、教育サービス事業（企業研修、ビジネス

ライアル研修、スクール)、その他 (CAD、介護、ASP) を4つの柱としているが、圧倒的な売上シェアを見せているのは前2つである。

この業界全体のマーケット規模は約1兆6000億円、一般労働者派遣 (登録型) が1兆3000億円で東海地区はその8〜9％の市場といわれている。同社でも売上げの88％が登録型派遣事業となっている。これらの売上げをあげてくれる人々と同社との結びつきはいうまでもなく、典型的に仕事とペイ条件とで結ばれたネットワーク型組織を構成していると考えてよいものである。

この傾向はますます顕著となっていくであろうし、それが自然の流れでもあろうが、もう一つ忘れてはならないことがある。それはまだほとんど同社の事業としてはシェアを示してはいないが、CAD、ASP、介護など同社が自前で必要な技術、知識を教育したうえでこれを派遣していく事業が増えていくことが考えられる。そうなれば、お金をかけて育てたにもかかわらず、最後にペイ条件だけで別企業と契約されてしまうといったジレンマも必ず起きてくるだろう。

こうした問題も踏まえて今二極化 (総合化と特殊化―規模の大小) が進みつつあるといわれる同業界の中で、P社がM&Aによる大型化戦略も視野に入れて自らの将来方向をどのように定め、どんな戦略に基づいてどのような組織形態をつくり出していくのか、東海地域は全国の一割経済といわれるだけに、成長限界が近づいているとの認識もあり、同社の今後の動きを十分に注意を払って見守っていく必要がある。

参考文献
日本人材派遣協会編『人材派遣新しい波』〔2002年度版〕東洋経済新報社、2002年
同社提供資料およびインタビュー

設問

1 組織にはどのような形態であろうとも最低限の構成要素があると考えられる。それはどのようなものであるか、そのはたらきとともに説明しなさい。

2 事業部組織と呼ばれる組織が誕生するようになったきっかけはどのようなことがあったのか、また事業部組織を採用しているいくつかの企業をとりあげて、それぞれの特徴を書きなさい。

3 SBU組織が事業部組織と違うところはどのようなところかをまとめなさい。
4 われわれが住む社会は、組織社会だといわれて久しい。しかし、われわれは組織社会からさまざまなプラス、マイナス両面にわたる影響を受けている。一体どのような影響があると思われるか、その功罪をまとめて述べなさい。
5 マトリックス組織には欠点も多いが、最近の例ではABB社がその採用成功例として広く知られている。そのどこに特色があり、どこに成功の鍵があると思われるか自分なりに調べてまとめなさい。

● ── 注
[1] 標準化は社会全体を均一化して、限りなく広く浅く富を分配するには、よい方法であるといえるかもしれない。
[2] 都会の喧噪から逃れたいという気持ち（ナチュラリスト）と、しかし、都会こそが生活の唯一の場であるという焦燥感が錯綜した現代人の姿をシンボライズしている。
[3] 今日の大企業のほとんどがとっているいかなるグレードの製品要求にも応えうる多品種生産政策の総称である。
[4] シュンペーター（J. A. Schumpeter）は経済発展の原動力となるような個人の行為に注目して創造的破壊と創造的革新を繰り返しながら、技術的な新結合を断行することで、経済発展の主役となるような活動を企業者活動と呼んだ。
[5] アメリカではごく普通のFA制もまだわが国では根づいたところまではいっていない。どうしても日本に特有の義理、人情の世界が残されているからだろう。

● ── 参考文献
相葉宏二『ヴァリューポートフォリオ戦略：「企業価値」リストラへの挑戦』プレジデント社、1993年
Barnard, C. I., *The Functions of the Executive*, Cambridge, Mass.: Harvard University Press, 1938. （山本安次郎他訳『経営者の役割』〔新訳版〕ダイヤモンド社、1968年）
Bartlett, C. A. and Ghoshal, S., "Beyond the M-Form: Toward A Managerial Theory of the Firm," *Strategic Management Journal*, Vol. 14, 1993.
Mintzberg, H., *The Structuring of Organizations: A Synthesis of the*

Research, Englewood Cliffs, N. J. : Prentice-Hall, 1979.

Mintzberg, H., *Mintzberg on Management : Inside Our Strange World of Organizations*, New York : Free Press, 1989.（北野利信訳『人間感覚のマネジメント：行き過ぎた合理主義への抗議』ダイヤモンド社、1991年）

Sloan, A. P., *My Years with General Motors*, Garden City, N. Y. : Doubleday, 1963.（田中融二他訳『GMとともに：世界最大企業の経営哲学と成長戦略』ダイヤモンド社、1979年

山崎清『アメリカのビッグビジネス：企業文明の盛衰』日本経済新聞社、1986年

第6章　生産システム

1　東海経済圏の姿

　東京と大阪にはさまれる名古屋はわが国の3大都市圏の一つを構成している。その名古屋を県庁所在地とする愛知県を中心に、岐阜県、三重県、静岡県の4県で構成される地域が東海地域（以下、東海）と呼ばれる。三重県は大阪圏と、静岡県は東京圏との関係もあるが、東海は名古屋を中心とした巨大な経済圏を形成している。

　東海は1割経済と呼ばれることも多い。表6-1に示すように、東海は面積（7.5％）では1割を切っているが、人口（11.6％）をはじめとして県内総生産（12.3％）、卸売業・小売業販売額（11.8％、11.9％）、農業産出額（13.0％）といった経済活動の指標でほぼ1割強となっている。漁業生産額（9.0％）でも1割をわずかに割り込む程度である。東海の県内総生産の産業別全国シェアは、1999年値で第1次産業が11.1％、第2次産業が16.1％、第3次産業が10.5％となっている。図6-1に示されるように、この全国シェアは、時系列的にも安定している。第1次産業の全国シェアが低い東京圏や大阪圏に比べて、農林水産業の競争力も持ったバランスのとれた産業構造が東海の特徴である。

　バランスのとれた産業構造の中でも、東海の製造業は全国的にも傑出した競争力を持っている。表6-1に示されるように、製造業の事業所数の全国シェアは17.5％、従業者数が18.4％、出荷額が21.3％、付加価値額が

表 6-1 主要指標に見る東海経済の全国シェア

	面　積 2000 年 km²		人　口 2000 年 千人		世帯数 1999 年 千世帯		県内総生産 1999 年 10 億円	
愛　知	5,118	(1.4 %)	7,043	(5.5 %)	2,548	(5.4 %)	32,520	(6.6 %)
岐　阜	10,209	(2.7 %)	2,108	(1.7 %)	680	(1.4 %)	7,221	(1.5 %)
三　重	5,761	(1.5 %)	1,857	(1.5 %)	637	(1.4 %)	6,247	(1.3 %)
静　岡	7,329	(1.9 %)	3,767	(3.0 %)	1,281	(2.7 %)	14,813	(3.0 %)
東　海	28,417	(7.5 %)	14,776	(11.6 %)	5,146	(10.9 %)	60,800	(12.3 %)
全　国	377,880	-	126,926	-	47,063	-	493,820	-
出所	全国都道府県市区町村別面積調		2000 年国勢調査				1999 年県民経済年報	
	卸売業販売額 1999 年 10 億円		小売業販売額 1999 年 10 億円		農業産出額 2002 年 億円		漁業生産額 2002 年 億円	
愛　知	44,040	(8.9 %)	8,474	(5.9 %)	3,372	(5.2 %)	233	(1.4 %)
岐　阜	3,796	(0.8 %)	2,329	(1.6 %)	1,239	(1.9 %)	-	-
三　重	2,386	(0.5 %)	2,043	(1.4 %)	1,255	(1.9 %)	716	(4.3 %)
静　岡	8,248	(1.7 %)	4,266	(3.0 %)	2,580	(4.0 %)	553	(3.3 %)
東　海	58,470	(11.8 %)	17,112	(11.9 %)	8,446	(13.0 %)	1,502	(9.0 %)
全　国	495,453	-	143,833	-	64,832	-	16,680	-
出所	1999 年商業統計				2000 年農業産出額		2000 年漁業生産額	
	製造業事業所数 1999 年		製造業従業者数 1999 年 千人		製造品出荷額 1999 年 10 億円		製造品付加価値額 1999 年 10 億円	
愛　知	27,762	(8.1 %)	821	(8.9 %)	34,336	(11.4 %)	10,618	(9.6 %)
岐　阜	10,057	(2.9 %)	212	(2.3 %)	5,086	(1.7 %)	1,971	(1.8 %)
三　重	6,121	(1.8 %)	196	(2.1 %)	8,094	(2.7 %)	2,689	(2.4 %)
静　岡	15,736	(4.6 %)	461	(5.0 %)	16,611	(5.5 %)	6,234	(5.7 %)
東　海	59,676	(17.5 %)	1,690	(18.4 %)	64,127	(21.3 %)	21,512	(19.5 %)
全　国	341,421	-	9,184	-	300,478	-	110,243	-
出所	1999 年工業統計							

19.5％である。製造業の全国シェアは2割前後であり、他の経済活動に比してかなり高い。連結経常利益が1兆円を超えるトヨタ自動車を筆頭として、東海にはわが国有数の企業が立地している。都道府県別の製造品出荷額では愛知県の首位を筆頭に、静岡県が5位、三重県が10位と全国的に上位を占

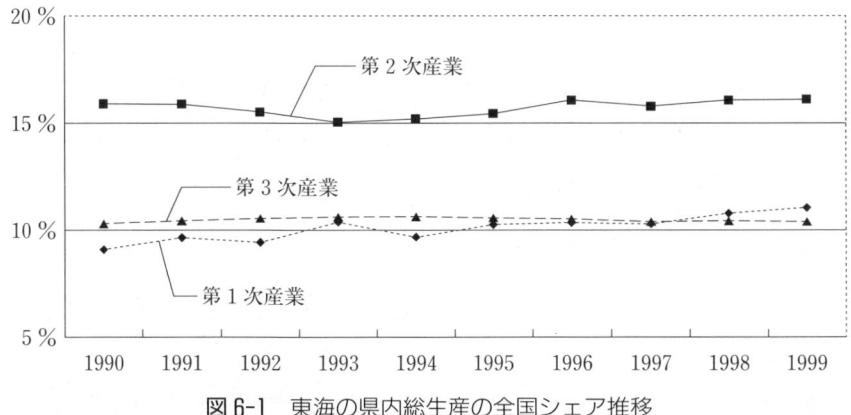

図6-1 東海の県内総生産の全国シェア推移
出所：1990年から1999年の『県民経済年報』。

めている。とくに、愛知県は1977年以来25年連続してトップを維持している。

表6-2は、わが国の製造品出荷額の上位30品目を示したものである。主な産出都道府県に東海4県のいずれかが入っている品目は21品目に上っている。とくに、愛知県は30品目中14品目で全国1の生産県となっており、製造業に競争優位を持つ愛知の特徴が明瞭に現れている。

表6-3は、東海4県の合計、および各県の製造品出荷額上位30品目をリストアップしたものである。東海4県合計では、上位7品目までが自動車関連製造品であり、上位30品目のほぼ半分の14品目が自動車関連製造品である。加工組立型産業（産業中分類の金属製品製造業、一般機械器具製造業、電気機械器具製造業、輸送用機械器具製造業、精密機械器具製造業）の製造品が30品目中22品目を占めており、加工組立型産業の比重が高いことがうかがわれる。

東海経済圏の姿は、愛知の製造業の特徴を強く反映している。愛知の製造品出荷額の上位12品目は自動車関連製造品であり、上位30品目中の16品目が自動車関連製造品である。それらの全国シェアはいずれも高く、乗用車ボディー（全国シェア2位）を除いて、すべて全国シェア1位となっている。

岐阜県、三重県は加工組立型産業が中心とはなっているが、愛知ほど自動

表 6-2 わが国の製造品出荷額上位 30 品目

順位	品目名称	出荷額(百万円)	主な都道府県		
			第1位	第2位	第3位
1	普通乗用車（気筒容量 2000 cc を超えるもの）(シャシーを含む)	6,412,290	愛知	神奈川	福岡
2	軽・小型乗用車（気筒容量 2000 cc 以下）(シャシーを含む)	6,063,978	愛知	三重	静岡
3	その他の自動車部品（二輪自動車部品を含む）	5,429,648	愛知	静岡	神奈川
4	医薬品製剤（医薬部外品製剤を含む）	5,398,781	大阪	埼玉	静岡
5	平版印刷物（オフセット印刷物）	4,634,789	東京	大阪	埼玉
6	モス型IC	4,553,092	大分	神奈川	東京
7	ガソリン	3,956,378	神奈川	千葉	大阪
8	駆動・伝導・操縦装置部品	3,851,523	愛知	静岡	栃木
9	パーソナルコンピュータ	2,978,527	東京	神奈川	島根
10	その他の電子部品	2,892,113	愛知	滋賀	埼玉
11	たばこ	2,732,519	静岡	京都	栃木
12	自動車用内燃機関の部分品・取付具・附属品	2,580,107	愛知	静岡	埼玉
13	トラック（けん引車を含む）	2,333,602	愛知	神奈川	群馬
14	シャシー部品、車体部品	2,324,871	愛知	神奈川	群馬
15	ビール	1,911,022	福島	兵庫	愛知
16	生コンクリート	1,821,533	神奈川	東京	北海道
17	自動車用ガソリン機関	1,665,089	愛知	京都	神奈川
18	携帯電話機、PHS電話機	1,654,492	静岡	埼玉	兵庫
19	液晶素子	1,632,267	三重	奈良	千葉
20	鉄鋼切断品（溶断を含む）	1,419,316	愛知	大阪	千葉
21	KDセット（乗用車、バス、トラック）	1,364,143	愛知	静岡	三重
22	段ボール箱	1,320,139	愛知	埼玉	大阪
23	その他の製造食料品	1,319,785	茨城	大阪	愛知
24	事務用機械器具の部分品・取付具・附属品	1,253,695	茨城	神奈川	三重
25	自動車用プラスチック製品	1,206,713	愛知	三重	静岡
26	固定コンデンサ	1,122,896	秋田	福井	島根
27	懸架・制動装置部品	1,117,305	愛知	埼玉	長野
28	電子計算機・同附属装置の部分品・取付具・附属品	1,080,173	滋賀	神奈川	長野
29	部分肉、冷凍肉（ブロイラーを除く）	1,064,506	鹿児島	北海道	宮崎
30	その他の化学工業製品	1,055,764	神奈川	茨城	兵庫

出所：『平成12年工業統計品目編』、従業者4人以上の事業所。

車関連に特化していない。岐阜のトップは医薬品製剤であるが、全国シェアはそれほど高くない。全国シェアがトップの製造品はリジット配線板、給排水用バルブ・コック、陶磁器製和飲食器、2位の製造品はその他の航空機部

分品・補助装置、その他のタイル、その他の軟質プラスチックフィルム、数値制御旋盤となっている。地場産業と新しい部品産業が混在している。

　三重のトップは液晶素子で、その全国シェアは高い。岐阜とは異なって、三重は全国シェアが比較的高い製造品が多い。全国シェア１位の品目は７、２位の品目が９、３位の品目が３となっており、大規模工場が多いことが特徴となっている。

　静岡は、自動車関連製品がトップではあるが、東海４県では最も多様な産業構成となっている。愛知の半分程度の製造業が集積している地域であり、15品目で全国シェアが１位、８品目で全国シェア２位、２品目で全国シェア３位と強い競争力を持つ製造品を多く有している。

　このように、愛知を中心とする東海地域は、トヨタ自動車を中心とする自動車関連産業をはじめとして、加工組立型の産業が集積した全国有数の地域である。加工組立型産業はわが国製造業の中心的産業でもある。また、加工組立型産業は、製造システムの管理手法の発展を牽引してきた産業でもある。アメリカで生まれたフォード生産方式は大量生産を推し進め、トヨタ生産方式は多様な市場に対応できる効率的な中種・中量生産を可能とした。次節では、トヨタ生産方式について概観し、最後の節では、柔軟な専門化という観点から産業の裾野を形成する中小企業について論じることにしよう。

表 6-3　東海の製造品出

	東海			愛知県			岐阜県	
	品目名称	金額	シェア	品目名称	金額	シェア	品目名称	金額
1	普通乗用車（気筒容量2000ccを超えるもの）（シャシーを含む）	3,490	54	普通乗用車（気筒容量2000ccを超えるもの）（シャシーを含む）	3,490	54	医薬品製剤（医薬部外品製剤を含む）	117
2	その他の自動車部品（二輪自動車部品を含む）	3,123	58	その他の自動車部品（二輪自動車部品を含む）	2,205	41	リジット配線板	93
3	駆動・伝導・操縦装置部品	2,289	59	軽・小型乗用車（気筒容量2000cc以下）（シャシーを含む）	1,981	33	懸架・制動装置部品	90
4	軽・小型乗用車（気筒容量2000cc以下）（シャシーを含む）	1,981	33	駆動・伝導・操縦装置部品	1,183	31	その他の航空機部品・補助装置	77
5	シャシー部品、車体部品	1,204	52	シャシー部品、車体部品	932	40	駆動・伝導・操縦装置部品	71
6	自動車用内燃機関の部分品・取付具・附属品	1,123	44	KDセット（乗用車、バス、トラック）	874	64	ボルト、ナット	61
7	KDセット（乗用車、バス、トラック）	874	64	自動車用ガソリン機関	689	41	シャシー部品、車体部品	56
8	医薬品製剤（医薬部外品製剤を含む）	830	15	トラック（けん引車を含む）	686	29	平版印刷物（オフセット印刷物）	55
9	トラックボデー	783	75	自動車用内燃機関の部分品・取付具・附属品	684	26	その他の自動車部品（二輪自動車部品を含む）	49
10	自動車用プラスチック製品	754	62	トラックボデー	555	53	自動車用プラスチック製品	47
11	自動車用ガソリン機関	689	41	自動車用プラスチック製品	468	39	乗用車ボデー	47
12	トラック（けん引車を含む）	686	29	カーエアコン	324	58	給排水用バルブ・コック	47
13	平版印刷物（オフセット印刷物）	515	11	平版印刷物（オフセット印刷物）	303	7	生コンクリート	45
14	内燃機関電装品の部分品・取付具・附属品	483	46	その他の電子部品	293	10	内燃機関電装品の部分品・取付具・附属品	44
15	携帯電話機、PHS電話機	418	25	鉄鋼切断品（溶断を含む）	279	20	部分肉、冷凍肉（ブロイラーを除く）	43
16	鉄鋼切断品（溶断を含む）	396	28	パチンコ、スロットマシン	252	42	打抜・プレス機械部分品（機械仕上げをしないもの）	40
17	懸架・制動装置部品	395	35	懸架・制動装置部品	220	20	電気機械器具用プラスチック製品	38
18	その他の電子部品	378	13	乗用車ボデー	217	22	包装用軟質プラスチックフィルム（厚さ0.2mm未満で軟質のもの）	37
19	カーエアコン	343	61	パーソナルコンピュータ	212	7	その他のタイル	35
20	エアコンディショナ	305	43	特殊用途鋼	201	30	陶磁器製和飲食器	34
21	液晶素子	298	18	座席（完成品に限る）	194	35	その他の軟質プラスチックフィルム（厚さ0.2mm未満で軟質のもの）	33
22	乗用車ボデー	264	27	ビール	187	10	民生用電気機械器具の部分品・取付具・附属品	32
23	その他の航空機部品・補助装置	260	57	アルミニウム圧延製品	179	33	ビデオ機器の部分品・取付具・附属品	32
24	パチンコ、スロットマシン	252	42	その他の航空機部品・補助装置	165	36	その他のプリント配線板	32
25	ビデオカメラ（放送用を除く）（VTR、EVR一体のものを含む）	247	20	ビデオカメラ（放送用を除く）（VTR、EVR一体のものを含む）	158	21	事務用機械器具の部分品・取付具・附属品	31
26	その他の製造食料品	241	18	機械用銑鉄鋳物	138	28	プラスチック用金型	31
27	段ボール箱	227	17	医薬品製剤（医薬部外品製剤を含む）	134	2	段ボール箱	30
28	打抜・プレス機械部分品（機械仕上げをしないもの）	226	27	自動車用ディーゼル機関	134	26	その他の民生用電気機械器具	30
29	アルミニウム圧延製品	222	41	段ボール箱	116	9	数値制御旋盤	30
30	ビール	218	11	その他の工業用プラスチック製品	115	14	その他の建設用金属製品	30

上位30品目（2000年）

(単位：10億円、％)

静岡県			三重県		
品目名称	金額	シェア	品目名称	金額	シェア
…子	298	18	駆動・伝導・操縦装置部品	924	24
…の自動車部品（二輪自動車部品を含む）	262	5	その他の自動車部品（二輪自動車部品を含む）	607	11
…クボデー	217	21	医薬品製剤（医薬部外品製剤を含む）	522	10
…関電装品の部分品・…附属品	196	19	携帯電話機、PHS電話機	418	25
…機械器具の部分品・…附属品	137	11	自動車用内燃機関の部分品・取付具・附属品	313	12
…用プラスチック製品	129	11	エアコンディショナ	305	43
…用内燃機関の部分…付具・附属品	113	4	緑茶（仕上茶）	197	59
…伝導・操縦装置部品	111	3	内燃機関電装品の部分品・取付具・附属品	156	15
	87	52	直流・交流小形電動機（3W以上70W未満）	144	29
…の有機化学工業製品	76	10	シャシー部品、車体部品	142	6
…の内燃機関電装品	75	21	平版印刷物（オフセット印刷物）	124	3
…一部品、車体部品	74	3	茶飲料	116	37
…売機	61	25	その他の塗工紙	112	32
…製剤（医薬部外品製…む）	57	1	自動車用プラスチック製品	110	9
…の電話（有線）装置	57	18	その他の化学工業製品	100	9
…チック成形材料	53	14	雑種紙	96	33
…の脂肪族系中間物	50	8	その他の運動用具	93	48
…類されない通信機械…部分品・附属品	48	12	その他の製造食料品	91	7
	47	7	白熱電灯器具	87	33
…ングセンタ	45	16	その他の紙製衛生用品	86	30
…ル玉軸受（軸受ユニ…を除く）	45	11	電気機械器具用プラスチック製品	82	8
	43	25	はん用ガソリン・石油機関（はん用ガス機関を含む）	81	45
…チ	41	16	その他の洋楽器、和楽器	79	75
…の製造食料品	39	3	医療用機械器具、同装置	78	13
…軟質プラスチックフ…（厚さ0.2mm未満のもの）	38	5	銅被覆線	76	16
…の建設用金属製品	37	5	オーディオディスクレコード	74	61
…ーブル	35	18	非塗工印刷用紙	73	19
…鉄製鉄管継手（フラ…を含む）	34	46	その他の工業用ゴム製品	73	12
…ころ軸受の部分品	34	18	自動車用電球	71	60
	34	3	鉄鋼切断品（溶断を含む）	68	5

出所：『平成12年工業統計品目編』。

2　トヨタ生産方式

1　生産システムの管理

　生産システムは、その生産システムで生産される製品が販売される市場の変化、その生産システムで使用される原材料や機械の市場の変化、あるいは技術の進歩に伴って変化する。生産システムを効率的に運営するための生産管理もまたそれに伴って変化していく。

　機械を使うか使わないかにかかわらず、生産システムは投入—変換—産出の仕組みである。生産システムの起源は道具を使った手工業であるが、18世紀にはじまる産業革命以降、機械を使い、工場で生産するシステムとして多様化してきた。生産システムはさまざまな視点で分類されるが、小川（1985）は6つの視点で分類している。それは、図6-2に示される、①機械

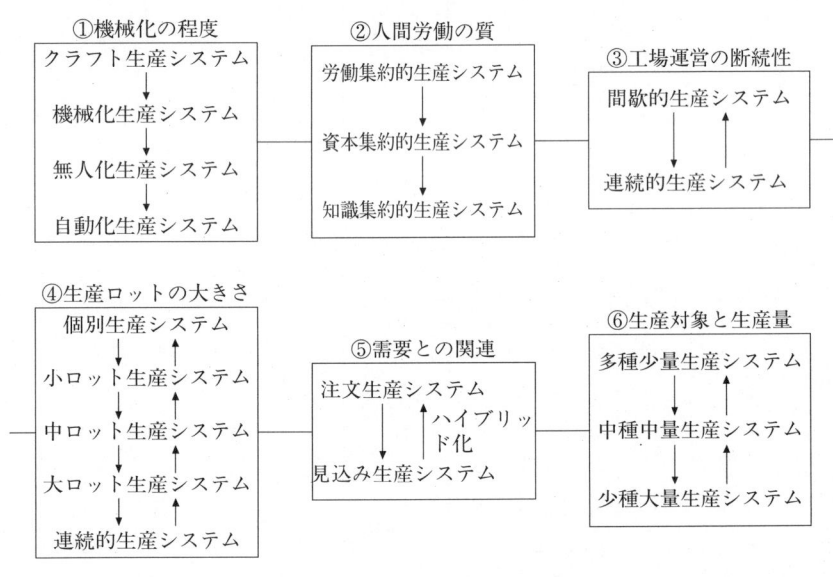

```
①機械化の程度              ②人間労働の質
クラフト生産システム        労働集約的生産システム        ③工場運営の断続性
    ↓                         ↕                       間歇的生産システム
機械化生産システム          資本集約的生産システム            ↕
    ↓                         ↕                       連続的生産システム
無人化生産システム          知識集約的生産システム
    ↓
自動化生産システム

④生産ロットの大きさ
個別生産システム           ⑤需要との関連                ⑥生産対象と生産量
    ↕                     注文生産システム              多種少量生産システム
小ロット生産システム           ↕   ハイブリ                ↕
    ↕                          ッド化                 中種中量生産システム
中ロット生産システム       見込み生産システム                ↕
    ↕                                                少種大量生産システム
大ロット生産システム
    ↕
連続的生産システム
```

図6-2　生産システムの分類軸

注：小川（1985），p. 8 に筆者が加筆修正した。

化の程度、②人間労働の質、③工場運営の断続性、④生産ロットの大きさ、⑤需要との関連、⑥生産対象と生産量、の6点である。図の矢線は歴史的な発展方向を示しているが、何をどこで生産するかによって、最適な生産システムの組合せは決まる。最先端の組合せが常に最善の生産システムではない。現在でも、図に示した分類軸のあらゆる組合せが存在している。

多様な側面での生産システムの発展の一つにアメリカでつくり出されたフォード生産方式がある。フォード生産方式は、製造作業を標準化し、分業体制を徹底し、機械化を推し進めることで、良質で安価な自動車を大量に生産することを可能にした。しかし、生産性の向上は生産量の拡大を常に必要とした。製品需要が多様化する環境では、単一製品の大量生産で効率性を達成するシステムでは対応できない。大量生産によるコストダウンは大量消費社会を実現させると同時に、需要の多様化をもたらした。フォード生産方式は中種中量あるいは多種少量生産への対応を必要としたのである。

トヨタ生産方式は必ずしも中種中量生産や多種少量生産をめざしてつくり出されたものではない。トヨタの自動車に対する需要が少ないため大量生産を突き詰めることができず、さらには機械化でも遅れていた時代にアメリカ企業と同様の生産性を達成することを目的としてつくり出されてきた。それが、結果として中種中量生産での高生産性も実現したのである。

トヨタ生産方式の特徴、その本質的な意味について小川（1989）は簡単な図で表している（図6-3）。すなわち、トヨタ生産方式は生産システムの高

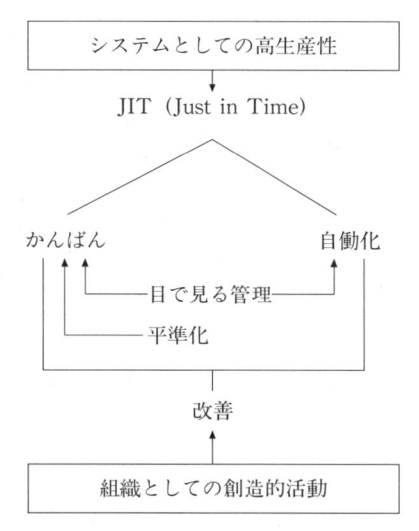

図6-3 トヨタ生産方式のアウトライン
出所：小川（1989），p. 18.

```
                    ┌─────────────────┐
                    │    限量生産      │
                    │必要なものを必要なときに│
                    │必要な量だけ効率的につくる│
                    └─────────────────┘
```

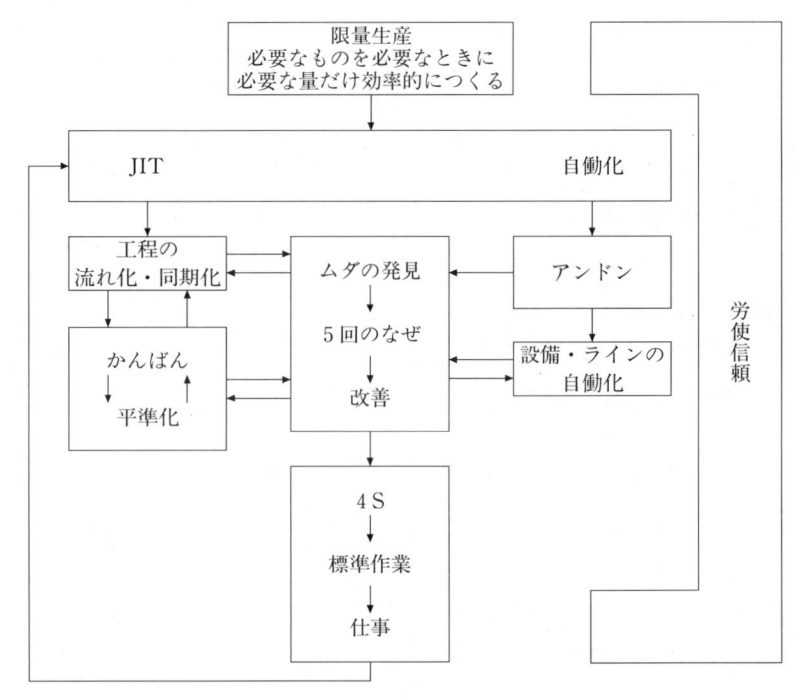

図6-4 トヨタ生産方式の用語間の関係
出所：小川 (1994), p. 87 に筆者が修正加筆した。

い生産性を追求する側面——技術システム——とより高い生産性を常に追い求める側面——創造的組織——によって構成されている。

2 トヨタ生産方式の全体像：ダラリの排除

トヨタでは、ムダ・ムラ・ムリの語尾をとって「ダラリ」と称する。付加価値を生まない活動をするムダ、負荷がばらつくムダ、過度の負荷がかかるムリは排除すべき対象である。トヨタ生産方式は、ダラリを排除して品質 (Quality) の向上、原価 (Cost) の低減、納期 (Delivery) の遵守・短縮というQCDバランスの一体的向上を実現しようとするものである。ダラリの中でも重要視されるのがムダである。トヨタ生産方式は以下のような7つのムダ

を排除する技術システムでもある。

①つくりすぎのムダ：JIT（ジャスト・イン・タイム、必要なものを、必要なときに、必要なだけつくる、あるいは供給すること）の原則からはずれて、必要なときよりも早く生産したり、かんばんの指示以上に生産したりすることであり、そのために発生する在庫である。つくりすぎのムダは、手待ちや動作のムダを隠したり、加工・運搬のムダを発生させるとともに、運搬車やパレットなどの増加という2次的なムダも発生させるため、ムダの中でも最も重視すべきムダである。つくりすぎのムダは、後述するかんばんで抑制されている。

②手待ちのムダ：標準作業の作業順序に従って仕事をする過程で、次の手順に進もうとしても進めない状態を手待ちという。手待ちは作業員が何もしていないのでムダである。たとえば、多台持ちや多工程持ちで実現される工程の流れ化で抑制される。多台持ちは同一あるいは類似の機械を1人で複数台操作することであり、多工程持ちは異なる機械を使う一連の加工を1人の作業者が行うことである。

③運搬のムダ：運搬は付加価値を高めないので本質的にはムダであるが、JIT生産のために最小限必要な運搬以外の仮置き・積み替え・小出し・移し替えなどのムダをいう。運搬のムダは、混載運搬、乗り継ぎ運搬などで克服する。混載運搬では1台の車両に多種類の部品を積載して運搬する。混載運搬によって運搬効率を低下させずに多回運搬ができ、前後工程の在庫量を少なくできる。乗り継ぎ運搬は、トラックによる運搬作業と積み卸しの荷役作業の役割を分離し、ドライバーは目的地へ到着したら、荷役作業が終了して待機しているトラックに乗り換える方法である。荷役作業と運搬作業を平行して行うことができる。

④加工のムダ：工程の進行や、加工品の精度などに寄与しない不必要な加工によるムダである。このムダは、たとえば生産工程を考慮した開発によって排除されていく。

⑤在庫のムダ：生産・運搬の仕組みによって発生する在庫（素材・工程間・完成品在庫）である。かんばんの活用と平準化の徹底で克服される。平準化

は、生産する物の種類と量を平均化することである。

　⑥動作のムダ：生産活動で、付加価値を生まない人の動きを動作のムダという。標準作業の設定とその改善でこのムダはなくされる。人の動作を中心に、ムダのない順序で、効率的に生産する方法を標準作業という。タクトタイム・作業順序・標準手持ち3要素から構成されている。タクトタイムは部品1個または1台分をどれだけの時間で生産すべきかという時間であり、次式で求められる。

$$タクトタイム = \frac{1日の稼働時間}{1日の必要数量}$$

作業順序は作業者が一番効率的に良品の生産ができる作業の順序であって、製品が流れる順序ではない。標準手持ちは作業をしていくためにこれだけは必要だという工程内の仕掛品である。

　⑦不良をつくるムダ：廃棄しなければならない不良品や、手直しをしなければならないものをつくってしまうことをいう。手直し工程、調整工程を正規工程とすることはムダを正式に認めることになる。これは自働化で根絶する。自働化は人偏のついた自働化ともいわれ、トヨタ生産方式を支える2本柱の一つである。何か不良があった場合には自働的に停止装置がはたらくことである。自働停止は機械的でもいいし、作業者による停止措置でもいい。これによって、不良の流出がなくなるとともに、不良ができる原因（何らかの異常）がわかり、再発防止をはかることができる。

　JIT、かんばん、多台持ち、多工程持ち、工程の流れ化、混載運搬、乗り継ぎ運搬、平準化、標準作業、タクトタイム、作業順序、標準手持ち、自働化、これらは7つのムダの排除を簡単に紹介した際に用いた用語である。いずれもトヨタ生産方式に独特な用語である。これらの他にも、アンドンや4Sなど独特な用語を用いてトヨタ生産方式は解説される。こうした用語で示される概念間の関係は図6-4のようなものである。トヨタ生産方式は単純な手法ではなく、背後に一言では表現できない「哲学」をも持っている。具体的な手法はかんばんや自働化だけではない。トヨタ生産方式だけを解説し

た本が数多く出版されているので、詳細はそれらを参考にしてもらいたい。

3 JITを担う情報システム：かんばん

　JITを実現する方法はトヨタ生産方式だけではない。1960年代から開発がはじまり、1970年代には実用化されるに至ったMRP (Material Requirement Planning：資材所要量計画) もJITを追求している。MRPでは計画によってJITを達成しようとするが、トヨタ生産方式では「かんばん」という情報システムでそれを実現している。

　かんばんはビニール袋に入れられた1枚のカードで、通常使われるかんばんには仕掛けかんばんと引き取りかんばんがある。仕掛けかんばんは、生産工程での生産着手（仕掛け）指示に使うかんばんであり、生産指示かんばんとも呼ばれ、工程内かんばんと信号かんばんとがある。引き取りかんばんは、後工程が前工程へ部品を引き取りにいくタイミングと引き取り量を指示するかんばんであり、工程間引き取りかんばん、外注かんばんがある（図6-5）。

　工程内かんばんは、工程内の生産指示に用いるかんばんで、後工程に引き取られた量だけを引き取った順に補充生産するよう生産を指示している。図6-6の(1)の例の場合、機械加工工程SB-8がSX 50 BC-150型乗用車の品番56790-321のクランクシャフトを生産することを指示している。生産されたクランクシャフトは部品置き場F 26-18におかれることになる。

```
                    ┌─ 仕掛けかんばん ─┬─ 工程内かんばん
                    │                  └─ 信号かんばん
  かんばん ─────────┤
                    │                  ┌─ 工程間引き取りかんばん
                    └─ 引き取りかんばん ─┴─ 外注かんばん
```

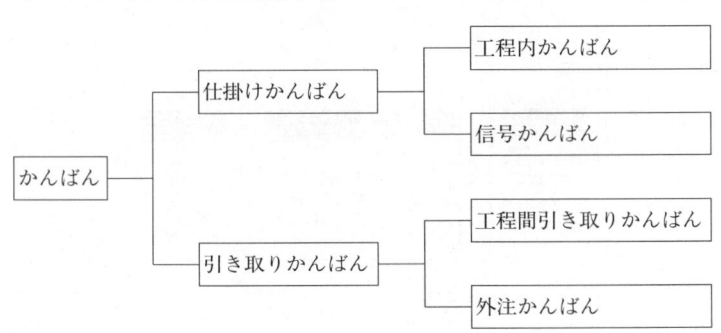

図6-5　かんばん体系
出所：小川（1994），p. 79に筆者が修正加筆した。

(1) 工程内かんばん

置　場 棚番号　F 26-18　　背番号 A 5-34	工　程
品番　　56790-321	機械加工
品名　　クランクシャフト	SB-8
車種　　SX 50 BC-150	

(3) 工程間引き取りかんばん

置　場 棚番号　5 E 215　　背番号 A 2-15	前工程
品番　　35670 SO 7	鍛造
品名　　ドライブピニオン	B-2
車種　　SX 50 BC	後工程
収容数 ｜ 容器 ｜ 発行番号 　20　｜　B　｜　418	機械加工 M-6

(2) 信号かんばん

材料請求かんばん

前工程	ストアー 　25　⟹　プレス No.10	後工程
背番号	mA 36	品名	鉄板
材料サイズ	40×3′×5′	コンテナ収容数	100
ロットサイズ	500	コンテナ番号	5

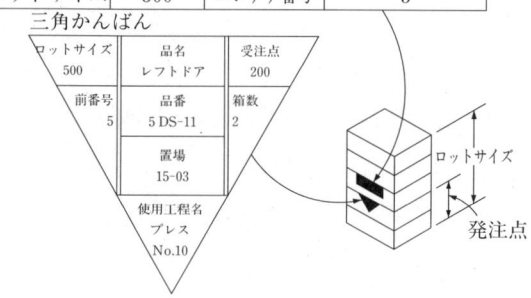

三角かんばん

ロットサイズ 500
品名 レフトドア
受注点 200
前番号 5
品番 5 DS-11
箱数 2
置場 15-03
使用工程名 プレス No.10

ロットサイズ
発注点

(4) 外注かんばん

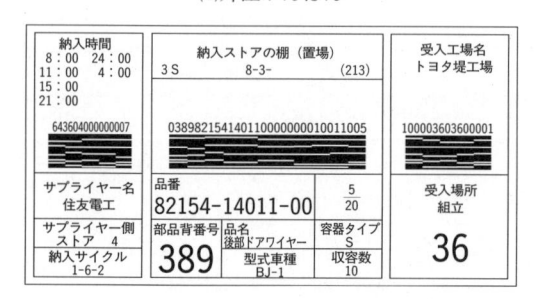

納入時間 8:00　24:00 11:00　4:00 15:00 21:00	納入ストアの棚（置場） 3 S　　8-3-　　(213)	受入工場名 トヨタ堤工場
64360400000007	038982154140110000000010011005	100003603600001
サプライヤー名 住友電工	品番 82154-14011-00	5/20	受入場所 組立
サプライヤー側 ストア　4	部品背番号 389	後部ドアワイヤー 型式車種 BJ-1	容器タイプ S 収容数 10	36
納入サイクル 1-6-2			

図 6-6　かんばんの諸例

出所：日本能率協会（1986）。

信号かんばんは、1つのラインで多種類の品物を加工しており、段取り替えに若干の時間を要するロット生産工程での生産指示に用いるかんばんである。三角形をしているので三角かんばんとも呼ばれる。図6-6の例の場合、プレス工程No.10に対して、収納箱の残りが2つになると左ドア500個を生産するように指示している。信号かんばんには材料請求かんばんと呼ばれるものもあり、例では、左ドアの残りが3箱になると、プレス工程No.10に対して置場25に行って鉄板500単位を引き取ることを指示している。

　外注かんばんは、仕入先から納入される部品に用いられるかんばんである。納入は仕入先が行うが、工程ではずれた分だけの外注かんばんで納入されるため工程間引き取りかんばんと同じ後工程引き取りが可能である。例の場合、仕入先の住友電工からトヨタの堤工場に部品が納入される際のかんばんを模式的に示したものであるである。堤工場の36番の受け入れ場所で納入された部品は置場3S 8-3-(213)に運ばれる。納入サイクル1-6-2はこの部品が1日に6回納入されるもので、この部品が仕入れ先に送られて2回後の配達で納入されることを示している。

　かんばんは図6-7のように使われる。かんばんは、後工程を起点として8つの各段階を踏んで使用される。

①後工程の運搬人は必要な数の引き取りかんばんと空のパレット（コンテナ）を前工程のストア（部品置場）Aにおく。引き取りかんばんポストに引き取りかんばんが一定枚数貯まったとき、あるいは定期的に引き取りに行く。

②後工程の運搬人はストアAで部品を引き取り、パレット内の部品についている仕掛けかんばんを取りはずし（各パレットにはかんばんが1枚ついている）、かんばん受け取りポストに入れる。同時に、空のパレットを前工程が指定する場所においておく。

③運搬人は自分が取りはずした仕掛けかんばん1枚につき、引き取りかんばん1枚を代わりにつける。

④後工程で作業がはじまるとき、引き取りかんばんは引き取りかんばんポ

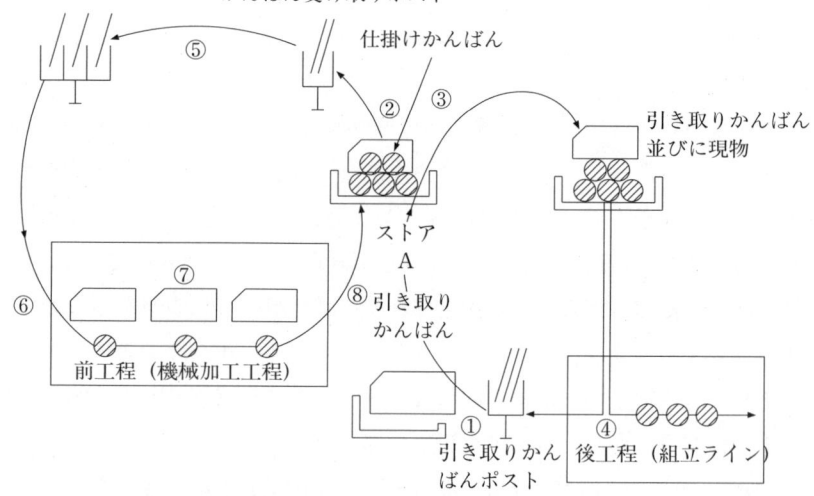

図6-7　仕掛けかんばんと引き取りかんばんの使い方

出所：日本能率協会（1986）。

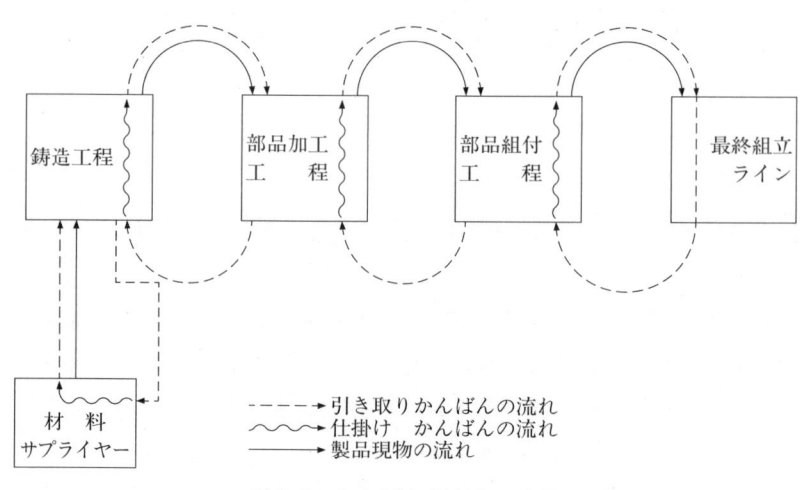

図6-8　かんばんと生産の連鎖

出所：日本能率協会（1986）。

ストに入れられる。

⑤前工程では、一定時間または一定数の部品が生産されたときに、仕掛けかんばんがかんばん受け取りポストから集められ、ストアAで取りはずされた順に仕掛けかんばんポストに入れられる。

⑥仕掛けかんばんポストに置かれた仕掛けかんばんの順に部品を生産する。

⑦部品とかんばんは、加工が行われる際、一対のものとして移動する。

⑧部品加工が完了すると、その部品と仕掛けかんばんはストアにおかれる。

かんばんの動きと生産、あるいは運搬が同期化することで、前後の工程が同期化する（図6-8）。かんばんと現物（部品や素材）は不即不離の関係にある。かんばんと現物がセットになっているときには生産あるいは運搬は決して行われない。かんばんだけがおいてあるとき、生産あるいは運搬が行われる。かんばんが現物から離れるのは、それが使われたときか、使うために運ばれたときだけである。そのときだけ生産したり、運んだりすることで、余分なものはつくらない、運ばないことを実現している。

なお、かんばんがその機能を果たすために、次の6つのルールがあるといわれている[1]。①不良品を後工程に送らない、②後工程がとりにくる、③後工程が引き取った分だけ生産する、④生産を平準化する、⑤かんばんは微調整の手段だと考える、⑥工程を安定化・合理化する、の6つである。

4 トヨタ生産方式を支えるもう一つの柱：改善

かんばんと現物が不即不離の関係にあることから、工程内の素材、部品、仕掛品の在庫はかんばんの枚数で制限される。かんばんに記載された以上の在庫は存在しないことになる。かんばんは、ムダに生産したり運んだりすることを防ぐ手段であるが、同時にかんばんの量に見合った在庫を許容している。かんばん枚数を低減していくことがムダを排除する重要な活動となる。このかんばん枚数の排除は改善によって行われる。

かんばんの枚数は、$K = D(T_P + T_W)(1 + \alpha)/b$ で決まる。ここで K はかんばん枚数、D は単位時間当たりの必要量、T_P は生産あるいは運搬の時

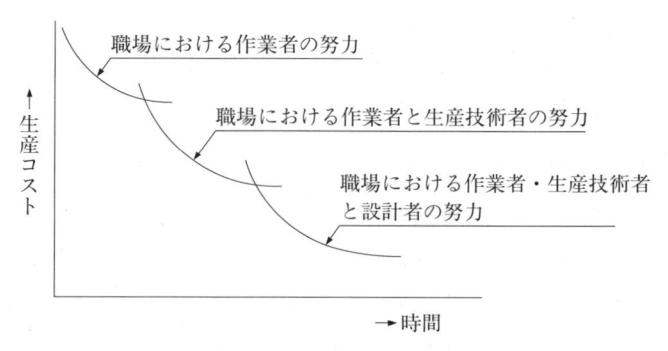

図6-9 コスト改善のパターン
出所：小川（1994）。

間、T_W はかんばんの待ち時間、b は容器当たりの収容数、$α$ は不測の事態に備えて余分の在庫を持つ許容率である。この式を変形すると、$b \cdot K = D(T_P + T_W)(1 + α)$ となる。左辺は仕掛在庫総量となる。この削減が目的であるが、D は後工程の状況で決まるので、当該工程での在庫削減では、T_P, T_W, $α$ の減らすことが重要となる。T_W と $α$ はゼロにすることが目標となる。T_P も技術開発も含めて低減させる努力が必要である。在庫の低減に代表されるような QCD 向上のための改善は現場のみならず、生産技術者や部品・製品の設計者を巻き込んで実施される（図6-9）。

いずれにせよ、現場の改善能力を高めることが必須である。QC サークルに代表される小集団活動が、わが国においてきわめて広く普及しているが、ここで注目するのは、現場小集団による改善活動である。

製造現場の基本的な活動は、生産指示に従って所与の生産方法で製品を製造することである。特定の製造現場が製造する製品や部品、半製品が複数であっても、それぞれの生産方法は何らかの方法で与えられている。生産するものが変化せず、生産方法も変化しない場合には、製造現場は安定している。つまり、既存のルーティンをただ繰り返しているだけである。

製造現場が安定しているとき、新しい生産方法（たとえば、新しい機械設備）が開発されたり、新しい製品が開発されたりする。当然、それらへの対応は

既存のルーティンには存在していない。ルーティンを繰り返すだけで、安定しきっている製造現場には新しい製品を生産する技術はない、新しい生産方法をとり入れる能力もない。極端にいえば、新しい機械と古い機械の違いがスイッチの位置だけであったとしても、既存のルーティンは部分的に修正されなければならない。安定しきった現場のルーティンでは、そうした異なる位置のスイッチを認知することも困難である。

　現実の現場組織では、いかに安定性の傾向が強くともそこまで極端ではない。つまり、現場小集団の改善活動は、たとえば、より押しやすいスイッチの位置を現場作業者に見つけさせようとすることである。あるいは、従来のパターンとは異なる作業手順、スイッチを押す前後のよりよい作業手順を現場作業者に見つけさせようとすることである。

　製造現場の周囲の環境に応じてよりよい手段を発見したり、自らの行為に都合がよい環境を創造する活動が改善活動である。こうした改善活動を行う現場組織は、既存のルーティンを繰り返し、安定性を追求することを通常の操業時間中に行い、既存のルーティンを否定[2]して柔軟性を追求することを小集団の活動時間中に行う。

　現場の改善活動は、さらに自分の前後の工程の作業との関係、いいかえれば、行為の連結の仕方にも及び、技術者が想定する製造工程にも及ぶ。さらに、小集団活動と同時に行われていることが多い提案制度では、工程全体、工場全体、企業全体に及ぶ提案も出てくる。提案制度も、小集団活動と同様に、安定性を追求して既存のルーティンを繰り返している時間とは異なる時間に既存のルーティンの否定を考える制度である。こうした改善活動や提案制度の導入によって、現場作業者は既存のルーティンを肯定[3]する局面と、既存のルーティンを否定する局面の両方を受け入れることになる。

　これは、組織（企業）全体から見れば小さな変化であったとしても、極端にいえば安定化の極にあるはずの現場組織から変化が生み出されることでもあり、また、技術部門による製品開発や工程開発が既存のルーティンを否定することを受容可能にするものである。

こうした現場の改善活動において重要なことは、改善箇所や問題点がよくわかるようにすることである。トヨタ生産方式において重要な「目で見る管理」は改善点の焦点化にとって不可欠である。かんばんの枚数もその一つである。

　自働化のための手段の一つがライン・ストップ・ボタンである。トヨタ生産方式では、ライン・ストップ・ボタンはすべての作業者が押すことができる。新入社員に最初に教えることがラインの止め方であるともいわれている。前工程から流れてきた部品の不良、自工程での作業ミス、機械の故障など、何が原因でも不具合が生じるとラインは止められる。

　しかしながら、ラインを止めることは瞬間的には確実に生産量を落とすことにつながる。納期の遅れを引き起こす可能性もある。しかし、不良品が生産されてしまうことはないし、何よりも、そのときに生じた問題はその時点で解決される。基本的にはその問題あるいはミスはその後には生じない（あるいは生じにくくなる）。したがって、ラインを止めることは、その後にラインが止まらないようにする手段である。

　目で見る管理は、作業の結果、作業の条件などを当該作業者だけでなく、誰の目にも見えるようにすることである。自働化と目で見る管理の接点がライン・ストップを見えるようにするアンドンである。アンドンは現時点の異常場所を一目で判断できるようにした電光表示盤である。

　ラインが止められた際には、原因となる工程がわかるようにアンドンに表示される。監督者は、原因となる工程に行き、作業者とともに問題解決にあたる。場合によっては、ライン・ストップで手待ちになる前後工程の作業者が問題解決に協力することもある。

　自働化のためのライン・ストップ・ボタンあるいは目で見る管理のためのアンドンは、改善の機会をつくり出し、改善すべき箇所をあぶり出す。技術者のみならず、改善すべき箇所を担当している作業者、その仲間を巻き込んだ改善活動が存在してはじめて、トヨタ生産方式の技術システムはその力を発揮するのであり、トヨタ生産方式はQCDの一体向上を実現できるのであ

る。

3 中小企業の柔軟な専門化

1 柔軟な専門化とは

　専門技術を持った中小企業のネットワークを基盤として、市場の変化にフレキシブルに対応することができる製造システムをさして「柔軟な専門化 (flexible specialization)」と呼ぶことがある。

　中小企業でも特定の工程・技術に経営資源を集中して、他社にはない高度な専門能力を身につけることは可能である。しかしその能力を生かすには、相互補完的な他社の持つ能力と結合する必要がある。ネットワークはその結合の場であり、全体としてある製品を生産する工程を完結させる手段である。経営資源の少ない中小企業が多様な外部経営資源を利用して迅速に環境変化に対応することを容易にするという意味で、ネットワークないし柔軟な専門化は中小企業にとって非常に重要な戦略と位置づけられよう。

　「柔軟な専門化」は、ピオリ (M. J. Piore) とセーブル (C. F. Sabel) が提示した概念である[4]。彼らによれば19世紀にアメリカやイギリスに登場した大量生産技術は、それまでのクラフト的生産体制を制圧した。ここでいうクラフト的生産体制とは、柔軟な専門化と同義であるが、専門的熟練を持った人材が汎用性のある（多目的に利用できる）機械を使用して、常に変化する市場の需要に対応して多様な製品を生産するシステムである。しかし1970年代以降、大量生産体制を困難とする経済状況（石油危機など）が生まれ、それへの対応としてクラフト的生産体制ないし柔軟な専門化が再び脚光を浴びるようになったのである。

　ピオリらの著書の中で、日本は大量生産体制が支配的な中でもクラフト的生産の原理が保存され、その結果、柔軟な専門化への回帰が促進された国の一つにあげられている。長期雇用などを通じた熟練の形成と蓄積、共同体的な思考に基づく競争と協調の存在に加えて、NC（汎用）工作機械生産の優位

性が、日本企業における柔軟な専門化を促進したのである。

2 イタリアの柔軟な専門化[5]

　柔軟な専門化が最も成功している国としてしばしばとりあげられるのがイタリアである。

　イタリアの産地は多くの中小企業が細分化された工程を担う分業体制によって成り立っている。個々の企業は専業メーカーとして他社とは異なる商品の企画・開発、技術・ノウハウ、小ロット生産、クイック・レスポンス（QR）といった個性をもって競争をする一方で、柔軟な専門化を行い産地全体の強みを発揮してきた。

　イタリアの産地で柔軟な専門化を支えているのは、オーガナイザーと工程専業企業群である。オーガナイザーは次のような特徴・機能を有する企業ないし個人である。

　①生産設備を持たないことが多く、市場動向の把握や商品企画・デザインに特化している。
　②地域の企業等の情報に精通しており、最も適切な工程専業企業に仕事を発注し、あるいは、市場からの注文に応じて工程専業企業の組み替えを柔軟に行う。
　③設備投資は要しないが、取引リスクを負う。

　他方、工程専業企業は、自らの担当する工程について高い技術力をもってオーガナイザーからの多様な注文に応えていく。また取引リスクは負わず、過大な設備投資は避けるとともに、取引先を複数化して仕事量を平準化することで、企業全体としてのリスクを最小にしている。

　このように、柔軟な専門化の中で市場と工程専業企業の技術力がオーガナイザーのマーケティング力を通して結びつけられることで、イタリアの産地およびそこに存在する中小企業は消費者ニーズに合った商品を効率よく供給する多品種少量生産システムを実現しているのである。このイタリアの事例は、もちろん名古屋周辺の産地の活性化にも参考となるものである。

3 名古屋における柔軟な専門化

　ピオリらの指摘を待つまでもなく、日本の製造システムの中にも柔軟な専門化は根づいている。イタリアと酷似しているのは長い歴史を持つ手描き京友禅の産地であり、「染匠」と呼ばれるオーガナイザーが細分化された工程を専門に担当する企業（職人）を統括し、自ら企画した商品を生み出している。名古屋周辺では、たとえば岐阜のアパレル産業がある。そこでは、自社工場および専属工場と、必要に応じて発注するスポット工場とをうまく組み合わせることによって、顧客からの注文に素早く応じること（クイック・レスポンス）ができるような体制をとっている。同じ繊維産地としてイタリアをめざし、とくに企画・デザイン力の向上に力を入れている。

　名古屋周辺での製産システムを特徴づける自動車や電機などの加工組立型産業の場合はどうだろうか。従来、これらの業種では下請分業生産システムが一般的であった。下請システムは、たしかに個々の下請企業の専門性は高いが、同じ企業と長期継続的に取引を行うという点では閉鎖的で固定的な組織であり、柔軟な専門化が実現される組織とはいいがたい。しかしながら、近年、平成不況の中で下請システムは流動化の方向に進んでいる。親企業はこれまでの取引の枠を取り払い、最適と考えられる相手との取引を指向するようになっている。他方、下請企業は、高い専門能力にさらに磨きをかけて脱下請あるいは自立化をめざし、親企業にとってなくてはならないパートナーとしての立場を強めていくことが求められる。このような状況下で企業間の関係は垂直型（タテ型）から水平型のネットワークへ移行する傾向が強まっている。

　水平型ネットワークとは、目的に応じて必要な機能・能力を持った企業、その他の機関が自立性を保持しながら有機的に結合するために形成される組織の形態であり、戦略的連携といわれることもある。そこに参加する企業およびその役割は、状況に即して組換え・変更が可能である。しかし、お互いに自立した企業同士の集まりであるため、目的達成に向かって活動のプロセスを調整することが不可欠である。そこで、イタリアで言うオーガナイザー、

すなわちネットワークの中核企業ないしコーディネート企業の役割が重要であり、そうした企業がいくつも存在することが柔軟な専門化の発展につながる。

コーディネートの主体はさまざまであろうが、イタリアのようにオーガナイザー専門の企業が存在する必要はなく、むしろ特定の中小企業が自身の強みを生かすために、あるときはコーディネート企業として、あるときはネットワークの参加者として、まさに柔軟に行動していくことが望まれる。『中小企業白書』(平成8年版)は、コーディネート企業同士がさらに連携して複合的な中小企業の組織が形成されるという将来像を描いているが[6]、そうなれば柔軟な専門化の効果はますます大きなものとなるであろう。

柔軟な専門化が成功するには、もちろん個々の企業の高度な技術力またはコア・コンピタンス(核となる強み)とネットワークに参加する企業の数も大切である。愛知県は2000年まで24年間、製造品出荷額第1位を堅持しており、ものづくりに関しては他を寄せつけない厚い技術の蓄積と企業の集積がある。そうした地域であるからこそ、水平型ネットワークによる柔軟な専門化が有効と考えられるのである。

最後に、水平型ネットワークは、実は生産や受注を目的とするものばかりではなく、新技術・新製品開発、市場開拓、人材育成など、応用範囲は幅広い。名古屋周辺においても、研究開発型ベンチャー企業が関連する企業や機関をネットワーク化して成果をあげている例がある。さらに最近ではコーディネートそのものをビジネスとして行う企業も出てきている。柔軟な専門化は、単なる製造の手法である以上に、中小企業の経営にとってさまざまな可能性や広がりを有する戦略の一部として、重要性はますます高まっていくであろう。

---- 設問 ----

1 東京圏や大阪圏の産業構造と東海圏を比較して、類似点と相違点を整理してみよう。

2 JITが使われている産業を探して、自動車産業と比較してみよう。
3 下請生産システムと柔軟な専門化を比較して、類似点と相違点を整理してみよう。

● ── 注
1 ルールの詳しい内容については、小川（1994）を参照されたい。
2 既存ルーティンを完全否定するわけではないが、少なくとも手順中の何かを否定することになる。
3 既存ルーティンの肯定は、既存ルーティンに従って作業することである。
4 Piore, M. J. and Sabel, C. F., *The Second Industrial Divide : Possibilities for Prosperity*, New York : Basic Books, 1984.（山之内靖・永易浩一・石田あつみ訳『第二の産業分水嶺』筑摩書房、1993年）参照。
5 中小企業庁編『中小企業白書』〔平成8年版〕大蔵省印刷局、1996年、pp. 584-591、経済産業省編『通商白書2002』ぎょうせい、2002年、pp. 130-132などを参考にした。
6 同書、pp. 371-372。

● ── 参考文献
日本能率協会編『トヨタの現場管理：「かんばん方式」の正しい進め方』〔新版〕日本能率協会、1986年
小川英次編『生産管理』中央経済社、1985年
小川英次「IEの発展としての生産・技術の経営管理」『IEレビュー』162号、1989年
小川英次「技術革新と企業経営」『中部電力資料』第83号、1989年
小川英次編『トヨタ生産方式の研究』日本経済新聞社、1994年
総務省統計局統計研修所編『第52回　日本統計年鑑』〔平成15年〕日本統計協会、2002年
商工総合研究所編『中小企業の戦略的連携：変革の時代を乗り越える創造性とネットワーク』商工総合研究所、1999年
中部経済産業局編『中部地域経済産業の将来展望（中間取りまとめ）』財務省印刷局、2002年

第7章　流通システム：メーカーのマーケティングと流通業

1　流通とは何か

1　流通とは

　流通は、生産段階から消費・使用段階に至る、財やサービスの社会的移動にかかわる人間の諸活動の総体と定義できる（矢作, 1996, p. 3）。経済活動は、流通活動によって、生産と消費が有機的に結びつけられ成り立っており、生産から消費の流れは、相互に深い関連性を保ちながら一つの経済システムとして機能している。この財やサービス（すなわち商品）を生産者から消費者へ移転させるための仕組みを流通システムという。

　流通システムというとき、それは国の経済あるいは特定産業全体の流通の構造や流通システム・メンバー間の広い意味での行動パターンを意味したり（広義の流通システム）、ある特定の企業の商品の顧客までの流れを示す流通経路の構造と行動とを意味している（狭義の流通システム）（和田・恩藏・三浦, 2000, p. 148：カッコ内は筆者による）。

　いずれにしても流通システムを構成する経済主体（流通構成員）、つまり流通活動の担い手は、一般に、生産者、卸売業者、小売業者、消費者（産業財の場合は使用者）で構成されている（一般的な間接流通の場合）。このうち生産者と消費者の間の架橋という課業に携わるものを流通業といい、卸売業者、小売業者がその中心を担っている[1]。生産と消費を結ぶ流通活動を専門に遂行する経済主体である、卸売業、小売業は商業機関とも称される。

①制度品メーカー（たとえば、資生堂、カネボウ）の流通経路

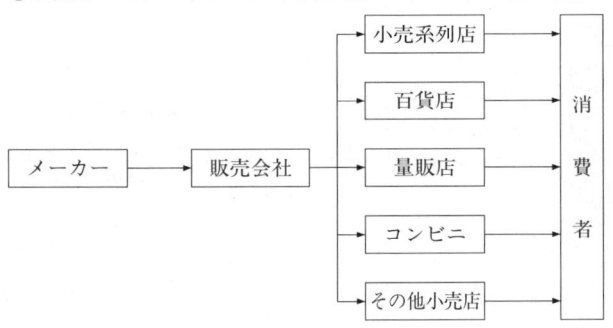

```
メーカー → 販売会社 → ┬→ 小売系列店 →┐
                    ├→ 百貨店    →┤
                    ├→ 量販店    →┼→ 消費者
                    ├→ コンビニ  →┤
                    └→ その他小売店→┘
```

②一般品メーカー（たとえば、桃谷順天堂）の流通経路

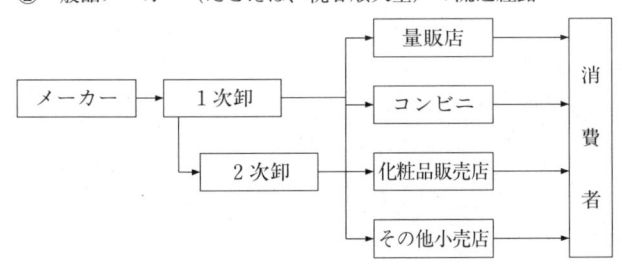

```
メーカー → ┬→ 1次卸 →┬→ 量販店     →┐
          │        ├→ コンビニ   →┤
          └→ 2次卸 →┼→ 化粧品販売店→┼→ 消費者
                    └→ その他小売店→┘
```

③訪問販売品・流通販売品メーカー（たとえば、ポーラ）の流通経路

```
メーカー ─────────────→ 消費者
```

図7-1　化粧品の流通
出所：神戸マーケティングテキスト編集委員会（2001），p. 172.

　また、この他の流通活動の担い手として、市場調査、広告、運送、保管、金融、保険などを引き受ける専門の機関があるが、これらは自己の提供するサービスについての取引は別として、それらが流通を助成する商品の取引機能には関与しない（久保村・荒川，1974, p. 200）ので、これら機関は、補助機関あるいは、関連補助商業者と考えられる。
　これらの流通構成員が形成する流通過程は複雑であるが、生産者、卸売業者、小売業者、関連補助商業者、消費者・使用者には経済的な相互関係があり、流通活動が繰り返されるうちに相互の活動が調整され、秩序あるシステ

ムが形成される。つまり、個々の流通構成員は独立しているが、消費・使用という目的に向けて相互に連携し、効率的なシステムとして動いている。矢作教授は、このように流通過程を一つの「体系」(システム)としてみることの必要性を説き、そして流通をみる視点は大きく次の3つのレベルに分かれていると指摘する (矢作, 1996, p.7)。

　一つは流通経路 (流通チャネル) と呼ばれ、特定の商品について生産から消費・使用までの流れを鳥瞰図のように客観的に眺めたものである。

　次に、特定企業の観点から虫瞰図的に流通経路を眺めた販売経路 (マーケティング・チャネル) がある。この視点からは、企業がいかなる販路を使用し商品を流通させるかという流通戦略的視点も生まれる[2]。

　最後は商品の社会的移転を総括的に把握する場合の流通で、流通機構や(広義の) 流通システムという視点である。

2　流通の役割

　今日の交換経済においては、社会的分業体制がとられており、生産と消費の間にさまざまな隔たり (懸隔) が存在している。人的懸隔 (所有的懸隔)、場所的・空間的懸隔、時間的懸隔の3つに代表されるいくつかの懸隔が発生している。

①人的懸隔 (所有的懸隔)：商品の生産と消費を行うものが同一でなく、人的に分離したことから生ずる隔たり。

②場所的・空間的懸隔：商品の生産の地点と消費の地点が場所的・空間的に異なることから生ずる隔たり。生産は交通の便、賃金水準、地価など経済的、地理的、社会的条件や自然条件により、特定の場所・空間で集中的に行われることが多いのに対し、消費は広範に分散的に行われることから懸隔が生ずる。

③時間的懸隔：商品の生産の時点と消費の時点が時間的に異なることから生ずる隔たり。

④量的 (数量上の) 懸隔：生産者がつくり出す商品の量と消費者が必要と

する商品の量の違いから生ずる隔たり。

⑤情報的懸隔：生産者と消費者が互いの事情、状況を十分に知らないことから生ずる隔たり。

　流通の役割は、これらの懸隔に橋を渡し、生産と消費の間のもろもろのギャップを埋め、両者の需給を調整、結合することである（流通の架橋機能）。

　その隔たりを解消する流通のはたらき、すなわちこれらの懸隔を架橋する流通の基本的な機能にはどのようなものがあるのだろうか。

　人的な懸隔、つまり商品を生産する者とそれを消費する者が、同じ人物でないことから生ずるこの隔たりを解消するためには、商品のつくり手である生産者とそれを必要とする消費者を流通段階でうまくとり持ち、取引、交換を成立させることが必要である。通常これは、売買機能を通して、生産者から消費者へと商品の所有権（サービスの場合は使用権）を移転させるという形で行われる。この所有権の移転に関する流通は、商的流通または商取引流通と呼ばれ、商流と略されることもある。

　場所的、空間的な懸隔については、輸送機能によって解消される。さまざまな輸送手段などを用いることによって場所的、空間的に異なる生産と消費の地点を結びつける。一般的には、生産地から消費地へ商品を輸送し、この懸隔を解消する場合が多い。

　通常、商品が生産される時点とそれが消費される時点は、異なることが多い。このため生産されてから消費されるまでの間、商品の価値、品質を損なうことなく流通段階で保管することが必要となる。時間的懸隔は、この保管機能によって解消されることになる。

　場所的、空間的懸隔を解消する輸送機能、時間的懸隔を解消する保管機能は、商品の物理的移転に関する流通であることから、これらをあわせて物的流通（物流）と呼ぶ。

　大規模メーカーによって生産される商品などにみられるように生産者がつくり出す商品の量と、最終消費者が必要とし購入する量には大きな違いがある。しかし、その商品が卸、小売段階を経ることによって適切なロットサイ

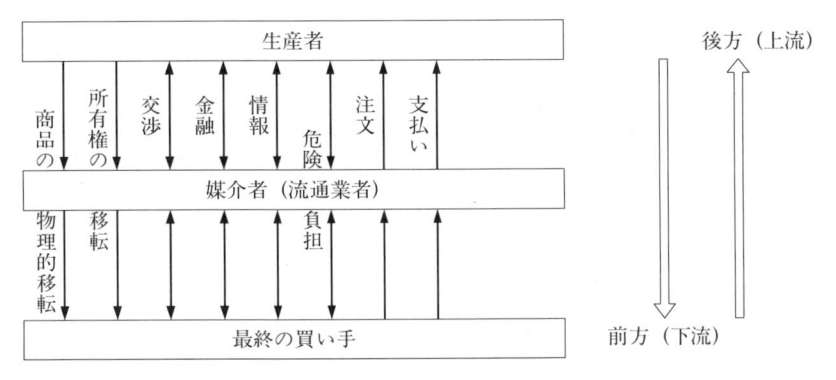

図 7-2 流通フローの分類

出所：三上（1989），p. 154．一部加筆。

ズに小分けされ、最終的に消費者が購入しやすい商品の量に調整される。このような商品の分類（sorting）、集積（accumulation）、配分（allocation）、取り揃え（assorting）が流通段階でなされることによって量的懸隔が解消される。量的懸隔が解消される過程では、主として売買機能、輸送機能といった流通の基本機能を確認することができる。

　生産者は、消費者が何を求めているのか、どういった商品を欲しているのかといった消費者ニーズを素早くとらえる必要があり、それを求めている。消費者は、生産者がつくり出した商品があるのにそれに関する情報を持っておらず、その商品の存在を知らない。こうした生産者と消費者が、互いの事情、状況を十分に知らないことから生ずる情報的懸隔がある場合、この両者の間を流通段階がうまく接合し、必要な情報を生産者や消費者に流すことによってこの懸隔が解消される。この情報の隔たりを解消する機能を情報機能といい、情報の流れを情報流通と呼ぶ。

　これまでみてきたように、流通の基本機能には売買機能、輸送機能、保管機能、情報機能がある。これに加えて金融機能や保険機能などが補完的機能として存在する。

　そして、それらの機能が効率的かつ効果的にはたらくことによって、商品

の所有権（サービスの場合は使用権）、商品という物自体、その情報が、生産から消費まで順調に移転し、商的流通（商流）、物的流通（物流）、情報流通（情報流）といった流通フローとなる。

商品が生産者から消費者まで流通する経路（道筋、ルート）のことをチャネル（channel）というが、このチャネルは、一般に売買によってその商品の所有権（サービスの場合は使用権）が移転する商的流通のチャネル（経路）ことをさしている。

3　小売業と卸売業

先述のように、チャネルを通して生産者と消費者を結びつける役割を担うのが流通業者で小売業者と卸売業者に大別される。

小売業者とは、生産者や卸売業者から商品を仕入れ、消費者に最終的に販売する者をいい、卸売業者とは、生産者や他の卸売業者から商品を調達し、小売業者や他の卸売業者に販売を行う者をいう。流通の段階によって1次卸、2次卸と呼称され、流通経路によっては3次以上の卸まで存在することもある。

小売業者と卸売業者の違いは、商品を販売する対象、つまり誰に販売するかによって分類される。卸売業者の中には、一部の消費者に販売をするケースがあるがこれは小売業者とはいわない。小売業者、卸売業者というのは、各々の事業で、つまり小売業なら小売事業で企業売上高の50％以上を形成しているものをいう（メインの原則）。

次に小売業、卸売業それぞれの形態についてみると、まず小売形態は、店舗の形態、企業の形態、企業間組織の3つの次元で分類される（鈴木, 1993, p. 143）。

小売店舗の形態は、取り扱っている商品の種類によって分類される業種や小売業の経営戦略に基づく業態がある。わが国において一般に広く認知されている業態としては、百貨店、スーパーマーケット（セルフサービスを採用し、生鮮食料品を含む食料品を中心にその他の日常生活に必要な最寄品などを取り扱う）、

GMS (general merchandising store：総合スーパーとも呼ばれ衣食住に関連した幅広い品揃えが特徴，セルフ方式を採用していて広い売場面積や駐車場を有する大規模小売店が多い)、コンビニエンス・ストア、専門店、ディスカウント・ストア、通信販売、訪問販売などがある。

現実の小売業においては、ある業種の枠に限定した商品の取り扱いをするだけでは、多様化し迅速に変化する消費者ニーズに対応することが難しくなっており、実際には、その業種の枠を超えた品揃え、対応がなされている。従来の業種による分類では小売業の実態をとらえにくくなってきており、業態による分類が重視されるようになってきている。

企業の形態としては、単独店、複数店、チェーンストア（日本では10店舗以上）、あるいは個人、法人、協同組合などいくつかの分類がある。

企業間組織には、フランチャイズ・チェーン（franchise chain）、ボランタリー・チェーン（voluntary chain）に代表される契約型の小売チェーン組織、商店街、ショッピングセンター（shopping center）などの商業集積型の組織がある（矢作, 1996, p. 178）。

卸売業の分類については、現実の卸売業の構造は複雑で多岐にわたりそのすべてを網羅し取り扱うことは不可能であるが、基本的分類は次のように示すことができる。

まず、独立の商業資本である卸売業者と、生産者の支店・営業所に分かれ、さらに独立資本系卸売業は所有権リスクを負う一般卸売業と、そうでない代

【卸売業者が介在しない場合】　　【卸売業者が介在する場合】

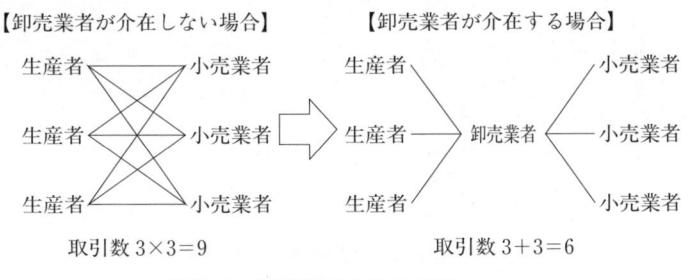

生産者　　小売業者　　　　　生産者　　　　　　小売業者

生産者　　小売業者　　　　　生産者　　卸売業者　小売業者

生産者　　小売業者　　　　　生産者　　　　　　小売業者

取引数 3×3=9　　　　　　　取引数 3+3=6

図7-3　取引数最小化の原理

理商・仲立業に分類できる。生産者系にはメーカーの専属的卸売業者のメーカー販売会社（販社）が含まれる（矢作, 1996, p. 208）[3]。

　卸売業の役割は、次のような存立基盤から確認することができる。流通システムの中にあって中間業者として卸売業者が存在する根拠を示すものとして、取引数最小化の原理（または取引数単純化の原理）、集中貯蔵の原理（または不確実性プールの原理）という2つの代表的な原理がある。

　取引数最小化の原理とは、図7-3のように卸売業者が介在することによって流通システム内の取引数を減らすことができる。この原理は、小売業者の存立基盤でもある。

　集中貯蔵の原理とは、卸売業者が介在することによって会社全体の在庫量を減らすことができるとするものである（江田他, 1999, p. 96）。図7-4のように卸売業者が介在しないときは、10人の小売業者が生産者の商品を欠品させ販売の機会を逃すことがないよう、ある程度当座に必要な量より多めにそれぞれ100個ずつ在庫を蓄えるとする。その数は、10人×100個で1000個の在庫を保有することになる。それに比較して卸売業者が介在する場合は、小売業者の身近なところにいつでも対応できる200個の在庫を持つ卸売業者が存在するので、小売業者10人は、それぞれ当座に必要な30個という在庫を保有するだけですみ、流通段階に必要な在庫は、500個（200個＋10人×30個）に減少する。

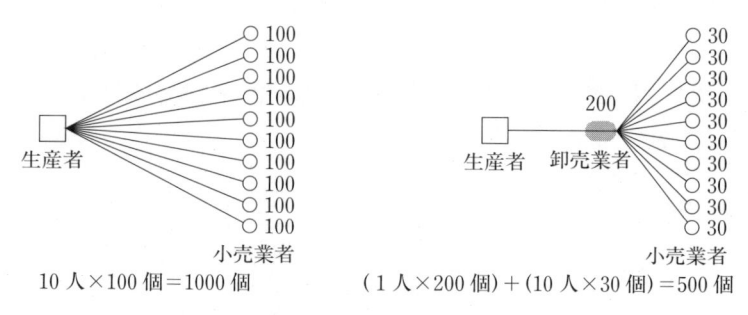

図7-4　集中貯蔵の原理

出所：江田他 (1999), p. 96.

2　メーカーのマーケティング

1　メーカーのマーケティング行動

　個々の流通構成員が遂行している、流通のために必要な具体的な実行行為を流通行動という（北島・小林, 1999, pp. 170-171）。この流通行動という概念を広義に解釈すると、流通構成員であるメーカーの販売活動も流通行動に含まれる。一般に生産者であるメーカーの販売行動などの流通行動は、マーケティング行動と呼ばれ区別される。本節ではメーカーの流通行動を包含するそのマーケティング行動について説明していく。

　マーケティングは、Market-ingと2つに分ければ、「市場→動詞化」ということで、つまり市場を対象とし、企業の対市場活動で動態的に変化していく市場に対し、企業が創造的に対応していく活動である（三上, 1989, p. 6）。マーケティングには、社会・経済的活動として把握されるマクロ的なマーケティングと個別企業の活動としてとらえられるミクロ的なマーケティングの2つの側面がある。わが国では、マクロ的な活動であるマーケティングには流通という用語が使われ、マーケティングという用語は個別企業の活動に限定して用いられることが多い。ここでいうメーカーのマーケティング行動とは、マーケティングをミクロレベルでとらえるもので、メーカー自身が、ターゲットとする市場に対し展開する対市場活動（販売活動）として説明していくことにする。

　本来、メーカーのマーケティング行動そのものは複雑で多様な活動であり、さまざまな側面からとらえ分析、説明されるべきものであるが、本節ではその基本的な部分に限定してその行動を確認する。

　マーケティング戦略の基本は、ある程度似たニーズをもつターゲット市場を見つけ出し、そのターゲット市場のニーズにフィットするように、製品特徴と流通経路、広告、価格などの手段をうまく組み合わせていくことである（沼上, 2000, p. 11）。これらのターゲット市場にはたらきかけるための諸手段の

組合せをマーケティング・ミックス (marketing mix) といい、製品政策 (product)、価格政策 (price)、プロモーション政策 (promotion)、チャネル (販売経路) 政策 (place) の 4 つに集約されることが多い。一般にこれらはそれぞれの頭文字の P をとってマーケティング・ミックスの 4 P と呼ばれている。

これらのマーケティング・ミックスは、それぞれ単独で展開されるのではなく、4 つの手段が互いに相乗効果を発揮するよう展開されるのが基本原則である。

これらのマーケティング手段を用いて展開されるメーカーのマーケティング行動、すなわちメーカー自身の手による能動的な販売活動は、プル (pull) 活動とプッシュ (push) 活動の 2 つに大別し考察することができる（北島・小林, 1999, p. 184）。

プル活動においては、メーカー自らが、大規模な広告などによって最終消費者に直接、商品や企業に関する情報を提供し、その商品のブランドを認知させ、指名買いをするように行動させる。その消費者に指名買いにこられた小売業者は卸売業者に、卸売業者はメーカーにその商品を指名注文する。このように流通経路上、消費者を商品の方に引っ張ってくるようなイメージで販売が行われることからプル活動と称される。

また、プッシュ活動において、メーカーは、流通業者に対し販売員活動や商品の割引政策などを用い自社商品の仕入をうながすようにさまざまな活動を行い、最終消費者までその購入を押（プッシュ）していく行動がとられる。流通業者を活用して自社の商品を優先的に押し込んでいくことから、プッシュ活動といわれる。

こうした流通段階へのはたらきかけは、メーカーのチャネル政策の中で主に展開される。

2　メーカーのチャネル政策

メーカーが展開するマーケティング・ミックスの中でその流通行動と最も

関連が深いものがチャネル政策である。

　チャネル政策とは、メーカーが流通機関に何らかの介入をし、そのメーカー独自のチャネルを形成していこうとする諸政策である。ここではチャネル・マネジメントの観点からメーカーの流通システム（狭義の流通システム）を考察する。

　チャネル政策上、メーカーが利用可能なチャネルを類型化すると一般には直接的チャネルと間接的チャネルに分類できる。

　直接的チャネルは、生産者と消費者が直接結びつき販売が行われるチャネルで、このチャネルの具体的な形態としては通信販売、訪問販売などがあげられる。生産者と消費者が直接コミュニケーションをとることができるため生産者は、消費者に関する情報をダイレクトに入手できる反面、卸売段階と小売段階の機能を自らが担うわけであるから、投下資金も膨大になり流通経費が増大する傾向がある。卸売者業、小売業者は、このチャネルにおいて排除されることになる。

　もう一方の間接的チャネルは、生産者が、卸売業者、小売業者を介し多数の消費者に商品を流通させるものである。この間接的チャネルが今日のメーカーのチャネル政策において多く用いられている。

　間接的チャネルに関して、メーカーの立場からチャネル政策を考えるならば、まず第1に問題となるのは、どれくらいの数の、どういったタイプの卸売業者、小売業者とどのような関係を結んで自社商品を流通させていくのかということである。特定商圏内において当該メーカーの商品を取り扱う店の数、すなわち卸売業者、小売業者の数により以下の3つの政策を確認することができる。

　開放的チャネル政策（intensive channel policy）：とくに販売先を限定せず可能な限り多くの販売先に商品を流通させる政策である。多数の消費者の目に触れることで商品の購入機会を増し、売上増加につなげることをめざしている。市場カバレッジ（市場露出の程度）は、3つの政策の中で最も大きくなる。このチャネル政策で流通する商品には、一般に購入頻度が高く、比

較的単価が安価なものが多く、最寄品の多くがこれに該当する。このチャネル政策のメーカー側の問題点としては、メーカー自身のチャネル・コントロールが困難な点があげられる。

　選択的チャネル政策（selective channel policy）：開放的チャネル政策と排他的チャネル政策の中間にあたるチャネル政策で、卸売業者、小売業者を選別し、その数を限定し自社のチャネル政策の最適化をはかろうとするものである。健全で有能な流通業者に限定しチャネルを構築することができれば、効率的で効果的なマーケティング活動が可能になる。

　また、市場カバレッジは開放的チャネル政策に比べ低くなり、販売される場所、機会は少なくなる。

　排他的チャネル政策（exclusive channel policy）：専属の販売先を設定するなど、一定地域の中で販売先の数を最少に限定しチャネルを構築しようとするもので、市場カバレッジは最も低くなる。このチャネル政策をとる商品には、オリジナリティや希少性の高さが求められ、他の商品との明確な差別化ができることが条件となると考えられる。したがってすべての商品がこの政策をとることは不可能である。

　次に、メーカー、卸売業者、小売業者がどういった取引関係を結ぶかという観点からチャネル政策を説明することにする。

　チャネル政策に関しては、チャネルを一つのシステムとしてとらえる考え方がある。チャネル内の各メンバーの取引関係から、つまりメーカー、卸売業者、小売業者の間の取引関係によって伝統的なチャネルと垂直的マーケティング・システム（Vertical Marketing System：VMS）に大きく分けて考えることができる。

　伝統的なチャネルにおいては、チャネル・メンバー間の取引が自由な市場関係によって行われており、メーカーと消費者を結ぶ卸売業者、小売業者はそれぞれに独立した存在であり、それぞれの売り手、買い手の関係は固定的ではない。

　垂直的マーケティング・システムは、ある意思決定主体のもとで計画的に

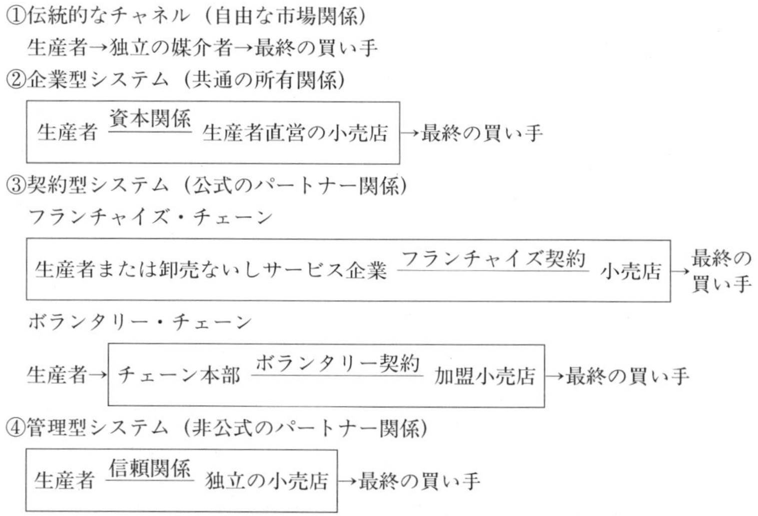

①伝統的なチャネル（自由な市場関係）
　生産者→独立の媒介者→最終の買い手
②企業型システム（共通の所有関係）

　| 生産者 —資本関係— 生産者直営の小売店 | →最終の買い手

③契約型システム（公式のパートナー関係）
　フランチャイズ・チェーン

　| 生産者または卸売ないしサービス企業 —フランチャイズ契約— 小売店 | →最終の買い手

　ボランタリー・チェーン

　生産者→| チェーン本部 —ボランタリー契約— 加盟小売店 |→最終の買い手

④管理型システム（非公式のパートナー関係）

　| 生産者 —信頼関係— 独立の小売店 |→最終の買い手

　　　図 7-5　垂直的マーケティング・システムの分類
出所：三上（1989），p. 158 を一部改変。

構築され、統一目標のもとで効率的に管理されたメーカーから小売業者に至る流通システム（日本マーケティング協会, 1995, p. 224）のことで、この垂直的マーケティング・システムは、組織化の手段によって企業型システム、契約型システム、管理型システムの3種類に分類される。

　企業型システム（corporate system）：ある特定の企業の資本のもとに、生産段階と流通段階が統合されているシステムのことで、企業間が所有関係によって結びついているため3つのシステムの中では統合の度合いが強く、安定性が最も高い。その反面、このシステム構築のためには多額の資本を要する。このシステムには、流通の川上から川下方向への前方統合と逆の川下から川上への後方統合がある。

　前方統合の例としては、メーカーが卸売段階を統合するケースに該当するメーカー全額出資の販売会社の設立やメーカーないし卸売業者が小売段階を統合する直営小売店の設立などがみられる（中村他, 1994, p. 138）。

　また、後方統合の例としては、小売業による卸売段階の統合形態の一つで

ある仕分け配送のための物流センターの設置、小売業の生産段階の統合例であるプライベート・ブランド商品の生産のための自社製造部門の設置などがある。

契約型システム（contractual system）：契約型システムとは、チャネルを構成するメンバーが、資本的に独立した状態で契約に基づき密接な関係を築くものである（中村他, 1994, p. 138）。この契約を利用する組織化の代表例としては、フランチャイズ・チェーン、ボランタリー・チェーンがある。

フランチャイズ・チェーンにおけるフランチャイズ・システムとは、フランチャイザー（franchiser：本部）と呼ばれる企業が、契約に基づき特定商品やサービスの販売権を資本的に独立の企業であるフランチャイジー（franchisee：加盟店）に提供し、フランチャイジーは、共通の看板やトレード・マークを使用し、販売ノウハウの提供や経営のサポートを受けながらそのビジネスを遂行していくものである（日本マーケティング協会, 1995, p. 226）。

ボランタリー・チェーンは、中小小売商がチェーンストアの長所を参考に小売主宰か卸主宰でチェーン本部機能を創出し、共同で運営、活動する結合関係のものである（中村他, 1994, p. 139）。それらは、本部機能を誰が担うかによって、それぞれ小売主宰ボランタリー・チェーン（コーペラティブ・チェーン）、卸主宰ボランタリー・チェーンに分類することができる[4]。

管理型システム（administered system）：このシステムは、企業型システムや契約型システムと異なりチャネルに参加するメンバー間には資本的な結びつきや、契約による結合はなく、ブランド力やその他のパワーを背景にしたチャネル・リーダー（channel leader）企業が、自ら開発したマーケティング計画のもと、生産から流通段階までの各企業の活動をコントロール、管理するシステムのことである（中村他, 1994, p. 141）。消費財メーカーのチャネルにおいて多くみられるものである。

チャネル・リーダーが長期にわたってこのシステムを維持するためには、相当なパワー基盤が必要となる。このシステムの具体的な管理手段には、割引（discount）、リベート（rebate）、アローワンス（allowance）や、ディラー・

ヘルプス (dealer helps) などがある[5]。

メーカーによる商業機構への介入について日本では流通系列化と呼ばれている。

流通系列化とは、メーカーが自己の商品の販売について商業機関の協力を確保し、その販売について自己の政策が実現できるように商業機関を把握し、組織化する一連の行為をさす (北島・小林, 1999, p. 184)。わが国における流通系列化は、第2次世界大戦以降、消費財の大メーカーを中心に強力に推し進められてきた。とくに家電メーカーや自動車メーカーなどで顕著であった[6]。

この流通系列化という概念については、その対象範囲などを含めさまざまな考えが存在し、論者によって見解が分かれるところがあるが、その基本的性格は、本来、販売経路差別化政策、つまりチャネル差別化 (channel differentiation policy) である。自社の製品販売ルートを他社のそれと差別化し、フランチャイズ的に排他、独占的経路を形成していくところにその特徴がある (三上, 1974, p. 285)。この流通系列化は、とくに戦後日本の商業、流通のあり方に多大なる影響を与え、今日も独占禁止法や日本の市場開放、規制緩和などとの関連でさまざまな問題を残す分野でもある。

メーカーは、流通系列化を進める過程で流通業者の活動に統制を加えている。代表例としては、テリトリー制、一店一帳合制などがある。テリトリー制とは、販売地域を機軸として再販売先を制限するものであり、具体的にはある一つの販売地域に一つあるいはいくつかの流通業者しか置かないやり方である。ここで、1販売地域に1業者を置く場合をクローズド・テリトリー制、1地域にいくつかの業者を置く場合をオープン・テリトリー制という (鈴木, 1991, p. 169)。一店一帳合制は、小売店が特定の販社や問屋などから商品を仕入れる制度である。卸売―小売段階の競争が排除され、メーカーの小売店管理が徹底される (矢作, 1996, p. 256)。

現在、家電業界や自動車業界、化粧品業界などにみられるように系列化そのもののあり方の見直しが進み、メーカーと卸売業者、小売業者との関係においても変質がみられる。大規模小売組織の販売シェアの向上などからその

表7-1 流通系列化の態様

メーカーとW段階 —R段階の関係	W段階—R段階の組織形態	メーカー
企業型—企業型	直営W—直営R	アンテナ・ショップを有するメーカーの場合
企業型—契約型	直営W—系列R	大手パン
企業型—管理型	直営W—独立R	アパレル
契約型—契約型	系列W—系列R	家電（AVメーカーを除く）、自動車、OA機器、化粧品（制度品）
契約型—管理型	系列W—独立R	洗剤、カメラ、時計、大手玩具、清涼飲料（非外資系）、大手酒類、大手菓子、化粧品（一般品）
管理型—管理型	独立W—独立R	大衆医薬品、下着

注：Wは卸売機関、Rは小売機関を意味する。直営は資本結合100％、独立は資本結合0％を意味する。また、系列Wは、販売会社、代理店・特約店のいずれかを意味する。アンダーラインは、系列Wが販売会社であることを意味する。洗剤の系列Wは、花王など販売会社制をとるメーカーとライオンなど代理店制をとるメーカーにほぼ二分されている。

出所：長谷川（2001），p. 154を一部改変。

活力を低下させていたメーカーの系列店のテコ入れ策が講じられたが、1990年代に入ると系列店においても経営面における体力格差がより明確になった。また、メーカーの流通系列化のパートナーであった中小規模の小売店の数は、「商業統計」によれば1985年以降減少し続け、その一方で小売店舗の売り場面積は増加傾向を示し、大型店化が加速している。このように中小小売業者が衰退し、専門量販店、ディスカウント・ストア、コンビニエンス・ストアなどに代表される新しい大規模小売組織が成長する中で、メーカーもこれら新たに成長している小売形態を主要な販路としないわけにはいかなくなっている（長谷川, 2001, p. 157）。

さらに、こうした小売段階での構造的な変化に加え1991年に公正取引委員会が発表した「流通・取引慣行に関する独占禁止法の指針」に表されるような独占禁止法の運用強化の動きともあいまってメーカーの流通系列化は失

速傾向を示している。系列店の再編成を含め流通系列化政策そのものの見直しが続いている。

3 流通業界の諸相

1 流通業の動向

　今日の日本の流通業界は、大変革期にあるといわれている。少し前までは、倒産することなど考えられなかった業界を代表する百貨店や大型スーパーが倒産したり、さまざまな流通に関する規制が緩和された日本市場へは海外の流通業者が参入し競争が激化している。メーカー、卸売業、小売業といった業種の枠を超えたパートナーシップを結び流通を統合化する動きもある。その他、高度情報化への取り組みなどさまざまな状況への対応が求められているまさに変革期にある流通業界の状況を本節で考察するわけだが、複雑で多様な変化をみせる流通業界の状況についてすべてを網羅的にとりあげることは不可能なのでいくつかの側面に絞って考察していくことにする。

　まず、2002年「商業統計速報」から全国の小売業、卸売業の状況を概括してみる（経済産業省経済産業政策局調査統計部, 2003, pp. 1-74）。

　小売事業所数に関しては、1982年の172万店をピークに減少に転じており、2002年は、130万店と約20年間で約42万店の減少となった。小売事業所数は、かなりのペースで減少している。従業者規模別にみると、とくに4人以下の小売事業所の減少が顕著である。

　また、小売業年間商品販売額は、135兆1253億円、前回（1999年）比約6.1％減と年間での販売額調査開始（1958年）以来はじめての減少となった1999年調査に続き、2調査連続の減少となった。

　小売業の就業者数は、約843万4000人（同1.0％減）、うち、従業者数は、797万4000人（前回比0.7％減）となっている。就業構造は、正社員・正職員が減少し、パート・アルバイトの割合が高まっている。

　売場面積に関しては、1億4064万m²（前回比5.1％増）で1988年以降増

表7-2 事業所数、年間商品販売額、従業者数の推移（全国）

		1991年	1994年	1997年	1999年	2002年
小売業	事業所数（店）	1,605,583	1,499,948	1,419,696	1,406,884	1,300,043
	（前回比）	−1.8％	−6.6％	−5.4％	−7.5％	−7.6％
	従業者数（人）	7,000,226	7,384,177	7,350,712	8,028,558	7,973,599
	（前回比）	1.2％	5.5％	−0.5％	2.6％	−0.7％
	年間商品販売額(億円)	1,422,911	1,433,251	1,477,431	1,438,326	1,351,253
	（前回比）	22.5％	0.7％	3.1％	−8.0％	−6.1％
卸売業	事業所数（店）	461,623	429,302	391,574	425,850	379,547
	（前回比）	9.1％	−7.0％	−8.8％	−5.2％	−10.9％
	従業者数（人）	4,709,009	4,581,372	4,164,685	4,496,210	4,003,866
	（前回比）	10.2％	−2.7％	−9.1％	−5.9％	−11.0％
	年間商品販売額(億円)	5,715,117	5,143,169	4,798,133	4,954,526	4,134,572
	（前回比）	28.4％	−10.0％	−6.7％	−9.7％	−16.5％

注： 1) 1994年の産業分類の改訂に伴い、1991年の数値は新分類に組み替えており前回比とは一致しない。
2) 1999年調査において事業所の補足を行っており、前回比（増減率）については、時系列を考慮したもので算出している。
3) 2002年は速報値
出所：経済産業省経済産業政策局調査統計部（2002）pp. 1-2をもとに改変。

加傾向が続いており、先の事業所数の減少傾向を考慮すると1事業所当たりの売場面積は、増加傾向が続いている。つまり店舗の大型化が進んでいると考えられる。

続いて、業態別に年間商品販売額をみてみると、専門店・中心店（衣料品中心店、食料品中心店、住関連中心店）が78兆3083億円（小売業に占める割合58.0％）と最も多く、次いで専門スーパー（衣料品スーパー、食料品スーパー、住関連スーパー）の23兆6316億円（同17.5％）の順となっている。コンビニエンス・ストアは6兆7137億円（同5.0％）、ドラッグ・ストアは2兆4957億円（同1.8％）、専門スーパーの内数であるホーム・センターは3兆732億円（同2.3％）となってる。

前回（1999年）比をみると、ドラッグ・ストアが前回比66.9％の大幅な増加、コンビニエンス・ストア同9.6％、専門スーパー同2.2％、総合スーパー同0.8％の増加となっている。一方、「その他の小売店」は前回比38.0％

の大幅減、専門店・中心店が同 9.6 ％の減、百貨店も同 17.4 ％の減少となっている。なお、専門スーパーの内数であるホーム・センターは、同 27.9 ％の増加となっている（経済産業省経済産業政策局調査統計部, 2002, p. 52）。

卸売業は、1991 年を頂点に、事業所数、従業員数、年間商品販売額とも減少傾向を示している。2002 年調査において、卸売業は、事業所数が 38 万事業所（前回比 10.9 ％減）、年間商品販売額が 413 兆 4572 億円（同 16.5 ％減）、就業者は、416 万 6000 人（同 10.9 ％減）、うち、従業者数は 400 万 4000 人（同 11.0 ％減）といずれも前回比 1 割を超える減少となった（経済産業省経済産業政策局調査統計部, 2002, p. 2）。

流通業のおかれている状況変化としては、大規模化、組織化、広域化、情報化、国際化などのキーワードをあげることができるが、ここでは、流通業とくに小売業における国際化についてとりあげることにする。

わが国の大規模小売業者の海外市場への進出は、アジア市場などを中心として活発化する傾向にあり、同時に海外市場から直接、商品の世界調達（グローバル・ソーシング：global sourcing）を行うことも数多くの小売業者が実施するようになっている。

また、内なる国際化の動向としては、近年、流通外資とも呼ばれる海外の有力流通業者、とくに海外小売業者の国内市場への参入が盛んである。その背景には、かつては外国企業の日本への大きな参入障壁となっていた流通分野の規制、出店コストの高さ、複雑な流通機構などが変化したことに関連があると考えられる。具体的には、それまで大規模小売店の出店に際し、進出先の地元中小商業者との間でその出店調整機能を果たしてきた大規模小売店舗法（大店法）が撤廃され、出店に関して規制がより緩和された大規模小売店舗立地法（大店立地法）が施行されたことや、近年のデフレ経済下で地価やその他の建設コストが下落し従来より出店にかかわるコストが低下したこと、大手小売業とメーカーとの直接取引やグローバル・ソーシングなどにより極度に発達した問屋制が変化してきたことなどが考えられる。国内市場は、海外の有力小売業者の参入によって競争が激化している。これらの海外小売業

者の中には、国際的な商品調達、メーカーとの直接取引、自社物流等徹底した低コスト・オペレーションによる品揃えや価格競争による展開を特色する企業も多い。小売業は、その国の地域特性に大きく影響を受ける業種である。他国の市場で展開されてきたこうした海外小売業者の手法がわが国の市場で受け入れられるか、未知数な面もある。それゆえ、参入に際しては、わが国の小売業者と提携をはかるケースも散見される。

2 名古屋市の流通業

本項では1999年の商業統計調査結果に基づき名古屋市における流通業、とくに小売業、卸売業の状況について考察してみることにする[7]。

（1）小　売　業

小売商店数に関しては、業種別構成では、花・植木、たばこ、貴金属製品の小売を含む「他に分類されない小売業」が3357店（構成比12.6％）と最も多く、従業者規模別構成では、1～2人規模の商店が1万2153店（構成比45.8％）と最も多くなっている。1～4人規模の商店が全体の約7割（構成比69.7％）を占めており、この点は、全国の傾向と共通している。

従業者数に関しては、業種別構成でコンビニエンス・ストアの一部や持ち帰り弁当などの料理品の小売を含む「その他の飲食料品小売業」に従事するものが2万4653人（構成比14.9％）と最も多く、以下、「書籍・文房具小売業」（1万9167人、同11.6％）、「百貨店」（1万5807人、同9.6％）と続く。

年間販売額に関しては、業種別構成で「百貨店」（構成比20.1％）が最も多く、「自動車小売業」（同14.9％）がそれに続く。従業者規模別の構成をみると商店数では0.3％を占めるにすぎない100人以上規模の商店が8186億円で最も多く、全体の23.3％を占めている。これとは逆に商店数で全体の45.8％を占める1～2人規模の商店は、販売額では6.3％にすぎない。

小売業の区別動向については、都心部への集積がみられるものの（中区、中村区の2区が全市に占める割合、商店数22.7％、従業者数25.4％、年間販売額37.1％）、集積の度合いは同市の卸売業ほど高くない。

名古屋市の小売業の全国および愛知県に占める割合は、次のようになっている。

全国に占める割合：商店数1.9％、従業者数2.1％、年間販売額2.4％
愛知県に占める割合：商店数36.9％、従業者数36.5％、年間販売額41.5％

他都市との比較では、小売業の商店数は、東京都区部、大阪市に続く第3位、従業者数、年間販売額は、その2都市、横浜について第4位という状態にある。

次に名古屋市内の大規模小売店である百貨店とスーパー（売場面積の50％以上についてセルフサービス方式を採用、売場面積が1500 m²以上の商店）の動向をとりあげてみたい[8]。

2001年の名古屋市内の百貨店、スーパーの商店数、従業者数、年間販売額は以下の通りである。

百 貨 店：商店数9店、従業者数5603人、年間販売額4999億円
スーパー：商店数59店、従業者数8649人、年間販売額2654億円

百貨店の1992年以降の年間販売額の推移を見ると、1996年、1997年に若干の増加はあるものの、1999年まで全体としては減少傾向を示していたが、2000年と2001年は増加傾向となっている。これは2000年のJR名古屋高島屋百貨店の開業が影響しているものと推察される。一方、スーパーの年間販売額についてみると、1992年で1931億円で百貨店の販売額に対して3分の1強の割合だったのが2001年時点では2分の1を超える割合となってる。

また、商店数について1992年と2001年を比較すると百貨店では1店舗増、スーパーでは35店から59店と24店増加した。1店当たりの販売額については、百貨店が1992年約657億円、2001年約555億円、スーパーが、1992年約55億円、2001年約45億円と減少している。近年の年間販売額の伸びの鈍化や店舗数の増加が影響する結果となっている。

年間販売額の対前年増加率を見ると、スーパーは、2000年度まで増加率はプラスであったが、2001年はマイナスとなっている[9]（図7-6参照）。

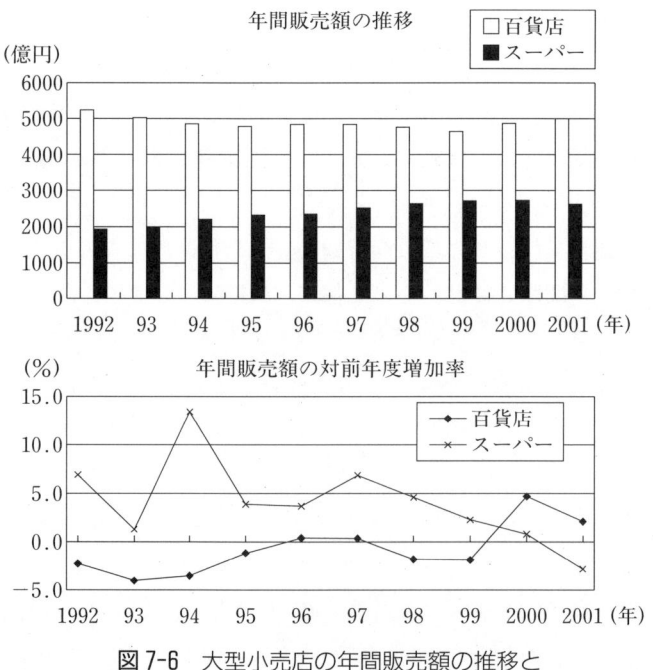

図 7-6　大型小売店の年間販売額の推移と
　　　　その対前年増加率推移（名古屋市）
出所：名古屋市総務局企画部統計課編『名古屋市統計年鑑』各年版より。

（2）卸　売　業

　1999 年の同市の卸売業は、商店数 1 万 7216 店、従業者数 21 万 1972 人、年間販売額 36 兆 1478 億円の産業である。

　その商店数に関して、業種別構成では、紙・紙製品、金物、スポーツ用品・娯楽用品・がん具の卸売を含む「他に分類されない卸売業」（構成比 14.6%）が、従業者規模別構成では、5 ～ 9 人規模の商店（構成比 27.9%）が最も多くなっている。1 ～ 19 人規模の卸商店が全体の 85.9% を占めている。

　従業者数に関しても、業種別構成をみると、「他に分類されない卸売業」が最も多い（構成比 13.8%）。

　年間販売額は、業種別構成では「自動車卸売業」が 8 兆 4770 億円（構成比 23.5%）と卸売業全体の 4 分の 1 を占めている。これは市内の製造業が自動

車関連中心であることを反映している。従業者規模別の構成では、100人以上規模の商店が16兆3747億円で最も多く、全体の45.3％を占めている。

区別に卸売業の動向を見てみると、都心部に位置する中区、中村区の比重が高くなっている（この2区で商店数は、名古屋市全体の36.6％、従業者数は44.7％、年間販売額49.1％を占めている）。

名古屋市の卸売業の全国に占める割合は、商店数4.0％、従業者数4.7％、年間販売額7.3％、同じく愛知県に占める割合は商店数58.7％、従業者数66.7％、年間販売額82.1％となっている。

他都市との比較では、卸売業の商店数、従業者数、年間販売額のいずれも東京都区部、大阪市に続く第3位となっている。

4　ソーシャル・マーケティングと流通システム

1　ソーシャル・マーケティングの2つの流れ

一般にソーシャル・マーケティング（social marketing）は、社会的マーケティングとも呼ばれ、2つの流れがある。一つは、マーケティングを企業における活動として限定してとらえるのではなく、非営利組織などにも有用な考え、手法としてその対象を拡張するものである。これは、社会的に仕事をしている組織や個人の主張、アイデアをより効果的に遂行するために、企業経営を通じてつちかわれたマーケティングのコンセプトや技法を導入するという、いわば伝統的マーケティングの社会一般の組織への応用ととらえることができる（三上, 1982, p. 201)。具体的には、官庁、学校、病院、政党、宗教団体、環境保護団体などといった非営利組織においてもマーケティングを問題解決のために利用できるとする考えである。もう一つは、企業の経済活動と社会とのかかわりを問題とし取り扱うものである。マーケティングは、その活動の中心に消費者を想定し展開されるものであるが、その製品やサービスによって影響を受ける社会との関係を重視し、問題とするマーケティングである。つまり、企業の対市場活動であるマーケティングにプロフィット・

シーキングという利潤追求だけではなく、より大きく社会的責任を課し、社会価値追求の考え方を導入していこうという考え方である（三上, 1982, p. 201）。前者を代表するのが、コトラーとレビー（P. Kotler and S. J. Levy）[10]であり、後者を代表するのが、レイザー（W. Lazer）[11]である。両者の混同をさけるために後者は、ソサイエタル・マーケティング（societal marketing：社会志向マーケティング）、ソシオ・エコロジカル・マーケティング（socio-ecological marketing：社会生態学的マーケティング）とも呼ばれる。

　三上氏は、レーザーの説に近い立場で、ソーシャル・マーケティングを利益を得て消費者の満足を提供するといった在来のマーケティングから、非消費者を含む生活者（消費者・市民）の利益、さらには社会全体の利益と調和し、また、資源・エネルギー・生態系といった環境との間の調和まで達成しながら、企業としての適正な利潤を確保すべきマーケティングである（三上, 1982, p. 206）と規定している。

　このソーシャル・マーケティングの定義に内包される概念は、1980年代に全地球規模で深刻化した環境問題とあいまって、地球環境の保全と企業成長の両立を模索する持続可能な発展（sustainable development）を基本とするグリーン・マーケティング（green marketing：環境主義マーケティングとも呼ばれる）、環境マーケティング（environmental marketing）の概念へと結実している。

　以下ではこのソーシャル・マーケティングやグリーン・マーケティングの概念を踏まえ循環型社会に対応する企業の流通行動や流通システムについて検討してみたい。

2　環境問題と静脈系流通

　先述の観点から流通を考察すると、生産→流通→消費・使用のワンウエイの方向でとらえられていた従来の流れ（動脈系流通）と、廃棄物のリサイクルに代表される消費者・使用者から生産者という逆方向への流れを含む、消費・使用→排出→流通→生産の流れ（静脈系流通）が確認できる。静脈系流通は、動脈系流通の終着点である消費者・使用者から廃棄物の流通がはじまる

ので逆流通（reverse distribution）と名づけられることもある。その経路は、動脈系流通であるフォワード・チャネル（forward channel）に対してバックワード・チャネル（backward channel）と呼称される。

　これまで動脈系流通、静脈系流通の両者は流通機構の中では分断して考慮されることも多かったが、循環型社会への移行が進む中で2つの流れを結びつけた循環型流通システムの構築が求められている。また、近年これを促進するいくつかの状況がある。

　まず、法的な面では、循環型社会形成推進基本法（廃棄物・リサイクルについての法律の基本的な考え方）、改正廃棄物処理法（廃棄物の処理および清掃に関する法律）、資源有効利用促進法（資源の有効な利用の促進に関する法律）、容器包装リサイクル法（容器包装に係る分別収集及び再商品化の促進等に関する法律）、家電リサイクル法（特定家庭用機器再商品化法）、建設リサイクル法（建設工事に係る資材の再資源化等に関する法律）、食品リサイクル法（食品循環資源の再生利用等の促進に関する法律）、グリーン購入法（国等による環境物品等の調達の推進等に関する法律）などのリサイクルに関連する法が制定され静脈系流通の整備が進んでいる。

　また、企業、消費者、行政レベルでも動脈系流通と静脈系流通を接合しようとするいくつかの動きがみられる。

　その一つの例が先の法整備のところでも登場したグリーン購入とそれを支えるいくつかの活動である。グリーン購入（企業や行政といった事業者の場合、グリーン調達とも呼ばれる）とは、企業、行政、消費者が環境への負荷が少ない商品（サービスを含む）を優先的に購入することであるが（これにはリサイクルしやすいように開発された製品を積極的に購入することも含まれる）、この活動を積極的に推進するグリーン購入ネットワークという全国的な非営利組織が存在する。環境への負荷が少ない商品に関するデータベースの作成や公表などさまざまな活動を実施しグリーン購入の普及に努めている。環境への負荷が高い商品の購入をやめ、環境に配慮した商品を積極的、優先的に購入するグリーン・コンシューマ（green consumer）と呼ばれる消費者の増加とあわせて、消費者・使用者側からの循環型流通システムの構築をうながす動きも活発になっ

てきている。

　地方自治体レベルの動きとして、名古屋市を例にとると、同市では、1999年2月に「ごみ非常事態」を宣言し、「ごみ減量チャレンジ100」というゴミ減量化の取り組みが行われ、その成果をあげており、そしてさらに、循環型社会構築に向けたさまざまな取り組みがなされている。同市は、愛知県、岐阜県、三重県へはたらきかけて環境保全につながる商品の使用をうながす広域キャンペーンを計画し、市民、事業者と連携する「東海グリーン購入ネットワーク」を立ち上げる予定である[12]。

　こうした動きは、メーカー、流通業者、消費者といった流通構成員の行動に影響を与え、流通のあり方そのものを変化させる可能性がある。

　このような流通を取り巻く状況の中で、そのあり方や重要性が注目される循環型流通システム、とくに静脈系流通（逆流通）であるが、その特徴として小林教授は次の5点をあげている（北島・小林, 1999, pp. 223-224）。

　「まず第一に、リサイクリングのバックワード流通経路では消費者は、逆流通上の始発点に位置し、生産者は終着点に位置することになる。当然、生産者、商業機関、消費者の役割が変化する。

　第二に、バックワード流通経路における構成員は生産者、商業機関、消費者だけではない。彼らはもとより再生処理業者、公共の回収センター（非営利組織）、ボランティア組織、廃棄物回収専門業者なども逆流通の構成員になる。逆流通は流通構成員の範囲と責任を拡大する。

　第三に消費者は自らを逆流通における（バッズの）生産者として位置づけることはないし、逆流通に意欲的な関心を抱くことも少ない。廃棄物は再利用者、再生使用者の用途を考えて排出されるわけではない。したがって、商品開発の時点から廃棄物となった時点でリサイクルしやすいように、材料、構造、表示などを工夫しておくことが大切になる。

　第四に逆流通では狭義の取引流通機能よりも物的流通機能の側面が重要になる。というのも、廃棄物は多くの場合、無価値物であり、通常は、逆有償化といって、廃棄物の生産者である消費者が、自らお金を払って、廃棄物

(バッズ)を引き取ってもらわなければならないからである。逆流通の物流はリサイクル可能な素材の収集、貯蔵、分別から出発する。

　第五にまた、残余物（廃棄物）の価格は低価格ないし無価値であるのに対して、これら廃棄物をリサイクリング施設まで収集、分別、輸送するための逆流通コスト（物流コスト）は高額になる。したがって、十分な回収量の確保、回収地点の集約化がなされなければならない。フォワード流通では商品の配分と取り揃えが重要になるのに対して、廃棄物の逆流通では分類と集積が大切になる」。

　また、廃棄物をどう処理するかという観点から設計されるバックワード・チャネルのタイプには次のようなものがある（Stern *et al*., 1996, pp. 39-41；北島・小林, 1999, pp. 224-225）。

①消費者から製造業者もしくは再生処理業者への直接的バックワード・チャネル
②廃棄物回収専門業者を利用した間接的バックワード・チャネル
③従来の商業機関を使った間接的バックワード・チャネル
④ボランティア組織や公共の回収センターを使ったバックワード・チャネル

　これらのバックワード・チャネルのタイプを踏まえたうえで、いかにそのチャネルを構築するか、排出源企業単独による自らと一体化したバックワード・チャネルの構築や排出源企業主導による新しいリサイクル流通システムの開発などが選択肢としては考えられるが、現実的には、それを採用できるのは一部の企業に限られる。一般的には、①既存のリサイクリング業者、再生資源問屋などが主導する経路に対する側面的支援、②リサイクリング業の垂直的組織化による協調体制の確立、③複数の排出源企業が業際的に②の垂直的組織化をはかる、④自治体との取引創設などが、バックワード・チャネルのシステムに関する戦略的意思決定の選択肢としてあげられる。しかも、単一のバックワード・チャネルを利用するだけでなく、複数のバックワード・チャネルの組合せ（バックワード・チャネルミックス）を検討する必要もあ

```
          ┌─────────────────────────────────────────┐
自 然 ─── │  自然同化処理      永久保管処分         │   市町村廃
還 元     └─────────────────────────────────────────┘   棄物収集
                                            ↑              ↑
自然スト   対象事業者の独    指定施    市町村        収  集
トック  ← 自・委託回収  ←  設保管 ←  分別収集  ←  ステーション
   ↑         ↑             ↑           ↑              ↑
         再商品化義務    市  場     市民団体      消費者
         量の再商品化    メカニズム  集団回収     分別排出
            ↑   ↑          ↑           ↑              ↑
資 源      特定容器      特定容器    特定包装利     消費者
採 取 ←─   メーカー  ←   利用メーカー ← 用流通業者 ←
```

--→ 動脈系流通　──→ 静脈系流通

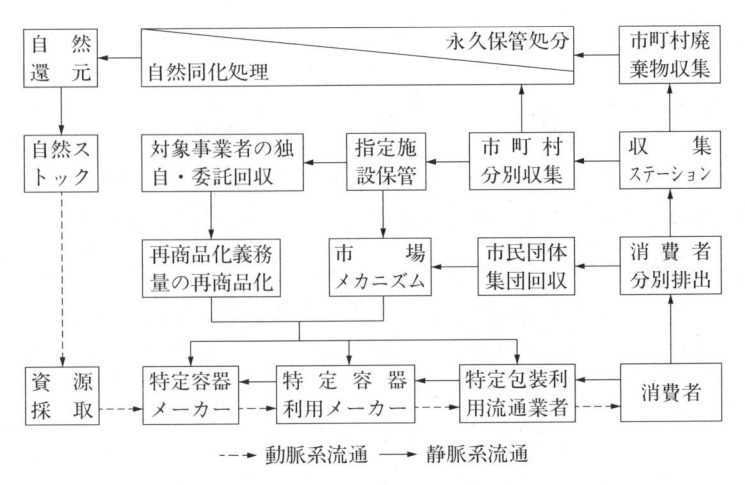

図 7-7　特定容器包装排出物の循環型流通システム
出所：長谷川 (2001), p. 208.

る（環境主義マーケティング研究会, 1992, p. 213）と考えられる。

　資源循環型社会に対応する循環型流通システムの構築には、いくつかの課題がある。たとえば、リサイクリングが困難な商品を含め多種多様な商品の静脈系流通をどう整備してシステム化をはかっていくのか、廃棄された商品が、スムーズに静脈系流通を移動できるよう廃棄時点より前の動脈系流通の段階で流通構成員にどのような調整や対応ができるかといったことなどが考えられる。生産から消費までの一方向的な動脈系流通の構成員として行動してきたメーカー、卸売業者、小売業者、消費者は、循環型流通システムの中で静脈系の流通システムの構成員として従来とは別の流通行動が今求められている。

設問

1　われわれの身近にある特定の商品をとりあげ、その生産から消費に至るまでの流通経路のパターンをいくつかあげ、分析してみよう。

2　メーカーの流通系列化策の功罪について、日本の社会経済の変化を踏ま

えて考察してみよう。
3 家電などの特定商品をとりあげその逆流通経路あり方を検討してみよう。

●——注
[1] 狭い意味での流通業者は、卸売業、小売業を指す。広義には、物流業者などを含むことがある。本章では、流通業に関して、卸売業、小売業を中心に考察していくことにする。
[2] 流通チャネルとマーケティング・チャネルについては、こうした使い分けがあることを確認したうえで、本章ではこれ以降いずれの場合にも、単にチャネルという表現を使用していることに留意してほしい。
[3] 代理商・仲立業は、所有権は保有せず依頼人の代理人として行動する。
[4] 欧米諸国では、一般にボランタリー・チェーンという場合、卸主宰ボランタリー・チェーンをさすことが多く、小売主宰のボランタリー・チェーンはコーペラティブ・チェーン（cooperative chain）と呼ばれることが多い。
[5] これらの管理手段を簡単に説明しておく。価格割引きは、製造業者や卸売業者が表示価格から取引条件に応じて一定の割合の金額を差し引くことをいう。リベートは、一定期間の取引販売高に応じて、売り手のマージンの一部をあとから買い手に分配することであり、売上割戻し金、販売奨励金、特別協力金などと呼ばれている（三上, 1989, pp. 148-149）。アローワンスは、簡単にいえば、メーカーがとくに要請した、特定の拡売努力に対する報酬として現金を提供することなどを意味している（鈴木, 1991, p. 170）。ディラー・ヘルプスとは、メーカー等による販売店へのさまざまな経営支援をいう。
[6] 流通系列化については、次の文献に詳しく説明されている。長谷川(2001), pp. 153-158.
[7] 名古屋市総務局企画部統計課編『統計なごや』No. 6、2000年8月、pp. 27-37に依拠し、その内容をまとめ整理したものである。
[8] 名古屋市総務局企画部統計課編『名古屋市統計年鑑』各年度版より。
[9] ここでとりあげたデータは、名古屋市内に限定した数値であり、近年、同市近接する市や町で出店が盛んな郊外型GMSなどの大型店のデータは含まれていない。同市に近接する大型店のデータも含めて同市エリアを分析する観点も必要であることを指摘しておく。
[10] Kotler and Levy (1969), pp. 10-15.
[11] Lazer (1969), pp. 3-9.
[12] 中日新聞2002年12月31日付記事。

●―― 参考文献

江田三喜男他『マーケティング入門』実教出版、1999 年

長谷川博『マーケティングの世界：事象・技法・理論』〔第 2 版〕東京教学社、2001 年

兼村栄哲他『現代流通論』八千代出版、1999 年

環境主義マーケティング研究会編（代表・三上富三郎）『環境主義マーケティング』日本能率協会マネジメントセンター、1992 年

経済産業省経済産業政策局調査統計部『平成 14 年商業統計速報 - 概況 - 』(http://www.meti.go.jp/statistics/syougyou/2002sok/h14s-gaikyo.pdf)、2003 年 4 月 7 日取得

北島忠男・小林一『流通総論』〔新訂〕白桃書房、1999 年

神戸マーケティングテキスト編集委員会編著『1 からのマーケティング』碩学舎、2001 年

Kotler, P. and Levy, S. J., "Broadening the Concept of Marketing, *Journal of Marketing*, January 1969.

久保村隆祐・荒川祐吉編著『商業学：現代流通の理論と政策』有斐閣、1974 年

Lazer, W., "Marketing Changing Social Relationships," *Journal of Marketing*, January 1969.

三上富三郎『現代マーケティングの理論』ダイヤモンド社、1974 年

三上富三郎『ソーシャル・マーケティング：21 世紀に向けての新しいマーケティング』同文舘出版、1982 年

三上富三郎編著『新現代マーケティング入門』実教出版、1989 年

中村孝之他『マーケティング論』〔改訂新版〕商学研究社、1994 年

日本マーケティング協会編『マーケティング・ベーシックス：基礎理論からその応用実践へ向けて』同文舘出版、1995 年

野澤健次『現代流通入門』〔第 2 版〕中央経済社、2002 年

沼上幹『わかりやすいマーケティング戦略』有斐閣、2000 年

Stern, L. W., El-Ansary, A. I. and Coughlan, A. T., Upper Saddle River, N. J.: *Marketing Channels*, 5th ed., Prentice Hall, 1996.

鈴木孝『マーケティング政策』白桃書房、1991 年

鈴木安昭『新・流通と商業』有斐閣、1993 年

矢作敏行『現代流通：理論とケースで学ぶ』有斐閣、1996 年

和田充夫・恩蔵直人・三浦俊彦『マーケティング戦略』〔新版〕有斐閣、2000 年

第8章　人　　材

1　労務管理

1　労務管理とは

　企業が経営活動を遂行するうえで必要な経営資源（management resource）は、ヒト・モノ・カネ・情報であるといわれている。その中のヒト＝人材の管理を組織運営の一つの領域として行うのが「労務管理（personnel management）」であり、次のように定義される。「労務管理とは、複数の人間が持続的に協働しなければならない空間において生じる問題であって、人材の募集・選抜・採用、配置・配置転換・昇進、解雇、人事考課、教育・訓練、労働時間管理、福利厚生、労使関係管理等の広汎な領域を含む」（二神, 1996, p. 554）。

　そして、ある程度の規模に達した組織では、専門的な知識やノウハウを蓄積して、労務管理を専門に担当する部署が存在する。しかし、そこで行われる管理活動の名称は必ずしも「労務管理」に統一されているわけではない。他に「人事管理」、あるいは「人事・労務管理」と呼ばれてきた。

　では、なぜこのように複数の呼称が並存して用いられてきたのか。その理由は、戦前の雇用状況にあるといわれている。当時、日本では高等教育を受けた従業員（ホワイトカラー）は「社員」あるいは「職員」と呼ばれ、義務教育を受けただけの従業員（ブルーカラー）は「工員」と呼ばれていた。そして、社員の採用・配置・異動・昇進、給与・賞与・福利厚生などを扱う管理活動

が「人事管理」であり、工員にかかわる採用・配置・異動・昇進、賃金・福利厚生の他、技能訓練、労働安全・衛生、対労働組合対策などの管理活動が「労務管理」と呼ばれていた。しかし、戦後になり労働組合が結成されると、社員・工員の身分差別廃止の強い要請が出された。身分差別は廃止され、「人事管理」「労務管理」という呼称上の違いは必要なくなったが、両者を管理する統一した用語がなく、その後も双方の用語が使われてきた。さらに、「人事・労務管理」が包括的用語として加えられ併用されてきた（森・岩出, 2000, pp. 3-5）。

ただし、「労務管理」には広義と狭義の解釈があり、広義の「労務管理」には「人事管理」も包括されていると解釈される場合もある。ここでは、広義の解釈を採用し、総称として「労務管理」をこれ以後使うこととする。

2 労務管理の発展

管理論の展開を考察する場合、最初の課題は「いつの時代まで遡り検討をはじめればよいか」という問題である。労務管理の目的が「組織の目的をより合理的に達成するために、組織構成員に対する管理方法を検討すること」であるとするならば、その起源は紀元前4000年のエジプトにまで遡るといった見解もある。しかし、近代的な雇用関係に基づいた労力の能率的な活用が意識され実践されたのは、第1次世界大戦中のことだといわれている（平野, 2000, p. 3）。

日本の労務管理に大きな影響を与えてきたアメリカの管理論研究を考察するとき、「テイラー・システム（Taylor system）」または、「科学的管理法（scientific management）」をその起源とすることは多くの研究者が認めるところであろう。科学的管理法は、19世紀末から20世紀のはじめにかけてのアメリカにおいて、テイラー（F. W. Taylor）によって創始され発展した管理制度である。

科学的管理法は、賃金制度改革と組織の再編を行うことにより、生産性の向上を達成させ、労働者には高賃金を支払い、工場では低労務費の実現をめ

ざしたものである。この管理制度の特徴は、課業管理（task management）と、計画部（planning department）である。

　課業管理とは、動作・時間研究に基づいた労働者の標準作業量を客観的に算出し、それを「課業（task）」として労働者の一日の達成目標に設定する。そして、その目標が達成できた労働者には高いレートで賃金が支払われ、達成できなければ低いレートで賃金が支払われた。この「差別出来高賃金制度（differential piece rate system）」で課業の達成に動機づけを行ったものである。科学的管理法の根底には、人間は生まれつきの性向として楽をしようとする自然的怠業と、他人との関係から思慮をめぐらして故意に仕事ぶりを遅らせる組織的怠業が存在するという考え方があり、高い作業能率を達成した労働者に対しては高賃金を支払うことが労働者の福祉を高めると考えられた。しかし、課業が科学的に設定されたとしても、その水準が非常に高ければ、かえって労働者に対して労働強化をもたらすという批判を受けた。

　現場の仕事は執行（作業）職能と計画（管理）職能に分離され、頭脳的業務をすべて計画部に集中的に担当させ、現場の作業者は職長の指示通りに行動していれば生産能率が向上すると考えられた。計画部に集中された職務としては、仕事の手順係、指図票係、時間および原価係、工場規律係、作業準備係、作業速度係、製品検査係、修理係などがあった。

　この時代、アメリカでは熟練工の数が圧倒的に不足していた中で、生産の効率化が進められていた。当時のアメリカ自動車産業を例にとれば、生産性を向上させる方法が、フォード（H. Ford）が考え出した大量生産方式（mass-production method）である。フォードのハイランドパーク工場がフル操業に入った1915年には、組立工は7000人以上に達していた。しかし当時のデトロイトの住人は、車をつくった経験などまったくない農民、あるいは英語が話せない外国からの移民ばかりだった。すなわち、組立工のほとんどが未熟練工で占められていた。そこでフォードが考えた解決策とは、作業を限界まで細分化し、一人の組立工に対し一つの作業だけをさせるやり方だった。すると、英語が話せない移民や未経験の農民でも数分間の教育で作業を十分マ

スターし、生産ラインを稼働させ生産性を著しく向上させることに成功した。

　テイラー・システムが普及し、大量生産が行われていた工場では、労働者は機械のように正確に指示通りに行動するものと考えられていた。したがって、照明や労働時間などの労働環境を最適化すれば、労働者の作業能率は最高に達すると考えられ、環境整備の実験が繰り返されていた。しかし、第1次世界大戦後になると、テイラー・システムは労働者を機械視するものだと批判を受けるようになった。

　1927～32年、メイヨー（E. Mayo）をはじめとするハーバード大学の研究グループは、アメリカの電話機製造会社であるウエスタン・エレクトリックのホーソン（Hawthorn）工場で、作業現場の物理的条件が労働能率に与える影響に関する調査を実施した。はじめに行われた調査は照明度実験といわれるものであった。作業者を2組のグループに分けて、一方は照明度を次第に低下させ、他方は照明度を一定に保ったままの状態で作業を行わせ、作業能率の変化を測定し比較する実験であった。しかし結果は、予測に反して照度を低下させたグループの方が高い作業能率を示した。この実験結果は、これまで考えられてきた仮説では説明できない、未知の環境要因が存在していることを示すものであった。この実験結果を受けて次に行われたのが、継電器組立実験である。少女数人がチームとなり組立作業を行った。すると、労働生産性は物理的作業条件や経済的な労働条件よりも、被験者間に生まれた友好関係、実験参加者に選択された誇りなどの、集団的・心理的要因の方がより強く作用していたことが明らかにされたのである。

　その後の調査で、労働者の行動を個人の感情から切り離すことは困難であり、過去の個人的経験、フォーマルな組織の属性、とりわけインフォーマルな集団の特徴が強力に作用していたことが判明した。インフォーマルな集団で展開される協働は他から強制されることなく、持続力を持つと考えられる。そして、一連のホーソン実験によって労働者は経済的刺激によってのみはたらくのではなく、感情に多分に影響を受ける感情的存在でもあったという結論が導き出されたのである。

ホーソン実験を契機として、職場における人間関係に注目が集まり、ここに「人間関係論（human relations）」と呼ばれる研究領域が確立された。ここでは、作業に対する単調感の軽減、主体的意識の回復、従業員態度への理解の増大が求められ、提案制度、苦情処理制度、モラール・サーベイ（morale survey）や社内報などが重要視されるようになった。

　モラール・サーベイとは、職場集団における労働者の志気の高さを調査するもので、職場や会社の何に対して不満を抱いているかを明らかにし、監督者の人間関係の改善に役立てようとするものである。また、社内報では労働者個人の結婚や出産などの情報を掲載することで、労働者の人間関係の改善を試みたものである。

　1950年代後半になると労務管理は、行動科学（behavioral sciences）の影響を強く受けるようになった。その中で注目されるのがハーズバーグ（F. Herzberg）の「動機づけ要因（motivation factor）と衛生要因（hygiene factor）」である。ハーズバーグは、1950年代にピッツバーグで約200人の会計士や技術者を対象にして、職務上の満足と不満に関する実証研究を行った。その結果、満足を与える要因と不満を感じさせる要因は必ずしも一致しないという結論が得られた。すなわち、不満を引き起こす要因である衛生要因には、組織の政策と管理、職場の人間関係、給与、労働条件などがあり、動機づけ要因には、仕事の達成、業績の承認、やりがい、個人の成長などが含まれる。

　動機づけ理論（motivation theory）は、マズロー（A. H. Maslow）の欲求段階説（hierarchy of needs theory）に基礎をおいている。彼の見解によれば、人間は多様な内面的欲求を持っていて、それを充足するために行動する。欲求は、①生理的欲求（食物や睡眠）、②安全欲求（家屋や衣服など生活が維持できる安全の確保）、③社会的欲求（友情や愛情、協力など）、④尊厳の欲求（自己および他人からの評価）、⑤自己実現の欲求（自己の潜在能力を顕在化する）という5つの階層によって構成されている。そして人間は、低次元の欲求から高次元の欲求へと、各段階の欲求が充足され飽和水準に達すると、より高次元の欲求に目覚めて新たな行動への動機づけがなされる。ただし、最高次の自己実現の欲求

には飽和水準はないとマズローは仮定している。そして、管理論ではこれを刺激することが、労働者のモラールを高める条件であると考えられた。

2 人的資源管理と人材開発

1 人的資源管理

さらに、1980年頃からは、「人的資源管理 (Human Resource Management：HRM)」という概念が人材の管理領域で使われるようになった。従来の労務管理と人的資源管理との相違点は、経営戦略あるいは組織構造の検討が労務管理の領域に加えられたことである。

これは、企業を取り巻く経営環境が以前に増して厳しい状況に陥ったために生じた変化といえる。企業間競争が激しさを増す中で、企業は、競争に勝つために開発競争にしのぎを削り他社との差別化をはかっている。今日の戦略論では、経営戦略を明示し、その戦略に従って各事業部に分散している経営資源である技術やスキル、人材を統合することによって、新たな革新的技術が創造され、競争力が強化されるといわれている。したがって、管理部門としても競争力を強化するために R&D (Research and Development) 部門の人材管理にはとくに注意を払う必要が生まれたのである。

これらは、人材管理の領域に経営戦略が大きくかかわることを示すとともに、管理対象者の範囲に広がりが生じたことを意味している。つまり、従来は生産能率を向上させるために現場の作業員が主な管理対象者であった。しかし、管理の対象範囲は現場作業員に限らず、管理間接部門、サービス部門、研究開発部門のホワイトカラーを対象とした管理制度の検討が必要になったのである。

次に、環境変化が激しい今日、競争に勝ち残るには経営活動を迅速に進め、環境の変化に迅速に適応できる柔軟な組織構造が必要とされている。組織の下位部門に権限を委譲し、ピラミッド型組織からフラットな組織構造への移行が必要とされている。権限を委譲するということは、中間管理職に意思決

定をさせることであり、中間管理職の役割が従来とは違ってくる。つまり、従来必要とされた中間管理職の能力とは、上司から与えられた課題を能率的に部下に伝達することで評価されたが、今日では自らが判断する意思決定能力が必要とされ重視されている。

このように、組織の構造改革や事業部門の再編成が行われ、必要とされる人材の質や能力にも変化が生じた。また、今日起きている変化とは連続的変化ではなく革新的な変化であり、過去の経験に基づく知識やスキルの蓄積だけでは十分に対処することができない変化である。したがって、未経験の事態に遭遇しても対処できるよう、継続的に個人の能力を向上させることが必要であり、人的資源管理では、労働者の自己実現の欲求を充足し、個人と組織の能力向上を継続的に向上させるとともに一体化することを目的とし、自立性、自発的判断を尊重している。

アメリカの人的資源管理協会 (Society for Human Resource Management) によれば、人的資源管理の領域として以下の項目があげられている (二神, 2000, pp. 6-7)。

①人的資源計画、募集、選抜…企業内の個々の職務それぞれの要件を確定するための職務分析、企業目標達成に必要な人材の予測、上記の計画の策定とインプリメンテーション、人材募集、人材の選抜・採用。

②人材開発 (Human Resource Development：HRD) …人材のオリエンテーションと訓練、組織開発プログラムの設計とインプリメンテーション、チームの有効な編成、人材の業績評価システムの設計、人材のキャリアプラン策定に対する支援。

③報酬とベネフィット…全従業員に対する報酬・ベネフィット制度の設計とインプリメンテーション、報酬とベネフィットの公平性および一貫性の確保。

④労使関係…企業と労働組合との間の仲介者としてのサービス、規律・苦情処理制度の設計。

⑤安全衛生…社内の人材の安全衛生の設計とインプリメンテーション、業

績に影響するような個人問題を抱える従業員への支援。
⑥人的資源調査…人材情報ベースの準備、従業員コミュニケーション・システムの設計とインプリメンテーション。

2 人材開発

「人材」は企業の経営活動を遂行する主体であり、会社の核となる資源である。また、人材は会社の組織的取組によって職務能力を向上させ、経営資源としての価値を高め、より大きな利益を会社に還元する。この組織的取組は、これまで教育・訓練 (education and training) と呼ばれてきたが、次第に人材開発 (Human Resource Development : HRD) という用語が用いられるようになった。

人的資源管理において人材開発は重要な項目とされている。では、教育・訓練と人材開発との相違点はどこにあるのか。訓練は、日常の職務に関する知識の学習とスキルの向上を目的として行われ、人材開発は、より長期的視点に立ち、将来必要になると予測される知識やスキルの獲得をも含めて行われるものである。すなわち、先に述べたように人的資源管理に戦略的検討が含まれるのであるから、その構成要素である人材開発も戦略的に実施されることになる。

欧米では、人材開発は経営管理者にかかわるもの (management development, executive development) を対象とし、訓練は、一般従業員を対象として行われているといわれているが、日本では終身雇用に代表されるように勤続年数が長いために、人材開発に投資した費用を十分に回収できると考えられ、広く一般従業員もその対象に含まれてきた。

人材開発は実に多彩な方法で実施されているが、企業が主体的に行う形態としては、OJT (On the Job Training : 職場内訓練) と Off-JT (Off the Job Training : 職場外訓練) に大別することができる。

OJT は、職場内において日常の職務に従事している間に、豊富な知識や経験を持つ上司あるいは先輩が、知識やスキルを教える実務教育を中心とし

た手法であり、実務能力育成には最も効果的な方法といわれている。たとえば、生産ラインでは熟練工が若い作業員につき指導する。時には自分の作業を見せながら教示し、スキルの向上をめざす。実際に熟練工の作業を見せることで、言葉では表現することが難しくマニュアルに表記することが困難な細部にまでわたりスキルを伝達することが可能になる。また、個別に指導が行われるために、個人的特徴を考慮して、個々人のレベルや適正に応じた、きめ細かい教育が実行できる。ただしOJTを効果的に実行するには、教育をする個人の判断にすべて委ねるのではなく、「OJTマニュアル」を作成するなど、組織的に取り組む必要がある。さらに、OJTの過程において、上司と部下の間に交わされる頻繁なコミュニケーションを通して相互理解や信頼関係が深められ、結果として生産性を向上させることがOJTの長所だともいわれている。

　これまで日本で、OJTが成功を収めてきた背景には年功制度の存在が大きく影響したといわれている。つまり、部下がスキルを身につけても上司の地位が脅かされる心配がなかったからである。しかし、昨今の風潮である能力主義、実力主義がさらに進めば、OJTが機能しなくなるという懸念もある。また、OJTは上司の経験に基づいて行われるが、とくにIT技術の進展による変化のように、上司が持つ過去の経験や知識では対処できないという限界もある。

　一方、Off-JTには会社の内と外で行われるものがあるが、いずれの場合も日常の業務が行われる以外の場所で実施される。Off-JTは、一定期間集中的に実施されるために、体系的な知識を効率的に、比較的短期間で習得することができる。期間は数日間のものから1年以上にわたるものまでさまざまである。急速な変化を続ける経営の諸環境に対応するために、Off-JTは、新たなスキルを習得する方法として有効である。

　日本企業が行うOff-JTの中で最も実施率が高いのは新入社員研修である。これは文字通り新入社員に対し、社員としての心構えやビジネスマナーなど基本的な事柄を教育するものであり、階層別教育訓練と呼ばれる領域に属す

る。階層別教育訓練にはその他、ある程度の実務経験を持った入社後数年が経過した社員に対して、さらなる専門性を高めることを目的として行われる中堅社員研修、管理職への昇給時にリーダーシップ能力の向上などを目的に行われる監督職・管理職研修、さらに取締役以上を対象とした経営者研修などがある。これらの研修はいずれも、組織階層に応じた役割を果たすために必要な職務能力の育成をその目的としている。

Off-JT にはもう一つ職能別教育訓練といわれるものがある。これは、実際に担当している職務遂行上必要となる専門知識やスキルの修得が研修の目的であり、現場のニーズを的確にとらえた研修を企画、実施することが重要である。

3 労働市場

1 労働市場とは

市場といえば金融市場、株式市場などをよく耳にするが、労働力の売り手と買い手が存在し、取引が行われる市場が労働市場 (labor market) である。この市場では、売り手である労働者が労働力の提供を申し出て、買い手である雇用者がその労働力を必要として、双方が提示した価格が合意すると取引が成立する。すなわち雇用契約が結ばれ、ここで合意した価格が賃金や労働条件にあたる。市場原理に従えば、需要と供給のバランスによって価格が決定されるが、労働供給量は、労働基準法により就業が認められている15歳以上で、働くことを希望する者の数、すなわち労働力人口で把握される。また、労働需要は就業者数で把握される。就業者とは、収入を得ることを目的として働いている者のことである。

これまでの日本では、持続的な経済成長が期待され、最初に就職した会社で昇進が制度化されていたため、労働者は長期雇用保証を希望し、企業は、年に一度新卒者を一括採用する形態が一般に採用されてきた。しかし、今日では中途採用の増加など雇用形態も様変わりしてきた。企業の中核的役割を

担う人材は、外部から容易に調達することはできないので、会社が組織的に取り組む人材開発により育てることが必要であると先に述べたが、他方では、人材開発のコスト低減や即戦力となる人材を迅速に確保するために、中途採用や派遣社員へのニーズも高まってきている。

実際、雇用者に占める正規従業員の数は減少傾向を示し、契約社員、パートタイマー、アルバイト、派遣労働者（派遣社員）などの非正規従業員の数が増加してきている。これらは、人件費を低減する目的の他に、正社員の人員を減らすことにより、経営環境の変化に柔軟に対応できるよう再編しやすい組織構造を維持するためでもある。すなわち、会社は、核となる人材を社内の人材開発で育て、その他の従業員は組織の柔軟性を維持するために外部労働市場からの短期契約で補充する人材戦略を展開しはじめたのである。

現在労働市場が抱えている重大な問題の一つは、高齢化が凄まじい速度で進行していることである。少子高齢化の問題は至る所で社会構造に歪みを生じさせているが、労働市場では高齢化がそれ以上の速さで進行している。15〜29歳の若年層の労働人口の比率が極端に低下しているのだ。その原因は、景気の低迷から就職率が低下していることに加え、若年層の離職率が高いためである。文部科学省の「学校基本調査報告書」によると、2001年の新卒無業者数は、大卒11万6389人（無業者比率21.3％）、短大卒3万2772人（同20.9％）、高校卒12万9936人（同9.8％）と高い比率の無業者数が報告されている。これは労働市場に限定した問題ではなく、社会問題として考えていかなければならないことである。

2 愛知の労働市場動向

愛知県の労働市場はどのような動向を示しているのか。愛知県は、製造業や卸売・小売業などで高い集積度を誇り発展してきた。とくに「モノづくりの拠点」として製造品出荷額では1977年以来22年間連続で全国1位、商業年間販売額でも全国でトップクラスを維持し、国内の産業技術の中枢圏として活力ある労働市場を携えてきた。しかし、1997年からは国内需要や輸出

表 8-1　事務所および従業者数の推移（民営）

年次	事 業 所 数			従 業 者 数			1事業所当たり従業者数(人)
	実数	対前回増加率(%)	増加率(年率)(%)	実数	対前回増加率(%)	増加率(年率)(%)	
1975	128,937	5.0	1.7	1,121,812	−0.5	−0.2	8.7
1978	140,759	9.2	3.0	1,156,874	3.1	1.0	8.2
1981	148,676	5.6	1.8	1,227,411	6.1	2.0	8.3
1986	151,283	1.8	0.3	1,270,568	3.5	0.7	8.4
1991	154,528	2.1	0.4	1,435,591	13.0	2.5	9.3
1996	151,840	−1.7	−0.4	1,486,165	3.5	0.7	9.8
2001	139,155	−8.4	−1.7	1,362,514	−8.3	−1.7	9.8

注：各調査年の調査日は次の通り。1975年5月15日、1978年6月15日、1981〜1991年7月1日、1996〜2001年10月1日。
出所：名古屋市総務局企画部統計課（2002）。

の低迷が続き、長引く景気後退の影響で大きな打撃を受けている。名古屋市が5年ごとに行っている調査でも同様に、1978年以来増加を続けてきた同市の従業者数が2001年には減少に転じたという調査報告が出された。

　愛知県下各地区の有効求人倍率も軒並み減少傾向を示している。名古屋地域は、都市型の産業構造を形成し愛知県の事業所、従業者の約40％が集積している。中部地方の中核地域としての機能を担っているが、最近では長引く景気低迷の影響から大手企業を中心に、採用抑制が続いている。1999年の有効求人倍率は県平均0.56倍を上回ったものの、0.66倍まで低下した。

　尾張地域は、繊維産業の一宮・津島、陶磁器産業の瀬戸など地場産業の集積地と、重化学工業や鉄鋼の半田地域、名古屋市から移転した機械関連企業を展開する犬山や春日井と各地域ごとに異なった特徴を持つ。中小企業の倒産や廃業による離職者も多く、1999年の有効求人倍率は、0.40倍台と県内で最も厳しい雇用状況が続いている。

　西三河地域は、豊田、刈谷周辺を中心にトヨタ系の工場も多く、自動車産業や機械・金属工業が集積した労働力需要が大きい地域である。それでも、長引く景気の低迷や生産拠点の海外移転により労働力需要が弱まり、1999

年の有効求人倍率は、0.54倍まで低下した。

最後に、東三河地域は三河湾臨海部を中心にした自動車産業の進出など新産業展開をはかっている。また、高速道路に近い立地を生かして、工業団地や流通センターを整備するなど発展を続けている。この地域は、従来から名古屋や西三河地域への就職希望者も多いが、地域内の中小企業を中心に雇用需要は旺盛である。しかし1999年の有効求人倍率は、0.62倍にとどまった。

愛知県下労働市場の今後の見通しは、人口は2010年頃まで緩やかな増加傾向が見込まれるものの、年少人口の減少と老年人口の増加により高齢化がさらに進むと推測される。愛知の労働力人口は1995年には、1990年より22万人増加して382万人となったが、1995～2005年の間には約12万人の増加と伸びが鈍化する。その後、2005～2010年の間には約3万人減少すると予測されている。さらに、15～29歳の若年層の労働人口は、1995年の101万人から2010年までに約26万人と大幅な減少が見込まれている。逆に、55歳以上の高年齢層の労働人口は同期間に79万人から約31万人の大幅な増加が予測され、高年齢層の労働力人口全体に占める割合は、1995年の20.8％から2010年には28.4％へと、高齢化がいっそう進むと予測されている。

4 人材派遣事業

1 人材派遣とは

多様化する労働市場において注目すべき分野の一つが人材派遣である。2001年の名古屋市従業者数動向の資料を見ると、ほとんどの産業が従業者数の減少を示しているが、人材派遣事業は大きく成長した数少ない産業である。

人材派遣とは、「労働者派遣事業の適正な運営の確保および派遣労働者の就業条件の整備等に関する法律」（以下「労働者派遣法」）において、次のように定義されている。「自己の雇用する労働者を、当該雇用関係の下に、かつ、他人の指揮命令を受けて、当該他人のために労働に従事させることをいい、

当該他人に対し当該労働者を当該他人に雇用させることを約してするものを含まない」。すなわち、派遣労働者は人材派遣会社と雇用契約を結び、その派遣会社が派遣契約を結んだ会社で、派遣先の指揮命令の下で働くものである。同法律は、「労働力の需給の適正な調整をはかるため労働者派遣事業の適正な運営の確保に関する措置を講ずるとともに、派遣労働者の就業に関する条件の整備等をはかり、派遣労働者の雇用の安定その他福祉の増進を目的として」1985年7月に立法化されたものである。

労働者派遣法では、派遣事業を2種類に分類している。つまり、特定の派遣会社に常時雇用社員として雇われていて、派遣の仕事をする特定労働者派遣事業（届出制）と、派遣会社に登録して、依頼があると派遣会社と雇用契約を結んで派遣先で働く（派遣会社に登録をした段階では雇用契約は発生していない）一般労働者派遣事業（許可制）である。

日本国内における派遣事業の歴史は、1966年アメリカのマンパワー社がマンパワー・ジャパンを設立したのがそのはじまりといわれている。その後、他の外資系企業も参入したが、当時は派遣が事業として認められていなかったために、派遣事業としてではなく「事務処理請負サービス事業」という形態をとり、細々と営業を続けていた。

その後、国内で派遣が本格的に事業展開を開始したのは、労働者派遣法が施行された1986年以降のことである。しかし、派遣事業は労働者派遣法に基づき運営されているので規制も多く、業界からは規制緩和の要望が今も数多く寄せられている。

当時、労働者派遣法の立法化を審議した中央職業審議会は、伝統的な長期雇用システムこそが日本の労働市場での雇用を安定させていると考えていたので、長期雇用との棲み分けを前提として、専門職に限定して派遣事業を認めた。そのため、派遣業務は事務処理サービス、通訳・翻訳、速記など16の業務に限定されていた。その後、労働者派遣法は数回の改正が実施され、規制緩和が行われてきた。1996年の改正では派遣対象が26業務に拡大され、1999年には原則的にすべての業務（港湾輸送、建設、警備、医療関係業務等は除

く）に派遣が認められた。ただし、派遣先における派遣労働者受け入れ期間は1年間、1996年に認められた26業務に関しては3年間に制限するという行政指導がつけられている。

2 派遣業界の現状

これまで派遣事業は、規制の緩和とともに成長を続けてきた。2000年度労働者派遣事業報告集計結果によると、2000年度の営業売上高は、一般派遣1兆2847億円（対前年度比18.7％増）、特定派遣3870億円（対前年度比2.3％増）、合計1兆6717億円（対前年度比14.5％増）にまで成長した。事業所数は、1994～2000年の間に特定派遣1.25倍、一般派遣は、2.2倍に拡大した。だが、99年の派遣業務原則自由化以後は多数の新規参入があり、また、法的制約から経営に独自性を出しにくく、事業規模は拡大したものの派遣会社間の競争は激しさを増している。

人材派遣が急速に成長を遂げた背景には顧客となる企業と労働者の双方からのニーズが存在したからである。厚生労働省が発表した「労働者派遣事業実態調査結果報告」によると、派遣労働者を採用した理由として、欠員補充

表8-2 労働者派遣された派遣労働者数等

(単位：人、％)

		1993年度	1994年度	1995年度	1996年度	1997年度	1998年度	1999年度	2000年度
一般	(1)常用雇用労働者数	68,416 (△1.6)	68,883 (0.7)	73,087 (6.1)	82,886 (13.4)	93,957 (13.4)	72,885 (△22.4)	112,856 (54.8)	137,392 (21.7)
	(2)常用雇用以外の労働者数((1)以外)	97,630 (△12.5)	99,421 (1.8)	112,240 (12.9)	146,703 (30.7)	179,774 (22.5)	161,275 (△10.3)	218,787 (35.7)	264,220 (20.8)
	(3)登録者数	436,336 (△13.3)	437,000 (0.2)	469,339 (7.4)	572,421 (22.0)	695,045 (21.4)	749,635 (7.9)	892,234 (19.0)	1,113,521 (24.8)
特定	(4)常用雇用労働者数	69,934 (△13.3)	69,996 (0.1)	69,630 (△0.5)	68,941 (△1.0)	66,328 (△3.8)	72,754 (9.7)	62,859 (△13.6)	135,451 (115.5)
合計	(1)+(3)+(4) (派遣労働者数)	574,686 (△12.1)	575,879 (0.2)	612,056 (6.3)	724,248 (18.3)	855,330 (18.1)	895,274 (4.7)	1,067,949 (19.3)	1,386,364 (29.8)
	(1)+(2)+(4)(常用換算派遣労働者数)	235,980 (△10.0)	238,300 (1.0)	254,957 (7.0)	298,530 (17.0)	340,059 (13.9)	306,914 (△9.7)	394,502 (28.5)	537,063 (36.1)

注：カッコ内は対前年度増減比。
出所：厚生労働省・職業安定局「労働派遣事業の平成12年度事業報告の集計について」。

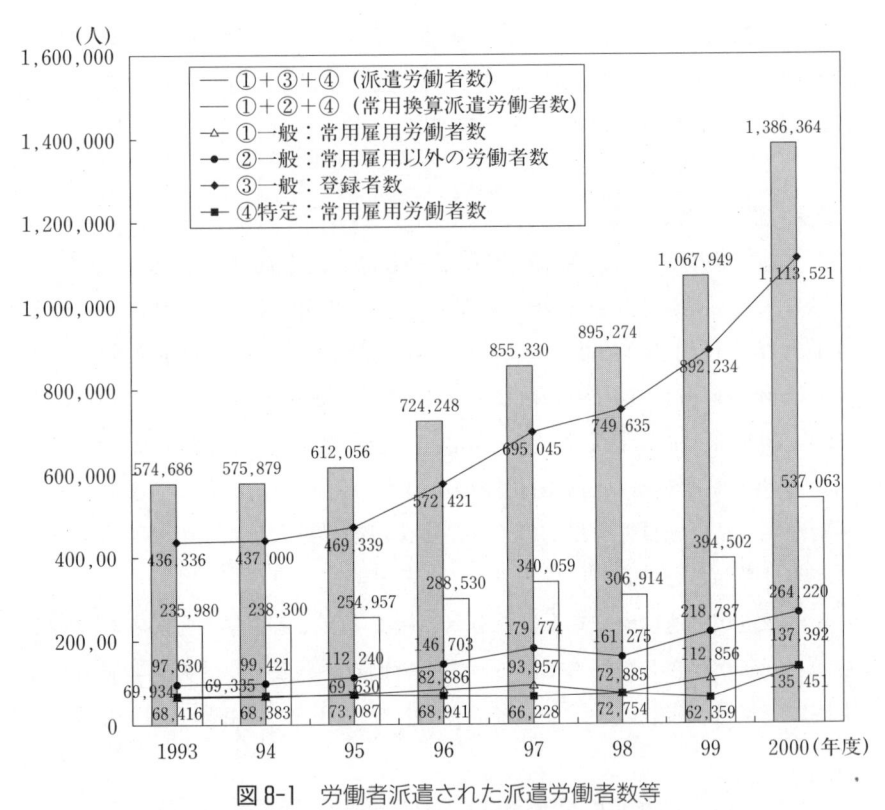

図8-1 労働者派遣された派遣労働者数等

注：常雇用以外の労働者数は常用換算（常用雇用以外の労働者の年間総労働時間数の合計を常用雇用労働者の1人当たりの年間総労働時間数で除したもの）としている。
出所：厚生労働省・職業安定局「労働派遣事業の平成12年度事業報告の集計について」。

など必要な人員を容易に確保できる、人件費を安く抑えることができる、通常業務の一時的な補充のため、特別な知識・技術が必要なためと企業は回答している。そして、33％の企業は派遣の利用を増やしており、84.5％の企業が派遣社員は戦力になると高く評価している。

また社会的要因として、少子高齢化、女性の社会進出、高学歴化なども派遣が増加した要因とされている。教育レベルが高くなると労働者の仕事に対する認識も多様化し、個人のライフスタイルが確立されると自分にあった働

表8-3　2000年度労働者派遣事業実績（東海・首都圏）

	全　　国	首都圏（南関東）	東海地区
労働派遣者数	1,386,364	762,608	129,414
		⟨55.0⟩	⟨9.3⟩
（単位：人、％）	(+29.8)	(+30.9)	(+38.6)
派遣先件数	293,217	155,853	25,014
		⟨53.2⟩	⟨8.5⟩
（単位：件、％）	(+10.9)	(+24.2)	(+3.2)
売上高	1,671,846	968,517	164,485
		⟨57.9⟩	⟨9.8⟩
（単位：百万円、％）	(+14.5)	(+18.0)	(+11.5)

注：（　）は対前年度比増比、⟨　⟩は全国に占めるシェア。
出所：厚生労働省職業安定局『労働派遣事業平成12年度事業報告書』のデータをもとに作成。

き方がしたいというニーズが出現した。派遣労働者に対するアンケートでは、「正社員になりたいか」という質問に対し、今後も派遣として仕事を続けたいと答えた人数が、正社員になることを希望した数を上回ったという調査結果も報告されている。

　成長を続ける派遣事業だが、業界では売上げの成長率が10％から1桁台に落ち、成長が鈍化してきたことから、すでに派遣事業は成長期から成熟期に入ったとの意見も聞かれる。競争が激化する中で、派遣会社は大手と零細業者に2極分化され、その格差が鮮明になってきている。売上高からも大手企業への集中は明らかであり、全体の1割の企業が業界売上全体の6割を占め、その他は年間売上高1億円以下の零細業者である。

　合併・買収も1996年頃からはじまり業界の再編が進められている。中堅業者の中には株式公開で資金を調達し、M&Aを活用しながら全国的経営網の構築をめざす会社も出現してきた。今後は、零細業者や中堅業者を中心に買収などで淘汰されていく業者が増加すると推測される。派遣会社には独立系、資本系（大手の子会社）、外資系の3タイプがある。資本系の派遣会社は、一般の大手企業が労務管理の一環として派遣会社をつくり、そこで定年社員

を登録して派遣として受け入れる目的で設立された。そのため派遣会社としての利益を上げる必要はなかった。しかし、連結決算になると赤字を見逃せなくなり、将来性がなければ売却し撤退する会社が現れた。

　派遣市場の地域別シェアは首都圏（南関東）が全体の約6割を占有し、業界の上位を首都圏の派遣会社が独占している。東海地域は、全国の8～9％のシェアにとどまっているものの東海地域の特色は、トヨタ系の自動車・自動車部品が圧倒的に強く、派遣先の3割が製造業で占められていることである。現在、「産前・産後・育児休業取得者、介護休業取得者」の代替派遣としてのみで認められている「物の製造の業務」が規制緩和により全面解禁になれば、東海地域の派遣市場は相当な規模で拡大するものと期待されている。また、今後派遣で期待できる事業分野の一つとして、3次元CAD事業がある。3次元CADの技術は、製造業にとって開発費の低減とスピードアップに貢献し、この地域に集積している自動車産業と航空産業には欠くことができない技術だといわれ、今後の需要拡大が期待されている。

設問

1　労務管理の発展と労働者観の変遷について述べなさい。
2　企業が経営環境の変化に適応し存続するために必要な人材を採用・育成するにはどんな雇用対策を推進すればよいか。
3　終身雇用制について説明しなさい。また、終身雇用制は今後日本で存続すると思うか？　その理由を述べなさい。
4　就職後3年未満の若年層の離職率が高いといわれていることについてどのように感じるか。また、どんな対策を講じれば定職率を高めることができるか。
5　今後、さらに進展する高齢化社会において労働力を確保するには、いかなる方法があるか。その方法を実行するにはどのような環境整備が必要か。

●── 参考文献
二神恭一編著『ビジネス・経営学辞典』中央経済社、1996年

二神恭一編著『企業と人材・人的資源管理』現代経営学講座8、八千代出版、2000年

平野文彦編著『人的資源管理論』税務経理協会、2000年

厚生労働省職業安定局編『地域別雇用データ2010：都道府県別就業者、新規学卒労働力等の長期見通し』労働基準調査会、2001年

森五郎監修／岩出博『LECTURE 人事労務管理』〔新版〕泉文堂、2000年

名古屋市総務局企画部統計課編『名古屋の事業所：平成13年事業所・企業統計調査速報』2002年

日本人材派遣協会編『人材派遣白書2002年版：人材開発の新しい波』東洋経済新報社、2002年

奥林康司編著『変革期の人的資源管理』中央経済社、1995年

岡本康雄編著『現代経営学辞典』〔3訂版〕同文舘出版、2003年

ウォマック, J. P. 他（沢田博訳）『リーン生産方式が、世界の自動車産業をこう変える。：最強の日本車メーカーを欧米が追い越す日』経済界、1990年

第9章 財務システム

1 企業と資本

　企業は「資本調達」にはじまり、調達した資本（資金）により、土地、建物、機械設備、資材、労働力などを「購買」準備して製品を「生産」し、それを「販売」する。販売によって獲得された収入の処理が行われ、残された資金をもって再び購買、生産、販売するという活動を繰り返している。企業の活動を支えるのは資本であり、資本が循環することによって企業の存続、成長がはかられるのである。

　企業を中心にした資本の流れは、企業内部の循環だけでなく、企業へ流入してくるもの、企業外へ流出していくもの、これらすべてを包括してとらえ管理していかなければならない。ここに財務システムの問題があるのであり、財務管理の課題があるといえよう。いわば、企業における資本の流れ、すなわち資本の調達、資本の運用、利益処分を含むすべての資本活動を有機関連性を持って、期間的にも、金額的にも相互にバランスをとりつつ、企業の存続・成長に向けて主体的に調整をはかっていく、この活動が財務管理である。

　この点をわかりやすく示したのが図9-1の経営における資本の流れである。企業内の資本が、パイプを通して、水槽から水槽へと循環していくのであるが、この場合、資本が固定化せず、スムーズに流れ、ムダとなる漏れを止め、しかも企業外からも、できるだけ有利、かつ安定的な資本を導入して、企業を成長、発展させていくことが大切なことを示している。そして、パイ

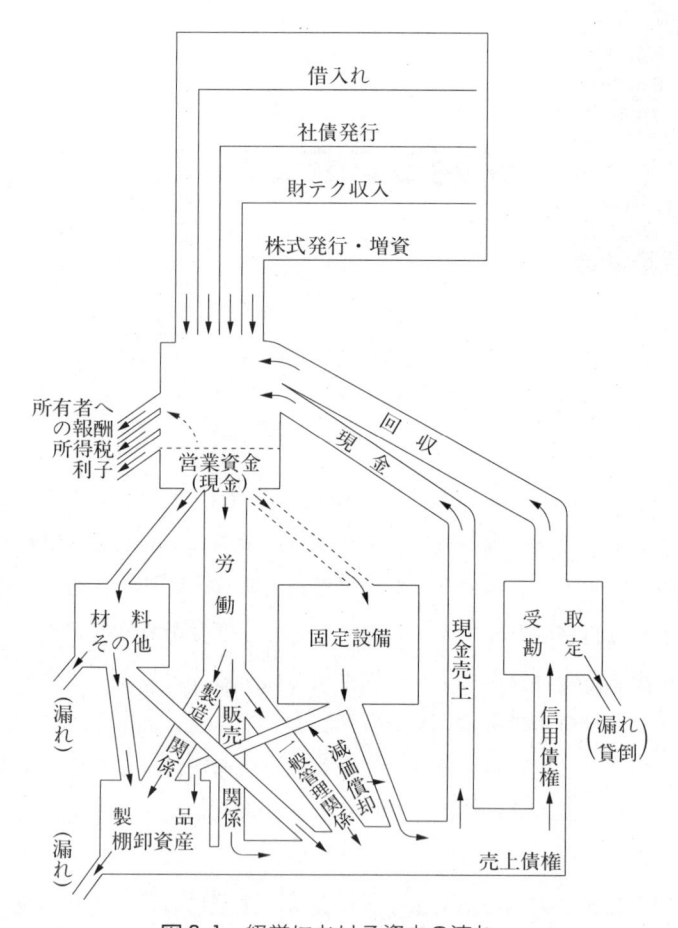

図 9-1　経営における資本の流れ
出所：細井（1965），p. 9 に一部を付け加えて作成。

プ間の関係、つまり、財務構造の適正化、健全化も、あわせて考えられなければならない。

こうした資本の流れのうち、決算日における企業の資本（財産）状況をうつし出したものが、貸借対照表とみることができる。名古屋を代表するトヨタ自動車の貸借対照表を要約して例示したものが表9-1である。それは、資産と負債の対比によるストックの面から、財産状況を示して利益（損失）

表9-1 貸借対照表（B/S）（トヨタ自動車第98期：2002年3月31日現在）

(百万円未満切り捨て)

	借　方			貸　方	
流動資産	流動資産	3,431,039	負債	流動負債	1,961,602
	現金預金	265,802		支払手形	1,202
	売掛金	994,390		買掛金	731,445
	受取手形	0		未払金	348,720
	商品・製品	107,794		短期借入金	0
	原材料	14,843		その他の流動負債	880,235
	仕掛品	66,987		固定負債	844,169
	その他の流動資産	1,981,223		社債	400,600
固定資産	有形固定資産	1,275,101		長期借入金	0
	建物	350,141		退職給付引当金	391,458
	土地	400,484		その他の固定負債	52,111
	設備	383,867			
	その他の固定資産	140,609		負債計	2,805,772
	無形固定資産	0	資本	資本金	397,049
	営業権・特許権	0		法定準備金	514,604
	投資等	3,761,789		剰余金	4,808,613
	投資有価証券	1,832,686		各種準備・積立金	4,448,107
	子会社株式・出資金	1,223,747		当期未処分利益	360,506
	その他の投資等	705,356		（うち当期利益）	(470,239)
				評価差額金	99,656
	固定資産計	5,036,891		自己株式	△157,766
				資本計	5,662,158
	資　産　合　計	8,467,930		負債・資本合計	8,467,930

注：一般的な貸借対照表の様式にトヨタ自動車の貸借対照表の数字を入れて示した。

を表示する。貸借対照表の右側つまり貸方側で資本の調達源泉が把握されている。負債は他人資本調達を意味し、資本は自己資本調達を意味している。貸借対照表の左側つまり借方側に資本の運用の結果が把握されている。

　また、決算期間内の経営状況を財務数字としてうつし出したものが、損益計算書とみることができる。トヨタ自動車の損益計算書を要約して例示したのが表9-2である。それは、収益と費用の対比によるフローの面から、経

表 9-2　損益計算書（P/L）（トヨタ自動車第 98 期
：2001 年 4 月 1 日から 2002 年 3 月 31 日まで）
（百万円未満切り捨て）

科　　目	金　額
売上高	8,284,968
売上原価	－ 6,618,526
売上総利益（粗利益）	1,666,442
販売費及び一般管理費	－ 917,517
営業利益	748,924
営業外収益（受取利息・配当金等）	＋ 174,212
営業外費用（支払利息等）	－ 154,215
経常利益	768,920
特別利益（固定資産の売却益等）	＋ 0
特別損失（固定資産の売却損等）	－ 0
税引前利益	768,920
法人税等	－ 298,681
当期利益	470,239

注：一般的な損益計算書の様式にトヨタ自動車の損益計算書の数字を入れて示した。

営成績を利益または損失として表示する。収益増大やコスト削減、余裕資金の運用などの活動の良否が、利益（または損失）額として把握されるのである。

この貸借対照表、損益計算書の、5年、10年先の理想的な姿をめざして、中・長期的な観点から、資本の調達、運用、処分を進める、すなわち財務管理を進め、適正かつ効率的な財務システムを構築していくことが大切なポイントであろう。

2　資本調達

企業における資本調達の方法をまとめて示せば図 9 - 2 のように示すことができる。企業の外部から資本を調達する外部金融と、企業の内部に蓄積された資本を活用する内部金融とに大別できる。外部金融のうち株式による調達は返済の必要はなく、もっぱら企業の設立・発展のために活用される。そ

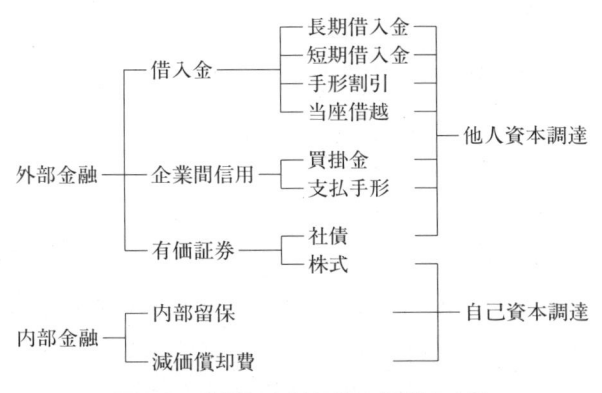

```
                    ┌─ 長期借入金
                    ├─ 短期借入金
         ┌─ 借入金 ──┤
         │          ├─ 手形割引
         │          └─ 当座借越       ┐
         │                            │
外部金融 ─┼─ 企業間信用 ─┬─ 買掛金    ├─ 他人資本調達
         │              └─ 支払手形   │
         │                            │
         │          ┌─ 社債           ┘
         └─ 有価証券┤
                    └─ 株式           ┐
                                      ├─ 自己資本調達
         ┌─ 内部留保                   │
内部金融 ─┤                            ┘
         └─ 減価償却費
```

図9-2　企業における資本調達の方法

れゆえ、これに内部留保ならびに減価償却を含めて自己資本調達と称される。その他の資本は帰属が企業以外にあり、他人資本調達と称される。

　借入金は銀行や保険会社などからの資本調達であり、借入れ期間が1年以下のものを短期借入金、1年を超えるものを長期借入金という。手形割引は受取手形の決済期日前に銀行が割引料などを差し引いて融資するものであり、当座借越は当座勘定の預金以上に銀行が決済してくれるものであり、これらは借入金に含まれる。

　企業間信用（営業債務）には、仕入先から商品等を掛けで買い入れる買掛金、手形で支払う支払手形があり、それぞれ仕入先から実質的に資本調達を行っていることになる。

　有価証券のうち社債は、確定利子つきの有価証券（社債）を発行して、債券市場で売買することで資本を調達する方法である。一定期間後に償還の義務がある。株式による資本調達は、有価証券（株式）を発行して資本調達するもので、返済の必要がなく、企業にとり安定した資本といえる。出資者（株主）にとっても、小額かつ均一化された株券を資力に応じて引き受けることができるうえに、出資額分以上の債務を負わない有限責任制、さらに出資と経営の分離がなされて、株式会社制度が発達した。

　内部金融のうち、内部留保は、企業活動の結果得られた最終的な利益から、

企業外に流出する所得税や配当金が差し引かれて、企業内に残る利益剰余金に相当するものが蓄積されたものをいい、これがいずれ企業活動に再投資されるのである。

　減価償却費は、使用および時の経過のため固定資産に生ずる価値の目減りを決算期ごとに定率ないし定額で費用として引き当てるもので、減価償却引当金として企業に蓄積され、これもいずれ設備などに振り向けられる。

　2000年度における従業員規模別資金調達構造を示したのが図9-3である。これによれば、小さな規模の企業ほどいわゆる自己資本の割合が低く、逆に借入金の割合が高い。中小企業は金融機関からの資本調達に大きく依存しているのである。

　金融機関別中小企業向け貸出残高を見たのが表9-3である。都市銀行は全国を営業対象とする銀行で、中小企業に最も多くの貸付をしている。このほか大企業向けにも2001年に59兆円の貸付をしている。

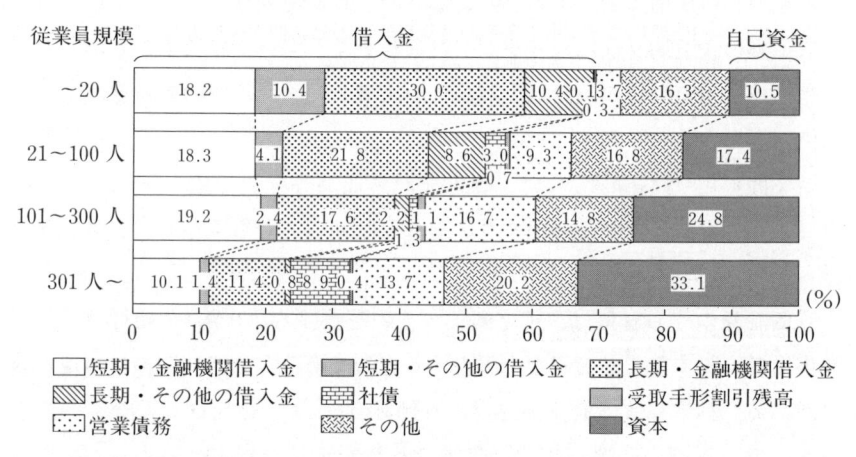

図9-3 従業員規模別資金調達構造：規模が小さくなるにつれて高まる借入れのウエート（2000年度）

注：1）各項目の構成比率は分母を負債＋資本＋割引手形残高として算出。
　　2）営業債務（企業間信用）は支払手形＋買掛金の残高。
　　3）その他とは営業債務＋長短借入金＋社債以外の負債である引当金などの残高。
出所：中小企業庁（2002), p. 143。

表 9-3　金融機関別中小企業向け貸出残高

(単位：兆円、％)

	1995 年		1997 年		1999 年		2000 年		2001 年	
	金額	構成比	金額	構成比	金額	構成比	金額	構成比	金額	構成比
都市銀行	110.8	31.2	109.4	31.4	95.6	30.1	101.2	31.5	93.9	31.2
地方銀行	78.0	22.0	77.4	22.2	72.8	22.9	76.5	23.8	72.9	24.2
第二地方銀行	34.8	9.8	33.5	9.6	31.2	9.8	30.8	9.6	27.2	9.0
信託銀行・長期信用銀行	32.3	9.1	32.2	9.3	22.9	7.2	21.9	6.8	20.3	6.7
信用金庫	51.2	14.4	50.7	14.6	50.3	15.8	47.6	14.8	45.2	15.0
信用組合	19.3	5.4	17.1	4.9	14.6	4.6	13.8	4.3	12.4	4.1
商工組合中央金庫	11.7	3.3	11.4	3.3	11.3	3.6	10.9	3.4	10.6	3.5
中小企業金融公庫	7.8	2.2	7.1	2.0	7.6	2.4	7.7	2.4	7.6	2.5
国民生活金融公庫	9.2	2.6	9.1	2.6	11.1	3.5	11.1	3.5	10.9	3.6
合　計	355.1	100.0	347.9	100.0	317.4	100.0	321.5	100.0	301.0	100.0

注：1) 銀行における中小企業向け貸出残高とは、資本金3億円〈1億円〉（卸売は1億円〈3000万円〉、小売業、飲食店、サービス業は5000万円〈1000万円〉以下、または常用従業員300人（卸売業、サービス業は100人〈サービス業は50人〉、小売業、飲食店は50人）以下の企業（法人および個人企業）への貸出しをさす。〈 〉内は1999年以前の定義を示す。
2) 信用金庫における中小企業向け貸出残高とは、個人、地方公共団体、海外円借款、国内店名義現地貸を除く総貸出残高。
3) 信用組合における中小企業向け貸出残高とは、個人、地方公共団体などを含む総貸出高。
4) 国民生活金融公庫は、1999年10月に「国民金融公庫」と「環境衛生金融公庫」が統合したため、1998年までの残高は「国民金融公庫」単体の残高。
出所：中小企業庁（2002)，付属統計資料 p.16 の表を再構成。

　地方銀行は地域に営業基盤を持って融資をしており、都市銀行につぎ中小企業への貸付割合が高い。大企業にも24兆円貸し付けている。相互銀行から変わった第二地方銀行は中小企業向けの金融機関であり、9％の割合を占めている。信託銀行・長期信用銀行は、むしろ大企業向けに貸付をしている金融機関で、それに32兆円、中小企業にも20兆円・(6.7％)ほどを貸し付けている。

　信用金庫は会員制度による協同組織の地域金融機関で、貸出を原則として会員に限定しているものの、貸付割合は地方銀行について第3位に入っている。信用組合は中小企業協同組合法に基づいた金融機関で、相互扶助の精神

で運営され、組合員以外からの預入れに制限がある。

　商工組合中央金庫は、中小企業等協同組合や中小規模の事業者を構成員とする団体向けに、安定した事業資金の供給を主体とする半官半民の金融機関である。中小企業金融公庫は、中小企業向けに長期資金を供給する政府全額出資の金融機関である。国民生活金融公庫は、一般の金融機関から融資を受けることが困難な中小企業者に対して、小口の融資、新規開業資金を供給する政府全額出資の金融機関である。以上3つの政府系金融機関は中小企業の保護育成、民間金融機関の補完という政策目的で、中小企業専門に資金を貸し付けるために設立されたものである。

　なお、愛知県、岐阜県、三重県に本拠を置く銀行には、UFJ銀行（持株会社UFJホールディングス）、名古屋銀行、愛知銀行、中京銀行、十六銀行、大垣共立銀行、岐阜銀行、百五銀行、三重銀行、第三銀行がある。

　この地域ではUFJ銀行が他の都市銀行に対しても追随を許さぬ圧倒的な強さを持っている。また、無借金経営の企業が多いなど財務体質が良好で資金需要が弱く、そのため銀行による融資競争が激しく、名古屋金利と呼ばれる貸出金利の低さが特徴的である。

3　資本の運用

　企業は調達した資本を運用して、企業形態や事業システムを構築し、購買、生産、販売活動を展開して経営目的の達成をはかっている。

　資本の運用は資産内容に関連し、貸借対照表の借方側に反映されている。現金および預金への運用、売掛金、受取手形などの売上債権運用、短期保有の有価証券などへの運用は当座資産を構成し、企業の財務流動性の維持と密接にかかわっている。ここでは、得意先の選定と売掛期間の決定が重要となろう。これらに、原材料、仕掛品、製品、商品、貯蔵品などの棚卸資産への在庫運用は、季節変動、流行、生産期間の長さなどの影響を受ける。現在この在庫運用はコスト削減をはかるため低下傾向にある。以上を合わせたもの

が流動資産である。

　固定資産は、建物、機械、設備、土地などの有形固定資産、特許権、借地権、商標権、営業権などの無形固定資産、子会社株式、投資有価証券、長期貸付金、出資金、長期前払い費用などの投資、さらに支出の効果が1年以上に及ぶため資産として繰り延べ処理された創業費、新株発行費、社債発行費、試験研究費などの繰延資産への運用がある。

　企業が存続・成長をはかるには、限りある調達資本を、流動性を高めて支払能力を確保しつつ、設備投資を行って収益性をあげていくのが鍵である。その意味で流動資産から流動負債を差し引いて求められる運転資本の運用と、資金が長期間にわたって固定化される設備投資運用が、資本運用の中心課題となる。資本の調達ならびに運用の適正な管理用具としての経営分析ならびに予算および財務計画を活用して、資本の調達と運用のバランスの保持をはかっていくことが重要であろう。

　企業は収益性を高めるべく最新鋭の設備投資などを間断なく行う必要があるが、そのため流動性が犠牲になるならば資金繰りに破綻をきたすおそれが高まろう。資金が逼迫して支払いが滞ると破綻は免れないからである。企業倒産はこうした財務状況が経済や金融の状況と相まって生じるものである。東京商工リサーチによると、2002年の負債額1000万円以上の倒産件数は、全国で1万9087件、負債総額は13兆7824億円であった。愛知県は970件、5391億円、岐阜県は295件、3852億円、三重県は201件、1182億円であった。この地域は財務基盤が強く堅実経営の企業が多いようで、経済規模や企業数に比し倒産の発生は少ないといえよう。

　資本運用の結果、利益が出れば前期繰越利益と合算されて利益処分がなされる。利益準備金、株主配当金、役員賞与金、任意積立金に向けられ、残りが次期繰越利益として繰り越される。

4　名古屋の株式市場

　株式会社の株式などを売買する場所である株式市場は、現在、東京、大阪、名古屋、福岡、札幌の5ヵ所にある。名古屋の株式市場を担う名古屋証券取引所は、1886年に創設された名古屋株式取引所を前身とし、1949年に証券会社を会員とする法人として設立されている。おかれた場所が伊勢町。2002年4月、株式会社へ組織変更し、株式会社名古屋証券取引所となっている。投資者の売買注文を市場で直接執行できる総合取引参加者数は34社である。

　名古屋市場における上場有価証券の種類は、2003年2月末で内国株券は市場第一部銘柄（400銘柄そのうち名証のみに上場されている単独上場銘柄は10）、市

表9-4　全国証券取引所株式売買代金

(単位：兆円、%)

年	東京	大阪	名古屋	その他の証券取引所	取引所合計
1989	332.6 (86.1)	41.6 (10.8)	10.3 (2.7)	1.7 (0.4)	386.3
1990	186.6 (80.5)	35.8 (15.5)	7.3 (3.2)	2.0 (0.9)	231.8
1991	110.8 (82.7)	18.7 (14.0)	3.5 (2.7)	0.9 (0.7)	134.1
1992	60.1 (74.7)	15.5 (19.4)	3.8 (4.8)	0.8 (1.1)	80.4
1993	86.8 (81.9)	14.6 (13.8)	3.4 (3.3)	1.1 (1.1)	106.1
1994	87.3 (76.2)	19.3 (16.9)	5.7 (5.0)	2.1 (1.9)	114.6
1995	83.5 (72.1)	24.7 (21.3)	5.4 (4.7)	2.0 (1.8)	115.8
1996	101.8 (74.8)	27.2 (20.0)	5.3 (4.0)	1.6 (1.2)	136.1
1997	108.5 (71.6)	27.0 (17.8)	12.7 (8.4)	3.1 (2.1)	151.4
1998	97.3 (78.5)	20.5 (16.5)	5.9 (4.8)	0.1 (0.2)	124.1
1999	185.5 (88.3)	22.1 (10.5)	2.3 (1.1)	0.2 (0.1)	210.2
2000	248.6 (85.6)	34.6 (11.9)	6.8 (2.4)	0.1 (0.0)	290.3
2001	202.2 (89.8)	27.0 (9.2)	2.1 (0.9)	0.08 (0.0)	225.2
2002	193.3 (92.4)	14.7 (7.0)	1.0 (0.5)	0.08 (0.0)	209.2

注：1）（　）内は合計に対する構成比。
　　2）「その他の証券取引所」は福岡、札幌、広島・新潟（2000年3月1日東京との合併により解散）、京都（2001年3月1日大阪との合併により解散）の合計。
　　3）外国株式の売買代金は含まない。
出所：東京証券取引所（2002），p. 132の図表の一部に2002年を加えて作成した。

場第二部銘柄（139銘柄うち名証単独上場は90）およびセントレックス（成長企業市場部）（1銘柄あったが2002年12月名証第二部指定替えで現在上場0）に分けられる。債券は、転換社債、国債、公社債および外国債権が上場されており、転換社債は現在約117銘柄、そのうち名証単独上場銘柄は5銘柄である。

　バブルの崩壊、個人投資家の株式離れ、情報通信技術の大改新、ナスダック・ジャパン（現ヘラクレス）の出現や日本企業の海外上場など証券市場の国際競争の激化、東京市場への集中化の流れの中で、名証も株式売買高の減少傾向が続いている（表9-4参照）。この中で、大口取引の一部手数料引き下げ、午後3時15分までの15分間の取引時間の延長、証券会員制法人から株式会社組織への変更、企業の自社株買い付けの専門市場の新設、中部地方のベンチャー企業（成長企業）を対象にした新市場の創設、IR（投資家向け情報提供）活動の重視など対策を重ねてきたものの、売買高低迷、上場廃止を申請する企業が相次いでおり、活性化策を模索しているのが実情である。

設問

1　資本調達源泉には何があり特徴は何か述べなさい。
2　資本運用には何があり留意すべき点は何か述べなさい。
3　資本の調達、運用と貸借対照表、損益計算書とのかかわりについて述べなさい。
4　中小企業の資本調達の特徴を大企業と比較しながら述べなさい。
5　株式市場まで含めて資本の調達と運用面での名古屋圏の特徴について述べなさい。

●──参考文献

今光廣一編著『経営学総論』八千代出版、1986年
岩田憲明『名古屋の元気な会社101社』明日香出版、1995年
細井卓『現代の資本管理』中央経済社、1965年
細井卓『財務管理論』中央経済社、1981年
中垣昇『財務管理論の基礎』〔第4版〕創成社、2001年
坂本恒夫編『テキスト財務管理論』中央経済社、2002年

柴川林也編著『経営財務』八千代出版、2000年
中小企業庁編『中小企業白書』〔2002年版〕ぎょうせい、2002年
戸田俊彦『企業倒産の予防戦略』同文舘出版、1984年
戸田俊彦「財務戦略」『月刊中小企業』1993年5月
東京証券取引所『東証要覧』東京証券取引所総務部、2002年
渡辺幸男・小川正博・黒瀬直宏・向山雅夫『21世紀中小企業論：多様性と可能性を探る』有斐閣、2001年

第10章 企業と情報

1 企業と情報

1 企業を取り巻く情報環境

　21世紀に入って、経済状況はよくなっていないものの、情報技術の進展は図10-1のように目覚ましく、本格的なブロードバンド化が進んでいる。このように、ネットワーク環境が整備されるのに伴い、インターネットユーザーやインターネットビジネスが急速に増加している。

　また、製品の情報化も進んでいる。たとえばカラーテレビとパソコンの販売台数を比較すると、図10-2のようにパソコンの方が大きく伸びている。しかし、パソコンでテレビが見られるようになり、この分類も変わるであろうし、家電品以外の製品に情報技術が浸透してきている。ブラザー工業のデジタル複合機は、ファックス、プリンター、コピー、スキャナーの機能を1台にまとめていて利便性はよくなるものの、分類はしにくくなる。

　こうした情報技術や機器の急激な変化に伴って、企業が利用できる情報は大きく増加している。ビジネスチャンスを生かすためには、必要な情報が選択できることと、その情報に基づいて迅速に対処する行動が要求されるようになっている。

　ノーラン（R. L. Nolan）のステージ理論に代表されるように、1980年代に汎用機（メインフレーム）と呼ばれる大型計算機のDP（data processing）時代から、パソコンやワークステーションを利用したネットワークを主流とする

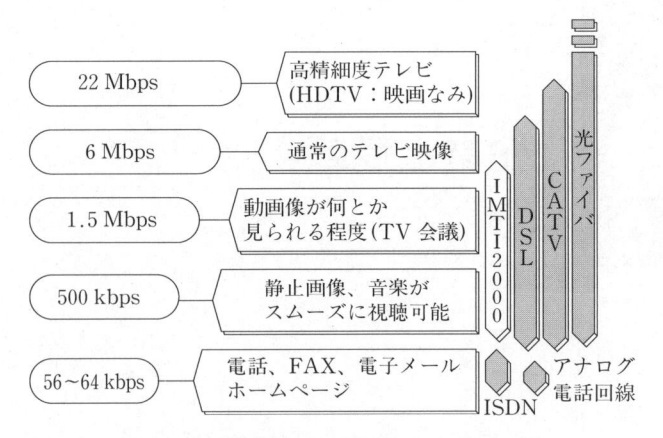

```
┌─────────┐    ┌──────────────┐
│22 Mbps  │────│高精細度テレビ  │
└─────────┘    │(HDTV：映画なみ)│
               └──────────────┘
┌─────────┐    ┌──────────────┐
│ 6 Mbps  │────│通常のテレビ映像│
└─────────┘    └──────────────┘
┌─────────┐    ┌──────────────┐              光
│1.5 Mbps │────│動画像が何とか │   I          フ
└─────────┘    │見られる程度   │   M  D  C   ァ
               │(TV会議)      │   T  S  A   イ
               └──────────────┘   2  L  T   バ
┌─────────┐    ┌──────────────┐   0     V
│500 kbps │────│静止画像、音楽が│   0
└─────────┘    │スムーズに視聴可能│
               └──────────────┘
┌─────────┐    ┌──────────────┐        アナログ
│56～64kbps│───│電話、FAX、電子メール│     電話回線
└─────────┘    │ホームページ   │  ISDN
               └──────────────┘
```

図 10-1　回線別の利用可能コンテンツ例

注：1）▨部分はすでに一般家庭で利用されているもの。
　　2）上記図表では、ストリーミング技術を用いた場合に各コンテンツが必要とする回線要領の目安を示している（たとえば通常のテレビ映像と同等の画質のコンテンツをインターネット経由で見る場合、6 Mbps 程度の回線容量が必要となる）。

出所：http://www.soumu.go.jp/hakusyo/tsushin/h 13/html/D 2221000.htm

図 10-2　カラーテレビとパソコンの出荷台数比較

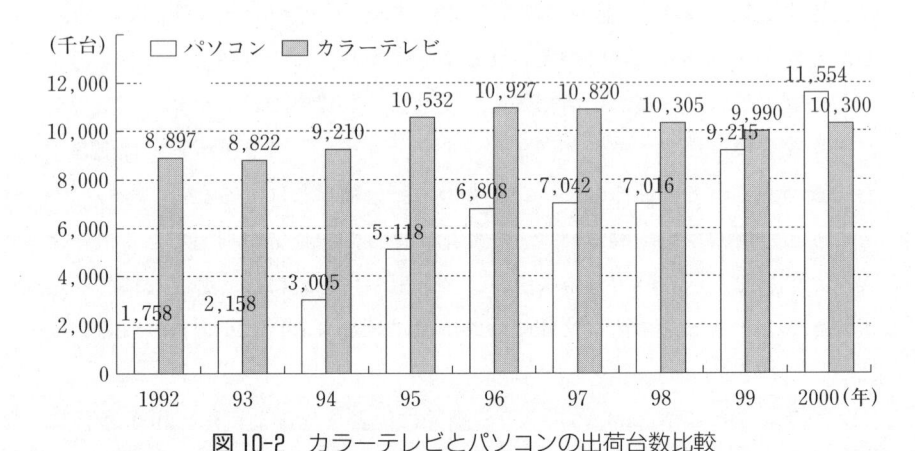

年	パソコン	カラーテレビ
1992	1,758	8,897
93	2,158	8,822
94	3,005	9,210
95	5,118	10,532
96	6,808	10,927
97	7,042	10,820
98	7,016	10,305
99	9,215	9,990
2000	11,554	10,300

（千台）

注：カラーテレビにはハイビジョンテレビおよび液晶カラーテレビを含む。
出所：http://www.soumu.go.jp/hakusyo/tsushin/h 13/html/D 2221000.htm

IT時代へと変わった（佐々木, 2001）。さらに、1990年代には、マイクロソフト社のWindowsが現れてから、ネットワークシステムもC/S (client-server) システムの動作環境として、UNIXの代わりにWindows-NTを使う企業が増えた。あわせて基本ソフトをオフィス（Office）と銘打って廉価販売したため、1999年頃までに「ロータス」や日本発の「一太郎」がほとんど見られなくなった。

　さまざまな情報機器をネットワークでつなぐようになると、それに合わせた情報技術が公開され、標準化が行われた。このような環境で構築されたシステムは、オープン・システムと呼ばれている。日本では、サプライヤーからセットメーカー、さらにエンドユーザーまでを系列などで囲い込みを行ったが、ボーダレスになったネットワークを通して世界中の情報が入ってくるようになり、ネットビジネスとして企業間のＢ２Ｂ（Business to Business）、企業・ユーザー間のＢ２Ｃ（Business to Consumer）などが一般に行われるようになってきた。

　ネットビジネスは広まりつつあるが、一部で金銭上のトラブルが発生したことから、安全に商取引のできる方法がビジネスモデルとして行われるようになっている。Ｂ２Ｃでは、アマゾン・コム（日本はhttp://www.amazon.co.jp）が有名で、本を購入したユーザーには、さらに別な本を推奨するなど、わかりやすいシステムである。

　1998年頃から企業では情報技術による新しい流れが起こっていた。その一つは サプライチェーン・マネジメント（SCM）であり、もう一つは金型用３次元CADである。1998年にアメリカのデル・コンピュータが、注文を受けてから世界中のユーザーの手元にカスタマイズされた製品を８日間で届ける画期的なサプライチェーン・システム（BTO生産という）を発表し、それまで計画生産を行い、在庫対応をしてきた多くの日本電子機器メーカーに衝撃を与えた。１年後にはソニー、東芝などもBTO生産に切り替えていった。

　愛知学院大学経営学部になじみの深い東芝ノートパソコンは、企業向け図

図 10-3　東芝ノートパソコンのカスタムメイド製品作成用ホームページ
出所：東芝 dynabook.com より。

10-3 のようなオプション選択のウェブを準備しており、企業はこのオプションから自社用のカスタムメイド製品をつくりあげることができる。東芝ではこれらのオーダーをもとに、青梅工場で BTO 生産を行っている。

2　自動車業界の情報共有

自動車生産は、1990 年の約 1350 万台をピークに減少し、1998 年からは 1000 万台前後を推移している。このため、各自動車メーカーは開発・生産プロセスの効率化をはかり、競争力を向上した。その結果、2001 年度にはトヨタを筆頭に各社とも連結決算で好業績を記録した。

その背景には、リストラや部品メーカーへの厳しいコスト低減要求があるが、各メーカーの IT 活用への取り組みの成果でもあった。IT 活用の主軸は、3 次元 CAD（Computer Aided Design）で、1996 年にマツダの「MDI（Mazda Digital Innovation）」、トヨタの「V-Comm（Visual Communication）」か

らはじまり、主な目的は試作コストを削減させ、新車検討のタイミングを早めて、開発期間を大きく短縮させた。またそのために、グループ企業間での共同開発が行われ、コラボレーションや情報共有が進んだ。

トヨタではそれまで設計部が描いた図面から数回の試作車をつくり、不具合がないかどうかを検討するのに、数ヵ月の期間かかっていた。この大半の検討を画像上で処理することで、生産準備のリードタイムを大幅に短縮させた。

自動車業界では、1990年頃からCADデータ変換の課題やEDIデータの標準化などに取り組んできた。3次元CADは開発投資が莫大でソリッドモデルを扱えないうえデータの互換性や信頼性の問題もあったので、主要自動車会社は2002年までに中核になるCADシステムを、自社開発から市販システムに移行していった。

金型は日本のものづくりの基本といわれている。金型とは、鉄の塊りに部品形状の凹凸面をつけて、その中にプラスチック、ゴム、ダイカストを流し込んで製品をつくるものである。ここ数年の間に、設計図面中心からコンピュータによるCAD中心に移行し、さらに比較的容易な2次元から3次元へと移行して、高度な技術が要求されるようになった。大手自動車用金型メーカー「立松モールド工業」では早くからネットワーク化を進めており、主要自動車メーカーのプラスチック用金型を生産している。

立松モールドでは、メーカーからのCAD/CAMデータ変換にIGES (Initial Graphic Exchange Specification) やSTEPを使ってきたが、データが正しく変換できないことがあった（森川, 2002）。その問題解決のためメーカーは直接変換できる市販ソフトに切り替えるようになった。図10-4は、この企業が自動車メーカーから送られるCAD情報を取り込むシステムである。インターネット（イントラネット）上で3次元モデルを利用するのに適したXVL (eXtensible Virtual world description Language) を通信データに用いている（鳥居, 2002）。XVLを活用している理由は、CADユーザー以外の人にも3次元データを見てもらうためで、XVLはデータが軽く、転送に適してい

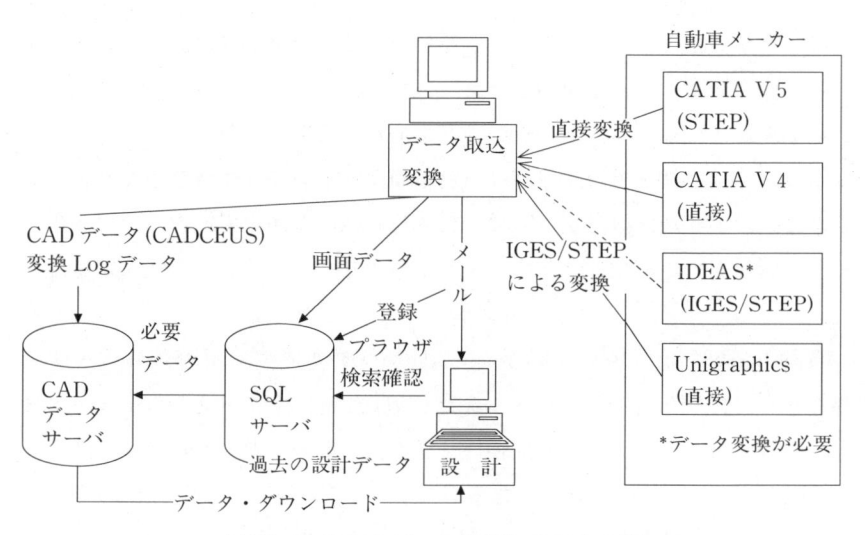

図10-4 CADデータ情報システムの例
出所：立松モールド工業からのヒヤリングをもとに作成。

る他、低スペック（事務用）のPCでも十分に機能することによる。

3 自動車のBTO生産

　自動車はBTO（注文）生産になじまないといわれてきたが、インターネットによる自動車販売がはじめられると、BTO生産がとり入れられるようになった。自動車のBTO生産は、2001年にマツダが「ロードスター」で、2002年には三菱自動車が「コルト」ではじめた。「コルト」は三菱自動車の岡崎工場と水島工場で生産されており、ダイムラークライスラー社とで共同開発された。そのため、これまでの三菱自動車のラインナップと異なる趣を持ち、標準装備として選択幅のなかったオプション部品が予算に応じて選択できるCFC（Customer Free Choice）システムになった。コルトは女性ユーザーをターゲットにしていて、女性デザイナーが内装設計しているので、買い物に便利な工夫が見られる。CFCによるオプションは33項目があり、図10-5のようなウェブ画面上でのシミュレーションが行える。これまでは納

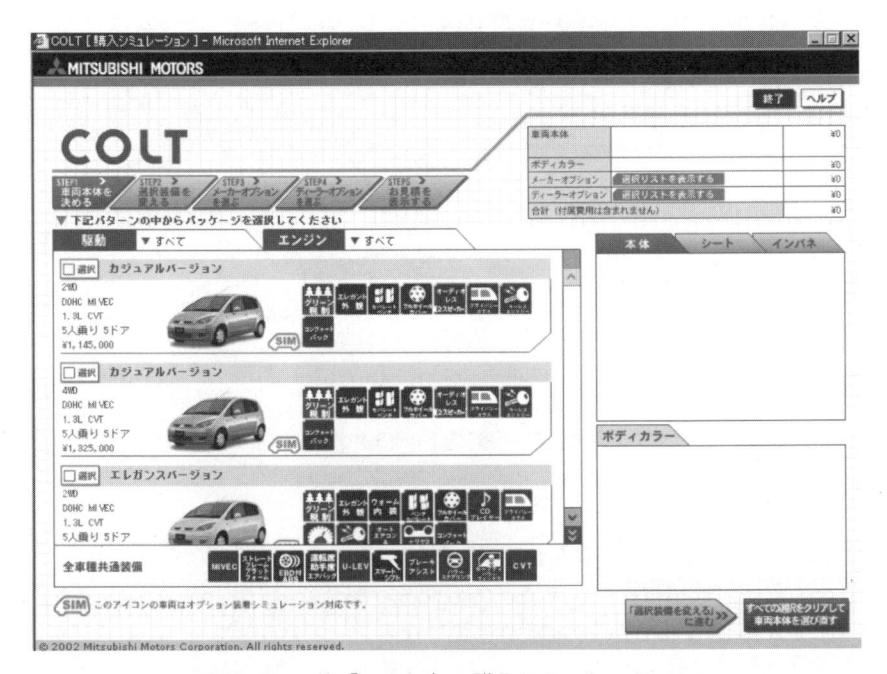

図10-5　三菱「コルト」の購入シミュレーション
出所：三菱モーターのホームページ(http://www.mitsubishi-motors.co.jp/)より引用。

車まで2ヵ月ほどかかっていたが、コルトは納車まで1ヵ月を達成している。

　名古屋には三菱自動車の販売系列として、直営店の愛知中央三菱と特約店の名古屋三菱の2系統がある。直営店の場合は、東京の本社にオンラインで受注情報を流し、特約店の場合は、事務センターに一時的にデータを蓄積してから受注情報を本社に送る違いがあるものの、納車リードタイムへの影響はとくにない（図10-6）。

　一般に、インターネットの販売への活用は、必ずしも歓迎されておらず、とくに強引な配信があると不快にさえ感じる。このため、製品の販売チャネルは、店頭、ネット、電話、ファックスなど、お客の事情に合わせて選べるようにしておく必要がある。

　ブロードバンド化により、インターネットテレビが一般的になると、双方

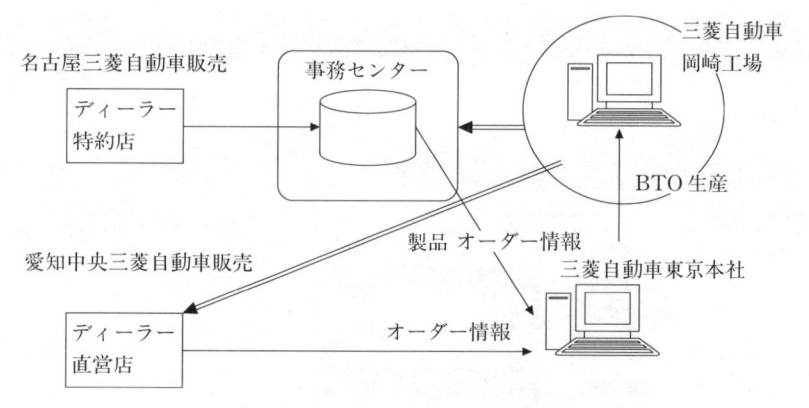

図10-6 三菱のBTO生産概要
出所：名古屋三菱自動車販売でのヒヤリングをもとに筆者作成。

向（インタラクティブ）性が増し、他の雑誌、テレビ、ラジオ、新聞などのメディアが同時に使用されるようになるので、顧客獲得の主役になるキー・メディア（response media）の選定が重要になる。

2 経営情報システム

1 経営情報システムとは

企業活動は、製造業でいうと原材料や部品の購買、調達、製造、物流、販売という、モノがつくられる過程で起こってくる。モノの取引が発生すると、お金と情報が動くことになる。

旅行サービス業なども、お客の要望に沿って、切符やホテルを手配するのに、お金と情報が動く。その際、企業がお客と特別な関係になければ、早くて安くてサービスのよい情報を提供できる企業が取引対象に選ばれることになる。

この情報レベルは組織的に見ると3つに分けられる。これをアンソニー（R. N. Anthony）は、戦略的経営、マネジメント・コントロール、オペレーショナル・コントロールとした。経営のトップが決めた目標を、達成できるよ

うに具体化し調整して、特定の業務で効率的な活動を行おうとするもので、経営情報システムはIT（情報技術）を用いて、企業内外の情報を伝達・貯蔵・変換し、経営管理活動を支援するものといえる。実際の企業では、オペレーショナルな生産、購買、物流、販売などの管理業務での利用が多く、さらにいくつかの部門にまたがる統合システム（ERP, SCMなど）も一部で利用されるようになった。

さて、企業でのパソコン導入はかなり進んでいるものの、発注部門への導入は遅れていることが多く、電話とファックスだけで業務を進めるところが多い。しかし、ファックスをすべてOCRで読み込ませても、うまく取り込めないファックスは、人手で入力する必要があり、発注側の発注用紙管理や送り間違いなどの手間や問題が発生する。これに対し、EOS（電子発注システム）は、ファックス・OCRの4倍の効率化ができるといわれる。しかし、EOSシステムでは発注側と受注側の両方に対応するホストシステムが必要なため、初期投資額が500万円を下らない。卸の中小企業がEOSに投資しても、十分な効果は期待できない。この問題を解決したのがウェブ版EOSシステムで、メーカー側にEOSシステムを設置して、卸の発注部門はウェブ・ブラウザからアクセスできるようにすると、投資額を減らせる。

キッコーマンはWeb版EOSを2001年にNECベンダーの下で立ち上げ、他の食品メーカーも参加できるように、オープンなシステムにした。中部の企業でWeb-EDI（電子データ交換）の利用を進めているINAX、カネハツ、およびセイノーの例を示す。

2　企業の経営情報システム

はじめの事例は、常滑市にあるINAXの情報システムについてである（Iijima *et al.*, 1998）。INAXは建材用のタイル、住宅用のシステムトイレ・バス・キッチンが主力製品である。海外事業の強化として、中国・ベトナムを中心に生産面での強化を進めている。1995年から97年にかけて情報インフラを整備し、それまでのメインフレーム中心の処理システムから、ホストコ

ンピュータのライトサイジングを行い、TCP/IPによるネットワークのプロトコルの統一化をはかった。現在では、ネットワークインフラの下、事業の性質を考えC/SやWebを使ったシステムの構築を行っている。

　WAN、LANの全社ネットワークの整備、オープン系の環境を整えたことで、システム開発スピードが早くなり、受発注や生産を中心とした基幹業務だけでなく営業や経営への意思決定のための支援システムなど情報系システムも急速に構築されてきている。INAXが掲げる情報基盤は、原則として世界標準を用いることで、商業ベースのマイクロソフトに左右されない環境をめざしている。

　INAXのユーザーは、施工者、特約店の場合が多かったが、従来の新築物件を中心とした事業からリフォームの強化をはかっており、最終消費者との接点がより重要になってきている。INAXの特約店向情報支援システム（図10-7のAlphas）は、お客様とエクストラネットやインターネットでINAXのコンピュータとつなぎ、受注情報、図面、商品情報などを授受で

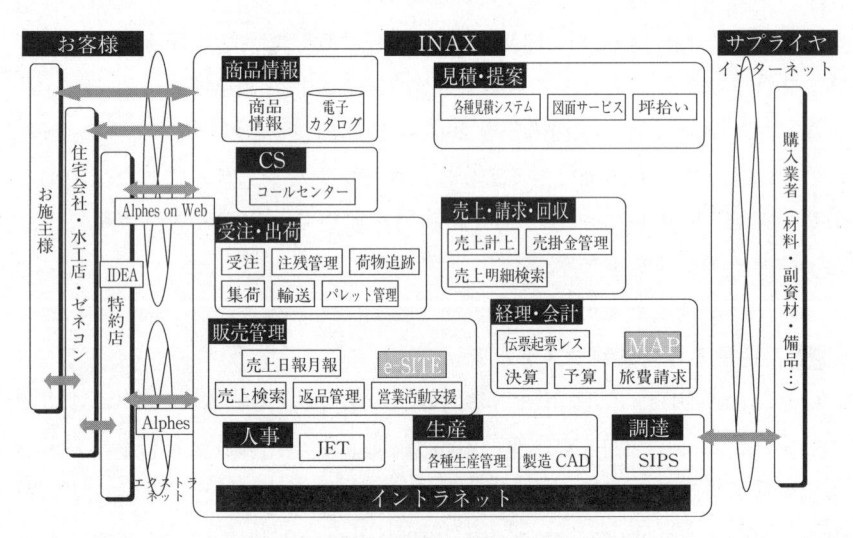

図10-7　INAXの基幹業務情報システム
出所：INAX情報システム部資料から許可を得て転載。

きる。管理会計システム（図10-7のMAP）では月次の業績をタイムリーに把握できる。人事管理システム（図10-7のJET）は就業管理や人事にまつわる業務を取り扱うシステムである。購売システム（図10-7のSIPS）は資材調達のためのシステムで、調達にまつわる業務効率の向上や調達リードタイムの短縮・在庫削減を目的とした基幹システムであり、Web環境でサプライヤーが利用できる。E-siteは営業マン向けのポータルサイトで営業活動を行ううえで必要な商品情報や売上げの予実管理などの情報を効率よく提供できる仕組みを提供している。

次の事例は名古屋市南区にある中堅企業のカネハツ食品が構築した情報システムについてである。カネハツ食品グループではカネハツシステムズがグループ企業の情報システム開発を行っている。1998年までは、汎用計算機（メインフレーム）を中心に、情報システムが構築されてきた。1999年からは図10-8の社内イントラネットWeb-Officeを試験利用し、さらに2000年に光ケーブルで本社地域のネットワーク接続後、全社展開を行った（Iijima et.

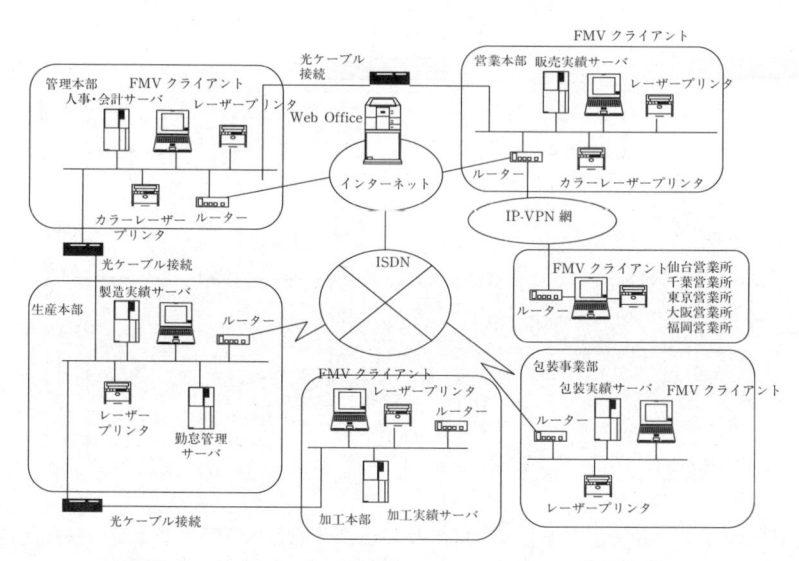

図10-8　社内イントラネット Web-Office の概念図
出所：カネハツシステムズ資料から許可を得て転載。

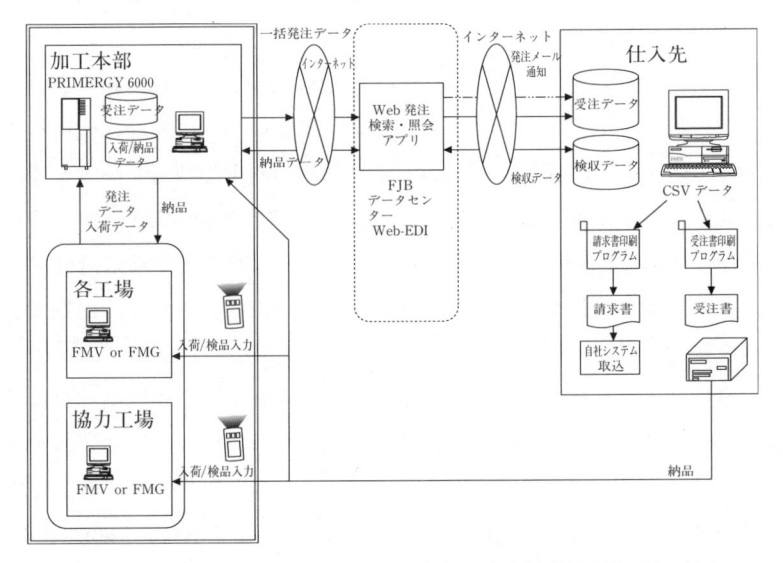

図10-9 Web-EDIによる仕入れ先との生産情報と原材料の流れ
出所：カネハツシステムズ資料から許可を得て転載。

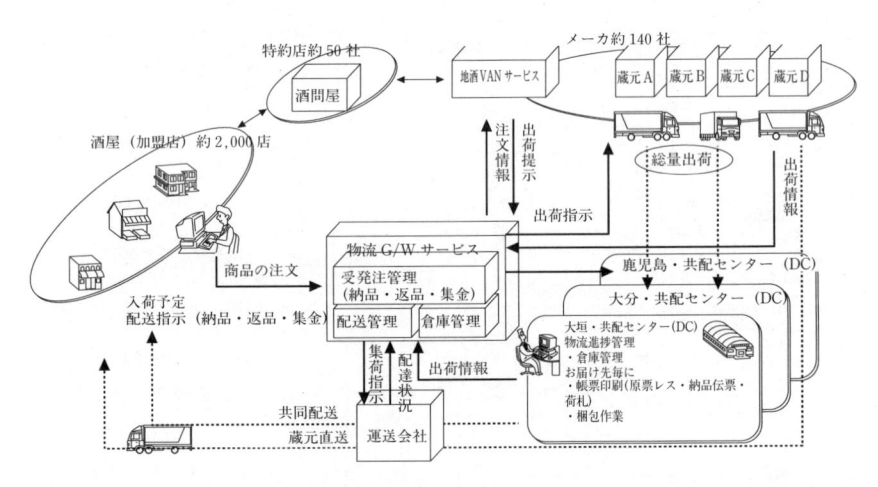

図10-10 セイノーが提供する物流G/Wサービス「地酒サプライウェブ（共同配送）」
出所：セイノー情報サービス資料から許可を得て転載。

al., 1996)。

2001年に入ると、図10-9に示すWeb-EDIによる発注システム（EOS）を稼動させ、仕入先データをデータセンターに集まるようにした。2002年にはIP-VPN網で全国営業所をネットワーク化した。Web-EOSが整備された結果、仕入先は少しの設備投資でカネハツの生産状況がわかるようになり、原材料・資材の納期管理が正確になったため、受注から生産への流れがスムーズになった（B2B）。また、得意先やお客からのおせち、ギフト商品などの取り扱いも電子認証制度の採用により、安全にできるようになった（B2C）。

物流サービスを行っているセイノーでは、地酒蔵元1000社、特約店50社、加盟店2000社からなる(株)地酒VANサービスで扱っているメーカー（蔵元）から酒屋（加盟店）までの配送を一手に行っている（図10-10）。こうしてバラバラに行われていた加盟店からの受注業務、蔵元、共配センターでの出荷支援業務代行をまとめるように支援し、情報交換をスムーズに行うやり方を物流ゲートウェイ（G/W）サービスと呼んでいる。その効果は、①作業や指示の重複がなくなる、②発注から納品までの進捗がリアルタイムでわかる、③共同出荷・配送により、配送効率を高め、物流コストが下がる、④物流G/Wサービスのインターフェイスがあれば、複数運送業者と情報交換ができる、などである。

3　名古屋の情報産業

情報産業とは一般にはコンピュータ、通信、電子メディアにかかわる産業をさすことが多く、コンピュータ製造業、情報処理サービス産業、情報通信サービス産業、ニューメディア産業などを総称する言葉である（『ブリタニカ国際大百科事典』）。コンピュータ製造業はコンピュータ関連の機器の製造、販売などを行う。情報処理サービス産業はコンピュータで情報を扱うことにかかわるサービスを行う産業であり、現在の情報産業の中核といえる。それは

ソフトウエア（プログラム）の開発・販売、受託計算、調査などの業務を含む。情報通信サービス産業は、有線、無線の通信回線を利用して情報を伝達するサービスを提供する。情報通信サービス産業では電話が長い間主たるサービスであったが、近年大容量で高速の通信回線を利用するサービスが重要になりつつある。VAN事業、携帯電話などの移動体通信、衛星による通信サービスなどが比重を増しつつある。ニューメディア産業は、電子的なメディアによってさまざまな形態で情報を提供する産業をさす。なお、広義の情報産業には、新聞、出版、放送、映画、広告などの産業も含まれる。

　日本では、産業の分類とその状況を調べようとするとき、「日本標準産業分類」（総務省統計局統計基準部, 2002）によることが多い。日本標準産業分類では、情報サービス業、インターネット付随サービス業、固定電気通信業、移動電気通信業、情報通信機械器具製造業、および電子部品・デバイス製造業などが上で述べた情報産業の範疇に入る。情報サービス業、インターネット付随サービス業が前出の情報産業の中の情報処理サービス業に相当し、固定および移動電気通信業が情報通信サービス産業に相当する。さらに、情報通信機械器具製造業および電子部品デバイス製造業の一部分がコンピュータ製造業に相当する。

　情報産業の発展の原動力となっているのがここ30～40年のエレクトロニクス技術の急速な発展である。それはテクノロジーそのものの発展である。集積技術の進歩によって、基板に集積できる半導体素子の数は飛躍的に増大し、コンピュータが小型化・低価格化する原因となっている。コンピュータの小型化・低価格化により、メインフレームによる中央での大量処理から、分散処理が可能になった（ダウンサイジングの進行）。また、現場、ユーザーのニーズに合わせて、フレキシブルな処理もできるようになった。さらに、企業の情報システムも発展し、ネットビジネスとして企業間のＢ２Ｂ、企業・ユーザー間のＢ２Ｃなどが一般に行われるようになった（本章1節参照）。

　このような状況の中でコンピュータの標準化が進み、以下で示すように情報産業の産業構造が変化してきた。シリコンバレー（Silicon Valley）はアメ

リカのサンフランシスコ郊外の地域であり、コンピュータや半導体関連の企業が集中していることで有名である。すなわち、アメリカの情報産業が集中している地域といっても差支えないであろう。1980年代まではアメリカのシリコンバレーの企業活動は企業ごとに区分されていた (Lee *et al.*, 2000)。つまり、部品の組み立て、ソフトウエアの開発、ネットワーク化などを各企業ごとに個別に行い、オペレーティング・システム（コンピュータのハードウエア、ソフトウエアを有効に利用するために総合的管理を行うソフトウエア）は各社独自のものであった。

しかし、1980年代後半に入り、情報産業の構造に急速な変化が生じた。すなわち、情報産業は企業ごとに区分された従来の垂直型の産業構造から、業務の内容によって区分された企業の壁を超えた水平型の産業構造へと移行するようになった（図10-11）。この移行が生じた原因は先に触れたコンピュータの標準化の進展であった。1982年と1998年の間にコンピュータの命令あたりの費用は約500倍低下した。このことによりインテル社のマイクロプロセッサとマイクロソフト社のオペレーティング・システムDOSとが組み合わさり、標準化された（Wintel標準）。さらに、科学技術計算用にパーソナルコンピュータより性能のよいワークステーションが出現したが、ワークステーションの標準オペレーティング・システムとしてUNIXが利用されるようになった。こうしてコンピュータの標準化が進むことによって、企業の壁を超えて業務活動が行われるようになった（産業構造の水平化）。1980年代半ば頃から、大部分のコンピュータはインテルのマイクロプロセッサを用いて似たものとなった。したがって、ソフトウエアの開発者は基本的に似たコンピュータに対してソフトウエアを開発すればよくなった。1980年代の終りまでに多くの大きな垂直型のコンピュータ会社は減少し、多くの新しい会社が台頭するようになった。日本でも情報産業構造の垂直型から水平型への変化は見られた。

さて、名古屋の情報産業はどうなっているか。ここでは情報産業全般ではなく主に名古屋の情報サービス業について言及する。2000年の調査時点で

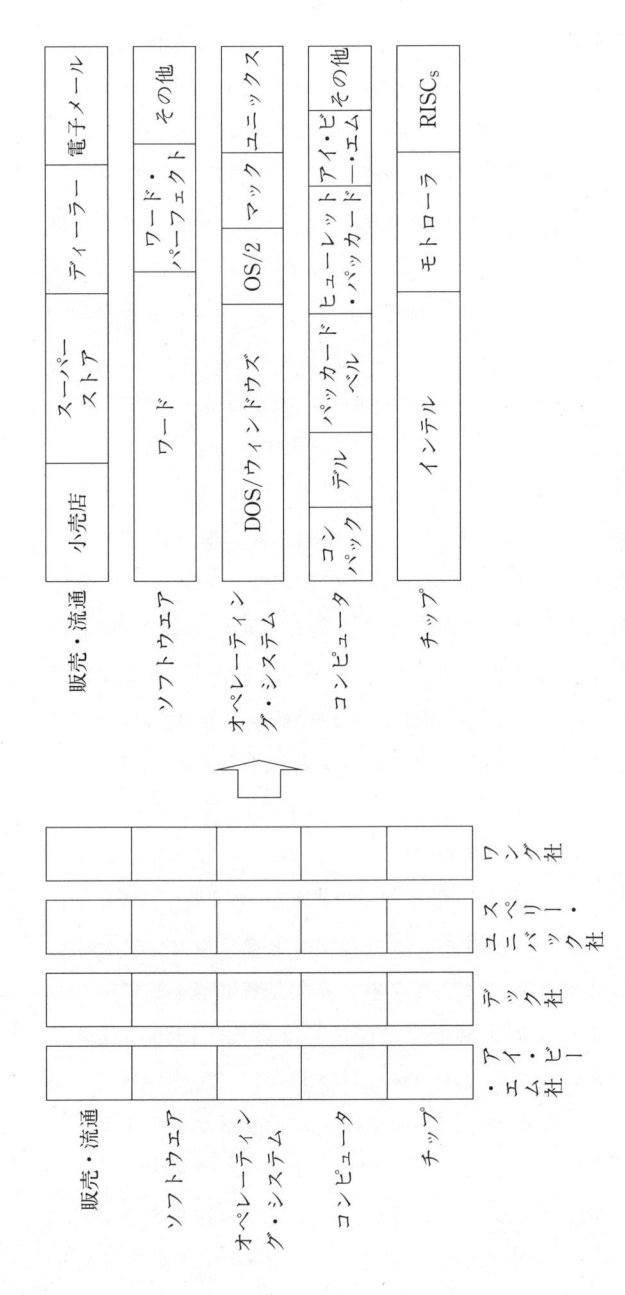

図10-11 アメリカの情報産業の構造変化

出所：Lee et al. (2000).

名古屋市の情報サービス業の事業所数は371、従業者総数は2万423人である（経済産業省経済産業政策局調査統計部, 2002）。情報サービス業の全事業所371のうち、単独事業所は154で、本社は69、支社は148となっている。全事業所371のうち367が会社である。また、全事業所数371のうち220（59％）が従業者数30人未満の事業所であり、従業者数30人未満の事業所で働く従業者の数（3051）は従業者総数の15％にあたる。これより比較的小規模の事業所が多いことがわかる。出向・派遣者の受入れ人数は1909人であり、送出人数は1006人である。371事業所の年間売上高を合わせると4042億400万円に達する。また、事業所の年間売上高が1億円以上10億円未満の事業所が212と過半数を占める（57％）。年間売上高100億円以上の事業所が5ある一方で、1億円未満の事業所も79あり、大規模の事業所から小規模の事業所までが活躍している。資本金については1000万円以上1億円以下の事業所が222と過半数を占めるが（60％）、10億円以上の事業所も60と多くなっている。名古屋市の情報サービス業の事業所数、従業者数、売上高は愛知県全体の事業所数、従業者数、売上高それぞれの90％近くを占めている。情報サービス産業の事業所が最も集中しているのは中区であり、ついで中村区、東区となっている（名古屋市総務局企画部統計課, 1998）。

　情報サービス業は、さらに細かく分類するとソフトウエア業、情報処理サービス業、情報提供サービス業　その他の情報サービス業などに分けられる。ソフトウエア業とは、受注ソフトウエア開発やソフトウエアプロダクツに関する業務を行う。情報処理サービス業とは情報処理サービス、業務などを行う。情報提供サービス業とはデータベースサービス業務などを行う。これらの情報サービス業の項目の中ではソフトウエア業が、事業所数（237＝64％）、従業者数（1万2102＝59％）ともに情報サービス業全体の事業所数、従業者数の過半数を超え、年間売上高（2380億300万円）では情報サービス業の年間売上高の59％を占める。ついで、情報処理サービス業が事業所数89（24％）、従業者数6314人（31％）、売上高1262億100万円（31％）となっている。

　事業所数は、1997年から1998年にかけて大幅に増加したが、その後は減

少に転じている（名古屋市市民経済局，2002）。従業者数も減少していて、名古屋市内の情報サービス産業は拡張期から縮小期に移行していると考えられる。売上高については1999年まで増加し続けたが、2000年にわずかながら減少した。

　情報技術の進歩は目覚しく、高度な情報化社会の到来とともに、情報産業の果たす役割は今後ますます大きくなることが期待される。そこで、名古屋においても情報・サービス産業の創出育成はきわめて重要な課題になっている。すでに、名古屋においては情報産業の創出育成の基盤の整備が進められており、これまで着実な成果をあげてきている。今後はとくに放送コンテンツ産業の創出が期待されている。また、名古屋の伝統的な「ものづくり技術（MT）」と「情報技術（IT）」の統合により新たな情報産業の創出や新市場の創出が期待されている。

設問

1　有効に情報を活用していると思う企業を例にあげ、どんな使い方をしているか説明しなさい。
2　企業がインターネットをお客との商取引に使うと、どんな点がよくなるかを説明しなさい。
3　1980年代後半に生じた情報産業の構造の変化とはどのようなものか。
4　名古屋の情報産業の特徴を2つあげなさい。

● ── 参考文献

ギブニー，F. B. 編『ブリタニカ国際大百科事典』〔第3版〕ティビーエス・ブリタニカ、1995年

Iijima, M., Komatsu, S. and Kato, S., "Hybrid Just-in-Time logistics and information networks for effective management in perishable food industries, Intl," *J. Production Economics, Elsevier Science*, Vol. 44, 1996.

Iijima, M. and Toyonaga, Y., Nishizaki, M. and Komatsu, S., "Impact of information technology investment on management in the ceramics industry," *Proceedings of 5th International Conference on Manufacturing*, 1998.

経済産業省経済産業政策局調査統計部『平成12年特定サービス実態調査報告書（情報サービス業編）』2002年

Lee, C. M., Miller, W. F., Hancock, M. G. and Rowen, H. S. (eds.), *The Silicon Valley Edge : A Habitat for Innovation and Etrepreneurship*, Stanford Calif : Stanford University Press, 2000.

宮川公男編著『経営情報システム』〔第2版〕中央経済社、1999年

森川滋己「データ交換の問題点」『型技術』Vol. 17, No. 5, 2002年

名古屋市市民経済局『産業の名古屋』〔2002年版〕2002年

名古屋市総務局企画部統計課『名古屋の事業所・企業：事業所・企業統計調査結果』〔平成8年版〕1998年

NEC Solutions「事例紹介：キッコーマン」(http://www.se.nec.co.jp/library/jirei/kikkoman)

佐々木宏『図解経営情報システム：理論と実践』〔新版〕同文舘出版、2001年

総務省統計局統計基準部『日本標準産業分類、分類項目名、説明及び内容例示』2002年

「特集・自動車メーカーIT化の現状と今後」『日経デジタル・エンジニアリング』No. 58, 2002年

鳥居浩志編著『XVLネットワーク3D規格実践ガイド』CQ出版、2002年

謝辞

　第10章の1・2節のまとめに際し、いくつかの企業でヒヤリングを行い、また参考になるコメントや資料をいただいた以下の企業に、謝意を表する。中部東芝エルイーシステム（株）岩見誠健氏、名古屋三菱自動車販売（株）尾張旭店店長下郷千秋氏、トヨタ自動車、立松モールド工業（株）取締役社長広瀬洋吉氏・マネージャー俵菊生氏、INAX（株）情報システム部課長柿崎稔氏・同増田雅樹氏、カネハツシステムズ（株）取締役社長加藤千士氏・システム事業部取締役部長山田鈴夫氏、（株）セイノー情報サービス常務取締役鹿野洋治氏、取締役臼井功氏である。

人名索引

ア行

アンソニー（R. N. Anthony）	214
アンゾフ（H. I. Ansoff）	78
ウェーバー（M. Weber）	101

カ行

ギルモア（F. F. Gilmore）	78
国松豊	23, 28
ゴーシャル（S. Ghoshal）	112
コトラー（P. Kotler）	168

サ行

サイモン（H. A. Simon）	31
末松玄六	30
スローン（A. P. Sloan）	102
セーブル（C. F. Sabel）	139

タ行

テイラー（B. K. Taylor）	78
テイラー（F. W. Taylor）	23, 95, 176
デス（G. G. Dess）	90
豊田喜一郎	8
豊田佐吉	7-8
ドラッカー（P. F. Drucker）	73, 102

ナ行

ノーラン（R. L. Nolan）	207

ハ行

ハーズバーグ（F. Herzberg）	179
バートレット（C. A. Bartlett）	112
バーナード（C. I. Barnard）	31, 34, 96
ハメル（G. Hamel）	80
ピオリ（M. J. Piore）	139, 141
ピッケン（J. C. Picken）	90
ファヨール（H. Fayol）	24, 90
フェヒナー（G. Fechner）	29
フォード（H. Ford）	95, 101, 177
藤沢武夫	62
プラハラード（C. K. Praharad）	80
ブランデンバーグ（R. G. Brandenburg）	78
ポーター（M. E. Porter）	10, 12, 79, 81-2
本田宗一郎	61

マ行

マーシャル（A. Marshall）	10
マーチ（J. G. March）	31
マズロー（A. H. Maslow）	25, 32, 179
マルクス（K. Marx）	26
ミンツバーグ（H. Mintzberg）	79-81, 86, 95-7
メイヨー（E. Mayo）	178
藻利重隆	30

ラ行

レイザー（W. Lazer）	168
レビー（S. J. Levy）	168

ワ 行

渡辺龍聖　27

事項索引

ア行

アウトソーシング型組織	113
アドホクラシー	113
アメリカ経営学	23, 30
アントウェルペン高等商業学校	27
アンドン	130
暗黙知	65
EOS	215
委員会等設置会社	56, 60
育成型協同教育	43, 52
意思決定	31
移出	40
一般機械	3
イデオロギー	98
移入	40
インターネット	211
インダストリアル・エンジニアリング	31
イントラネット	211, 217
ウエスタン・エレクトリック社	24
Web-EDI	215, 219
衛生要因	179
SCM	42
SBU	107
MRP	131
OJT	182
オーガナイザー	140-1
オープン・システム	32, 209
Off-JT	182
オペレーションズ・リサーチ	32
オペレーティング・システム	221

カ行

階層別教育訓練	183-4
外部取締役	57
科学的管理	28
科学的管理法	29, 176
課業	23, 177
課業管理	177
革新者	58
架橋者	58
傘戦略	86
カスタムメイド製品	210
株式会社	55
株式市場	204
株主総会	56
監査役	56
かんばん	129
官僚制組織	101
企業間ネットワーク	17
企業対大学	39
企業倒産	203
企業統治	59-60
企業の社会的責任	66
企業の目的	60, 73
擬似コンソーシアム	50
技術移転機関	41
技術創造	41
機能別職長制度	24
機能別戦略	74
逆流通	169
ギャップ・マネジメント	39, 44, 52
QCサークル	136
QCDバランス	128
教育・訓練	182

業務の中核	98	コスト・リーダーシップ	81
近代大規模工場	5	固定資産	203
クイック・レスポンス	140-1	古典的経営経済学	25-6
クライアント・リレーションシップ・マネジメント	42	個別資本説	30
		コラボレーション	211
グリーン購入	169	混載運搬	129
グリーン・コンシューマ	169	コンソーシアム型	44
クローズド・システム	32	コントロール	90
グローバル・ソーシング	163	コンビナート	10, 12
経営解	34	コンピュータ産業	13
経営活動	55, 57-9		

サ 行

経営管理	29	財務管理	195
経営・管理の日本化	30	財務システム	195, 198
経営経済学	25	サプライチェーン・マネジメント	42, 209
経営資源	175	差別化	82
経営手腕	33	差別的出来高賃金制度	23, 177
経営戦略	74	産学協同	48
経営体	25-6	産学連携	38, 41, 44-5, 47-8, 51
経営理念	73	――の推進体制	43
計画と執行の分離	24	――の推進母体	44
計画部	177	――の果たした役割	45
経済解	34	軍需対応の――	47
形式知	65	産業競争力	51
ケースメソッド	28	産業クラスター	4, 9, 12
決断的行動	33	産業クラスター・アプローチ	7, 13
研究にあたっての自主性	47	産業構造の水平化	221
限定的な合理性	32	産業集積	2
コア・コンピタンス	83	産業心理学	24, 29
航空機産業	45	産業の空洞化	40
工作機械	3	産業の変遷	45
工程の流れ化	129	産業別構成	2
行動科学	179	3次元CAD	210
高等商業学校	27	産地	17
高度専門型協同教育	43, 49, 52	CRM	42
コーディネート	44	CEO	57
コーディネート企業	142	事業戦略	33, 74
コーポレート・ガバナンス	59-60	事業部組織	102
コーポレート・ストラテジー論	33		
個人型	44		

──の欠点	108
資源ベース・パースペクティブ	33
自己資本調達	199
事後的な判定概念	37
支持スタッフ	98
システムズ・アプローチ	32
下請システム	141
執行役	56
自働化	130
自動車産業	45
地場産業	12
資本調達	198
資本の運用	202
シミュレーション	212
社会貢献型協同教育	43
社会主義経営学	30
社会的責任	66
社会的分業	16
ジャスト・イン・タイム	129
──方式	2
社長	56
重化学工業	2, 8
就業者	184
集中	82
集中貯蔵の原理	152
柔軟な専門化	139-41
受託者	58
商科大学	25
上級・全般経営管理論	24, 31
商工心理学	27
小集団活動	136
情報共有	211
情報サービス業	220
常務会	56
商用型機能	49
職能別教育訓練	184
所有経営者	13
シリコンバレー	220
人材開発	182
人材派遣	187
人事管理	175
人事・労務管理	175
人的資源管理	180
人脈形成	51
垂直的マーケティング・システム	156
水平型ネットワーク	141-2
ステークホルダー	58
正解探し	34
生産システム	126-7
政府系金融機関	202
セラミックス産業	45
繊維産業	4, 7-8
全社戦略	74
全般管理活動	55-9
専門技術スタッフ	98
戦略	78
──の頂上	98
戦略的意図	80
戦略的事業単位	107
戦略的連携	141
装置産業	10
創発戦略	79, 86
ソーシャル・マーケティング	167
組織	97
──の概念	96
組織社会	95
ソニー	60
ソフトウェア業	223
損益計算書	197

タ　行

第1次産業	2
第2次産業	2
第3次産業	2
大会社	56
貸借対照表	196-7
代表取締役	56

ダウンサイジング	220
タクトタイム	130
多工程待ち	129
タスクフォース	110
多台待ち	129
他人資本調達	199
単一組織型	44
地域	9,39
——の産業競争力	40
——の産業力	48
地域共同研究センター	48
地域経済	17,40
地域産業対大学	39
チェックリスト方式	37
知的財産	41,49
チャネル	150
中核能力	83
中間管理者	98
中小企業	13
中部TLO	49-50
中部ハイテクセンター	49-50
中部ハイテクプラザ	49-50
調査研究会	49
TLO	41
テイラー・システム	176
電気機器	3
電子発注システム	215
動機づけ要因	179
動機づけ理論	179
陶磁器産業	18
特定労働者派遣事業	188
トップ・マネジメント	55-60
豊田自動織機	7
トヨタ自動車	2
トヨタ生産方式	127
取締役会	56
取締役会改革	59
取引最小化の原理	152

ナ　行

名古屋航空研究所	45,47-8
名古屋高等商業学校	27
名古屋産業科学研究所	48-9,51
名古屋商工会議所	50
名古屋大学	48,50
納屋工業	5
日本経営学	26
人間関係論	179
人間疎外	29
ネットワーク型組織	113
乗り継ぎ運搬	129

ハ　行

バックワード・チャネル	169,171
B2C	209
B2B	209
BTO生産	209,212
BPR	42
PPM	107
ビジネスプロセス・リエンジニアリング	42
ビジネス・ポリシー論	32
ヒューマン・リレーションズ	24,32
ファインセラミックス	20
ファシリテート	44
ファンダメンタルな研究	47
フォード生産方式	127
フォワード・チャネル	169
付加価値創造	9
付加価値の流れ	9
複数組織媒介型	44
フランチャイズ・チェーン	151,158
ブリッジ機関	41,48
ブリッジ機関型の産学連携組織	49
フレキシブルな専門化	10
プロジェクト・チーム	66,110

プロデュース	44
プロトコル	216
平準化	129
ベンチャービジネス・ラボラトリー	49
ホーソン工場	24
ホーソン実験	178
ボランタリー・チェーン	151, 158
ホンダ	61
ホンダ営研	64
本田技研	61
本田技術研究所	63
Honda Philosophy	69-70

マ 行

マーケティング	153
マーケティング・ミックス	154
マイクロプロセッサ	221
マトリックス組織	110
マニュファクチュア	5
ミンツバーグの見解	97
メインフレーム	215, 217
目で見る管理	138
もくろまれた戦略	79, 81

ヤ 行

輸送機械	2
欲求階層説	25, 179

ラ 行

ライン・アンド・スタッフ	98
流通系列化	159
流通システム	145
流通フロー	150
流動資産	203
理論からはみ出した領域	34
ルーティン	136
労働組合	29
労働市場	184
労働者派遣法	187
労働力人口	184
労務管理	175

編著者紹介

二神恭一（ふたがみ・きょういち）
1931年愛媛県生まれ。早稲田大学第一商学部卒業。同大学助手、専任講師、助教授、教授を歴任。現在は早稲田大学名誉教授。愛知学院大学教授。商学博士。
〔主要著書〕
『現代の経営政策』（中央経済社、1969年）、『西ドイツ企業論』（東洋経済新報社、1970年）、『参加の思想と企業制度』（日本経済新聞社、1976年）、『労務管理』（同文舘、1982年）、『戦略経営と経営政策』（中央経済社、1984年）
〔主要編著〕
『企業経営論』（八千代出版、1996年）、『ビジネス・経営学辞典』（中央経済社、1998年）、『人材開発辞典』（キャリアスタッフ、1998年）、『企業と経営』（八千代出版、2000年）、『企業と人材・人的資源管理』（八千代出版、2000年）など。

芝　隆史（しば・たかし）
1947年愛知県生まれ。愛知学院大学大学院商学研究科修了。愛知学院大学経営学部教授・同学部長。
〔主要著書・論文〕
『経営の心理』（福村出版、1984年）、『管理の基礎』（八千代出版、1986年）、『経営学総論』（八千代出版、1986年）いずれも共著。「経営戦略形成モデルの手掛かりを求めて」『経営学論集』（第64集、1995年）、「大相撲の経営戦略序説」『経営学研究』（愛知学院大学、1995年）、「経営者の役割と組織風土」『経営学論集』（第69集、2000年）その他多数。

名古屋の企業経営入門

2003年4月25日第1版1刷発行
2006年2月15日第1版2刷発行

編著者──二　神　恭　一
　　　　　芝　　　隆　史
発行者──大　野　俊　郎
印刷所──壮　光　舎
製本所──美　行　製　本
発行所──八千代出版株式会社
　　　〒101-0061　東京都千代田区三崎町2-2-13
　　　　TEL　03-3262-0420
　　　　FAX　03-3237-0723
　　　　振替　00190-4-168060
　　＊定価はカバーに表示してあります。
　　＊落丁・乱丁本はお取替えいたします。

© 2003　Printed in Japan
ISBN4-8429-1281-2 C3034